강원문학의 현주소와
문학적 상상력

지은이 **권석순權錫順**

1952년에 태어나 1976년 『강원일보』 신춘문예와 1986년 『월간문학』 신인상에 당선되어 문단에 나왔다. 강릉원주대학교 일반대학원에서 문학박사 학위를 받았으며, 강릉원주대학교와 강원대학교에서 글쓰기와 문학을 강의하였다. 저서로는 동화집 『1등 아빠』 외 7권이 있으며, 한국문협, 한국아동문학회, 강원문협, 관동문학회, 동해문협, 동해여성문학회에서 활동하고 있다.

권석순 평론집
강원문학의 현주소와 문학적 상상력

2025년 10월 9일 초판 발행

지은이 _ 권석순
이메일 _ kssoon117@hanmail.net
발행처 _ 도서출판 청옥
     강원특별자치도 동해시 평원로 40
     전화 033 522 5800
     전송 033 535 1116
     mhprint@hanmail.net

값 15,000원

ISBN: 978-89-92445-97-9 (03800)
ⓒ도서출판 청옥. 2025
*서면 동의 없는 무단 전재 및 복제를 금합니다.
*저자와의 협의로 인지 생략함.
*이 도서의 정보는 뒤표지의 QR코드, 국립중앙도서관 출판도서목록 서지정보유통지원시스템 홈페이지(http://seoji.nl.go.kr)에서 이용하실 수 있습니다.
*이 도서는 강원특별자치도, 강원문화재단 후원으로 발간되었습니다.

강원문학의 현주소와
문학적 상상력

권석순 평론집

도서출판 청옥

책을 내며

이 글은 지역문학에 대한 관심에서 출발하였다. 필자가 지역문학에 눈을 뜬 계기는 강원대학교 삼척캠퍼스에 출강하면서부터이다. 2006년 남기택 교수님의 주도로 '강원문학연구회' 창립의 서막을 올렸고, 이에 대한 선행 작업으로 지역문학 관련 이론서를 정독하면서 배경지식을 쌓아 나갔다.

지역문학은 지역의 시각으로 지역의 특수성을 밝혀내는 작업이다. 다시 말해, 문인들의 작품 속에서 지역의 특유한 현상들이 어떻게 투영되어 나타나는지 포착하는 작업으로, 지역 정체성이 근간이 된다. 지역 정체성은 그 지역의 지역성을 드러내는 특수성으로 지역문학을 탈지역화하여 보편성을 논의할 수 있는 토대를 이룬다.

필자가 늦깎이 대학원생으로 2009년에 논문 「김영일 아동문학 연구」로 박사학위를 취득한 것은, 1976년 『강원일보』 신춘문예에 동화작품이 당선되면서 아동문학가의 길을 걷게 된 것과 무관하지 않다. 그러다 보니 학문의 길을 걸으면서 처음에는 여러 학회지에 아동문학 관련 소논문을 발표하는 연구자로서 얼굴을 내밀었다.

본격적으로 지역문학에 입문한 것은 '강원문학연구회'의 일원으로 활동하면서부터이다. 이번에 평론집 『강원문학의 현주소와 문학적 상상력』을 세상에 내놓게 된 것도 지역이 가지고 있는 풍부한 문학적 자산에 대한 관심에서 비롯된 글쓰기 작업의 소산이라고 할 수 있다. 여기에 공동으로 작업한 원고 일부를 수록하도록 흔쾌히 허락해 주신 남기택 교수님의 배려에 깊이 감사드린다.

이 책은 강원지역의 정체성을 논구하기 위해 강원특별자치도 전체 문인들의 작품에서부터 영동남부지역문학으로, 또 동해지역문학으로 점차 그 범위와 대상을 좁혀나가는 방식을 취했다. 문학작품 속에 살아 숨 쉬는 지역 문인들의 구체적 삶의 양태는 지역문학의 중요한 자산인 만큼, 평론집 『강원문학의 현주소와 문학적 상상력』이 강원지역 문단의 활성화에 부응할 수 있기를 기대해 본다.

2025. 10.

권 석 순

강원문학의 현주소와
문학적 상상력

차 례

책을 내며 / 5

1부

1. 강원권 아동문학의 공간과 장소 ·················· 11
2. 강원여성문단의 형성과 배경 ·················· 31
3. 강원영동남부지역의 문학적 정체성 ·················· 47

2부

1. 두타산의 공간화 전략 ·················· 65
   - 동해·삼척 지역시를 중심으로
2. 김지하 시에 나타난 '두타산'의 생명의식 ·················· 83
   - 『검은 산 하얀 방』을 중심으로
3. 「최생우진기」의 '신선체험' 공간 ·················· 101
   - 두타산무릉계곡의 명소를 중심으로

3부

1. 문학작품에 나타난 '묵호항'의 현주소 ·················· 121
2. 지역문학과 정치적 상상력 ·················· 137
   - 동해·삼척 지역문학을 중심으로
3. 동해지역 '바다시'의 현재와 과거 ·················· 155
   - 『동해문학』을 중심으로

4부

1. 최호길과 최명길 시에 나타난 로컬리티 ·············· 177
2. 김영준 시에 나타난 삼척지역의 공간성 ·············· 201
3. 삶, 그 의미를 향한 다양한 변주 ························· 219
   - 김진광의 시문학을 중심으로
4. 자전적 사유를 통한 시의식의 공간성 ··················· 239
   - 최호길 시의 모성성과 지역성을 중심으로

5부

1. 시의 행로와 식물적 상상력 ····························· 261
   - 최종석의 시세계
2. 느림의 미학, 그리고 시의 행로 ························ 273
   - 홍순선의 시세계
3. 소통의 편린 ··· 285
   - 심상대의 작품세계
4. 진솔한 삶이 육화된 언어의 집 ························· 297
   - 전경애의 작품세계

강원문학의 현주소와
문학적 상상력

1부

1. 강원권 아동문학의 공간과 장소 ·········· 11
2. 강원여성문단의 형성과 배경 ················ 31
3. 강원영동남부지역의 문학적 정체성 ··· 47

강원문학의 현주소와
문학적 상상력

강원권 아동문학의 공간과 장소

1. 강원아동문학의 자리

이 글은 강원특별자치도 아동문학의 공간과 장소성을 고찰하고, 더불어 지역문학적 위상을 살펴보는 데에 목적을 둔다. 이를 위해 1972년 동심을 표방하며 창립한 '강원아동문학회'의 동인지 『강원아동문학』을 대상으로 한다. 이 단체는 2024년 현재까지 제49집의 동인지를 발간하였고, 107명의 회원이 활동하고 있다. 창립회원 11명으로 출발한 『강원아동문학』 창간호의 발간사에서는 "중앙 문단의 소외감에서 또, 중앙 의존의 나약함에서 개념을 깨고 향토문학의 초토를 다지는 이 장한 작업에 우리는 기꺼이 땀 흘려 온 보람이 있어 여기 『강원아동문학』을 창간하는 것이다."[1]라고 밝히면서 지역 문학의 중요성을 강조하고 있다.

『강원아동문학』에서 지역·장소를 주제로 창작한 작품은 대다수가 임야의 지명을 많이 수용하고 있다. 이는 강원특별자치도의 총 면적 중 81.4%(13,735.9㎢)가 임야라는 것과 무관하지 않다. 특히 자연 친화와 관련된 주제의 작품들이 창간호에서부터 48집까지 일관되게 관통하고 있는데, 이들은 문학적 소회 속에서 장소적 배경으로서의 자연을 변주하는 양상을 보인다. 그리고 강원권의 장소는 아동들에게 자아 성장의 지향점으로 자리매김을 하고 있으며, 역사와 문화를 체현하는 객관적 상관물로서 현재적 삶의 구체성을 담은 장소로 맥을 잇고 있다. 1990년대부터 주목받기 시작한 생태문학도 『강원아동문학』에서는 2000년대에 들어서서 환경과 생태 위기를 자각하고 있는데, 대다수가 동시보다는 동화에서 나타난다.

---

1) 임교순, 「고향 땅에 문학의 씨를 뿌리자」, 『강원아동문학』 창간호, 1973, 6쪽.(이하 각주에서 『강원아동문학』은 생략하기로 한다.)

장소는 인간의 개입을 통해 의미를 부여받았기에, 주관적이고 개성적이며 특수한 속성을 지닌다.[2] 즉, 장소는 사람의 활동에 의해 의미가 부여된 공간이다. 장소의 의미는 인간의 활동과 체험을 통해 구축되기 때문에 공간이 장소가 되기 위해서는 인간의 존재가 필수적이다. 장소의 정체성이 곧 장소성이기 때문이다. 장소성은 장소에 대한 인간의 경험을 통해 끊임없는 상호작용을 거쳐 집단적 측면에서 형성된다고 할 수 있다. 그러므로 이 글에서는 『강원아동문학』에서 장소명이 제목이나 작품 내용 속에 명시되어 있는 동시와 동화작품을 대상으로 한다. 물론, 강원권의 장소를 노래하였다고 유추해 볼 수 있는 작품은 다수로 나타난다. 하지만, 여기에서는 제외하기로 한다. 장소 명칭이 구체적으로 명시되어 있지 않으면, 작품을 분석하는 데에 명확성을 떨어뜨릴 수 있는 소지가 다분하기 때문이다.

따라서 『강원아동문학』에서 강원특별자치도의 지역명뿐만 아니라 산과 바다, 그리고 강과 명소 등이 나타나는 장소에 주목한다. 이에 '동심이 가꾸는 성장의 지향점', '동심이 그리는 풍경화의 변주', '역사적 현재를 수용하는 동심', '환경과 생태 위기를 자각하는 동심'을 범주로 장소의 정체성을 밝히려고 한다. 더불어 이 글이 『강원아동문학』의 장소성을 살펴보는 성과뿐만 아니라, 아동문학이 지역의 문학 성장에도 두터운 토대를 마련해 주는 계기가 되리라 본다.

2. 동심이 가꾸는 성장의 지향점

아동문학은 아동의 성장에 중요한 역할을 하는 문학 분야로서 교육적 기능을 중시한다. 『강원아동문학』도 아동들의 꿈과 희망을 키우는 역할을 하고 있음을 발간사에서 찾아볼 수 있다. 예컨대 제8집의 발간사[3]에서 "참 좋

---

[2] 장소(place)와 공간(space)은 일상적으로는 구분하여 사용하는 용어는 아니다. 일반적으로 공간은 인간의 활동이 발생하기 이전의 환경으로 인간이 부여한 의미가 없어 객관적이고 추상적인 곳으로 이해된다. 반면, 장소는 인간의 활동을 통해 얻게 된 의미와 관련되는데, 우리가 공간을 더 잘 이해하고 공간에 가치를 부여함에 따라 공간은 비로소 장소가 된다. (이푸 투안, 구동회·심승희 역, 『공간과 장소』, 대윤, 1995, 6-7쪽 참조.)
[3] 조규영, 「아동문학가의 사명감」, 제20집, 1995, 10쪽.
 이외에 교육적 기능을 중시한 발간사를 소개하면 다음과 같다.

은 글, 그 좋은 글은 무엇인가. 예술가로서의 좋은 글이라는 평가를 받기 이전에 우리 어린이들이 가장 가깝게 그리고 감명 깊게 읽을 꿈과 희망을 주는 친숙한 작품이어야 한다."고 천명한 부분이다. 특히『강원아동문학』의 작품 속에서는 강원권의 장소에 담긴 자연이 아동들의 성장에 지대한 교훈을 준다. 자연이 아동들과도 끊임없이 상호작용을 하며, 이로써 자연과 인간이 상호의존적 관계에 대한 인식을 증진시키는 데 있음을 보여준다. 무엇보다도 자연이 인간에게 주는 영향뿐만 아니라 인간이 자연에 주는 이로움을 체험하여 자신이 자연의 일부임을 깨닫도록 도와주는 데 초점을 두고 있다. 이를테면, 동식물의 생존에 필요한 요소들을 이해하고 존중하며 적절하게 교류하는 방법을 배우면서 자아 성장의 계기를 마련하는 것이다.

서두르지 않아요
낙엽송이 이제서야
파릇파릇 연둣빛을 띠우며
기지개를 켜네요.

진달래도 이제서야 피어서
머리 가득 햇볕을 이고
낮잠까지 자네요.

산은 그 넉넉함으로 아랫마을 곳곳에

"순수한 童心들 속에서 나무와 바위와 그 속에서 흐르는 샘물과 바다의 합창 속에서 글을 쓰며 어린이들의 꿈을 키우는데 더 크낙한 보람을 느끼면서 올해도『강원아동문학』8집을 꾸며 세상에 내놓는다."(심우천,「太白山河의 文學」, 제8집, 1983.)
"우리 아동문학인들의 좋은 작품으로 어린이들의 가슴에서 소망이 싹트고 아름답게 자랄 수 있게 해주고"(이화주,「아동문학인의 책임과 소명」, 제28집, 2003.)
"읽을수록 맛이 나고 멋이 묻어나는 이 책 속의 글 읽으시고 어린이는 마음과 정신을 가꾸며"(용호군,「읽을수록 맛이 나는 책」, 제33집, 2008.)
"자라나는 아이들에게 따뜻하고 남을 배려하는 마음을 길러 주어야 한다."(이갑창,「아동문학인들의 역할 중요」, 제34집, 2009.)
"이제 우리 강원아동문학이 할 일은 무엇일까? 내일의 주인공인 대한 학생들에게 절실한 대한민국 정체성과 나라 사랑도 바르게 가르쳐 줘야겠다."(김종영,「세상을 닦는 작은 땀방울」, 제44집, 2019.)
"이 작품집이 세상에 나가…어린이들의 마음을 환하게 밝혀줄…끊임없이 변화하는 새로운 세계를 받아들이고 이 시대의 어린이들에게 알맞은 작품을 창작하고 있는지"(유금옥,「강원아동문학 100년을 향해, 새로운 깃발을」, 제48집, 2023.)

색색으로 봄 옷 곱게
입혀 주고서
5월이 되어서야 저도
봄옷으로 갈아입었어요.

등산길의 우리들도
여기 오대산에서는
서두르지 않아요.

— 배정순, 「오월 오대산」4) 전문

달빛과 마당을 서성이는 해바라기
달빛 받으며 커다란 얼굴 가득 미소로
나를 기다리고 있구나

아침에는 해님 따라 노란 웃음꽃으로
밤에는 달님 따라 더 노랗게 웃으며
빈 가슴 채워주는 너

외출하고 돌아오는 길
달빛과 마주 서서
어두운 돌길 화안히 밝혀주고 있구나

— 유지숙, 「왕산골의 왕꽃」5) 전문

소양강 푸른 물결
울 엄마 마음

언제나 일 년 내내
깊고 넓은 마음으로
봄내 펼 춘천을 보듬어 준다

대룡산, 삼악산, 봉의산

---

4) 배정순, 제26집, 2001, 84쪽.
5) 유지숙, 제42집, 2017, 144쪽.

> 푸른 꿈 무지갯빛
> 영롱한 우리들 세상
> 어화 둥둥 신이나네
> 봄내라 춘천
>
> — 심우천, 「춘천」6) 전문

　위의 동시 「오월 오대산」에서는 오대산이라는 장소의 정체성이 '서두르지 않음'에 있다고 일갈한다. 여기에 "파릇파릇 연둣빛을 띠우는" 낙엽송, "머리 가득 햇볕을 이고/ 낮잠"을 즐기는 진달래의 모습을 들고 있는데, 이는 자연을 에둘러 발달이 늦은 아동들에게 위로를 전하는 양상을 보여주고 있다. 산과 평지는 기온의 차가 있기 마련이다. 그러다 보니 봄이 늦게 오는 자연의 이치를 느림의 미학으로 보여주고 있다. 따라서 오대산이 품은 넉넉함이 "곳곳에/ 색색으로 봄옷"을 입히고, 이에 산을 오르는 동심은 '서두르지 않음'을 배워간다는, 교육적 기능을 설파하고 있다.

　「왕산골의 왕꽃」에서 '왕산골'은 강릉시 산간지대에 위치하고 있으며, 고려시대 우왕의 유배지로서 지역명이 붙여진 장소이다. 시적 자아는 인적이 뜸한 산골에도 밤길을 비추는 가로등처럼 환하게 동심을 반기는 '왕꽃'이 있음을, "해바라기"로 비유하고 있다. 동심의 눈에 비친 해바라기는 "마당을 서성이"다가 "커다란 얼굴 가득 미소로" 기다려 주는 고마운 대상이다. 더욱이 "아침에는 해님 따라", "밤에는 달님 따라" 밤낮을 가리지 않고 "빈 가슴 채워주는" 존재로 자리하고 있다. 이 또한 아동들이 "어두운 돌길 환하게 밝혀" 주는 해바라기와 같은 존재로 자라나기를 바라는 시적 화자의 의도가 다분히 녹아 있다고 하겠다.

　반면에 「춘천」은 춘천의 이름난 강과 산의 장소명을 직설적으로 언급하고 있다. 1연 1행의 "소양강 푸른 물결"에서는 고요한 물결과 맑은 하늘을 연상시키고 있다. '푸른' 색감이 주는 의미가 평화와 조화이기에 "깊고 넓은 마음으로", "춘천을 보듬어 준다"는 진술이 긍정적으로 와 닿는다. 특히 아동들이 푸른 색깔을 담은 하늘과 바다가 무한한 가능성의 공간으로 인지하고 있음을 비추어 볼 때, 소양강의 푸르름도 역시 동심에게 꿈을 줄 수 있는 장소로

---

6) 심우천, 제48집, 2023, 149쪽.

서의 역할을 담당하고 있다고 하겠다. 뿐만 아니라 시적 화자는 춘천의 "대룡산, 삼악산, 봉의산"을 거명하면서, 산들이 뿜어내는 춘천의 푸른 기운을 드러내고 있다. 결미에서 "봄내라 춘천"은 춘천春川의 한자, 봄 춘春에, 내 천川을 풀어내어 '봄내'라고 한다는 의미망을 주면서, 한편으로는 '힘내라 춘천'과 같은 중층적 의미를 담고 있음을 직감하게 한다. 이 또한 "춘천"은 아동들에게 "푸른 꿈 무지갯빛"의 장소로서 존재함을 드러내었다고 볼 수 있다.

뿐만 아니라 「새싹들의 희망」7)도 "춘천"을 노래하고 있다. "춘천의 품 안에서／ 자라나는 새싹들."에서 알 수 있듯이 아동을 전면에 내세운다. 그것은 춘천이 바로 "포근한 어머니의／ 품속 같은 호반"의 도시이기 때문이다. 아동들이 "작은 꽃"처럼 "예쁘게", "아름답게" 자라기를 바라는 시적 자아의 염원이 적극적으로 내포되어 있다. 「봉평에 뜬 별」8)은 평창군 봉평이 별을 볼 수 있는 장소임을 드러내고 있다. 도시의 야광에서는 볼 수 없는 별이 산골 봉평에 가면 "엄청난 크기로／ 엄청난 밝기로" 우리에게로 다가온다고 알린다. 봉평은 별을 보는 것만으로 끝나지 않고 별과 소통할 수 있는 장소로서 "덤으로 얻은 내 가슴 속／ 별 하나"로 꿈을 주는 장소라고 목소리를 높이는 양상이다. 그리고 「봄 봄 봄」9)은 춘천의 "소양강"을 거명하였다. 봄이 되어 "겨우내 웅크리던／ 물방울 잡고 끌며" 굴러가는 돌멩이의 모습을 "돌돌 돌"이라고 앙징스레 표현하여 동심도 함께 달리는 모습을 연상시킨다. 결미에서 "돌돌 돌／ 윤슬 빛 굴려／ 소양강을 달린다."에서 보여주듯 봄 강에 반짝이는 윤슬이 중첩되었는데, 이는 아동들의 빛나는 내일을 염원하는 시적 자아의 자세로 보인다. 이처럼 『강원아동문학』의 작품들에서는 강원권의 장소를 통하여 아동들의 꿈과 희망을 키우는 역할을 담당하고 있음을 알 수 있다.

3. 동심이 그리는 풍경화의 변주

『강원아동문학』에서는 한 폭의 풍경화를 보는 듯한 작품들이 다수 나타난다. 이 작품들은 모두 동시 속에 녹아져 있다. 동심의 시각에서 자연을 탐색

---

7) 최복형, 제48집, 2023, 202쪽.
8) 박봄심, 제30집, 2005, 88쪽.
9) 허대영, 제48집, 2023, 208쪽.

하고 사유한 작품 속에서는 강원권의 장소와 함께 자연경관이 펼쳐지고 있다. 작품들은 자연 친화적인 태도를 형성하고 있는데, 이것이 자연과 인간의 합일을 보여주면서 '인간을 자연의 일부'로 간주한다. 이는 자연을 통해 인간의 정신적 가치를 추구하고 인간의 감흥을 노래한 동양의 시적 전통과 맥을 함께한다. 강원아동문학가들이 정감의 차원에서 자연을 바라보고 그것을 인간의 정신세계와 관련지어 문학 속에 포용하고 있는 것은 당연할지도 모른다. 이처럼 『강원아동문학』의 작품 속에서는 아동문학가들의 시각으로 포착한 자연을 풍경화로 변주해 나갔다.

구름이 내려와
그림을 그렸지요.
주황색
빨강색
연두색 물감으로
빨강 물감 모자라서
아직은
초록기가 많아요.

쏙쏙 칠해 놓았지만
장관을 이룬
산동네
병풍을 두른 듯한
산마을의
신비로움이
풍경화되어
눈동자 가득
가슴 가득
잠기어요.

— 박봄심, 「상원사의 가을」[10] 전문

아침 바다를 보면

---
10) 박봄심, 제6집, 1981, 42쪽.

정동의 첫 햇살 받아
금빛 부챗살로 수놓고

한낮에는
푸르고 푸른 바다
바람 따라 눈부신 갈매기들 춤추고

밤에는
갈매기가 절벽 높은 집에 돌아가고
      — 장병훈, 「강릉 솔밭 바닷가 풍경」11) 부분

겨울은
내리는 흰 눈이 그림을 그리고
봄에는
비처럼 날리는
꽃잎과 사진 찍어요

호수 속 고기
얼음 밑에 조용히 있다가
봄 되면 꽃눈 보고 싶어서
자꾸 뛰어오른다.
퐁당
다시
쏙
      — 이연희, 「경포호수 길은」12) 전문

 색감은 마음의 언어라고 한다. 색감은 마음을 나타낸다는 점에서 심리적이다. 그것은 인간의 마음을 반영하는 심리적인 현상을 드러내기 때문이다. 동시 「상원사의 가을」에서는 시적 화자가 "구름이 내려와/ 그림을 그렸지요."라고 토로하는 부분에서 신비감을 더하고 있다. 그리고 나서 시적 화자는 "주황", "빨강"으로 물든 오대산의 상원사 모습을 경이롭게 바라본다. 초록

---

11) 장병훈, 제47집, 2022, 232쪽.
12) 이연희, 제47집, 2022, 218쪽.

색으로 칠한 부분은 빨간 물감이 모자랐기 때문이라는 진술은 동심에게나 가능한 일이다. 2연에서는 산으로 빙 둘러쳐진 풍경 속에 자리 잡은 "산마을"의 고즈넉함이 평화로운 세계를 지향하고 있다. 이는 "눈동자 가득/ 가슴 가득/ 잠기어요."라는 고백에서 인간이 자연과의 합일을 꿈꾸는 양상을 보여주고 있다고 하겠다.

「상원사의 가을」이 산을 그린 풍경화라면, 「강릉 솔밭 바닷가 풍경」은 바다를 그린 풍경화이다. "푸르고 푸른 바다"라는 언술이 푸른색으로 칠한 한 폭의 풍경화를 연상시키고 있다. "정동의 첫 햇살 받아/ 금빛 부챗살로 수놓은" 장소는 서울 광화문을 기준으로 정동쪽에 위치하고 있는 강릉 정동진正東津 바다이다. 이미 일출의 명소로도 알려져 있고, 근래에 와서 관광지로 개발된 '부채길'은 파도치는 바다를 코앞에서 즐기는 관광객들의 발길이 끊이지 않는 장소이다. 2연과 3연에서는, 낮에 푸른 바다 위에서 춤추며 놀던 갈매기도 밤에는 집으로 돌아간다고 강조하고 있는데, 이는 자연도 인간처럼 낮과 밤의 순리를 따른다는 점을 들어 자연과의 일치를 강조한 부분이라고 할 것이다.

「경포호수 길은」에서는 겨울에 "흰 눈이 그림을" 그려 한 폭의 풍경화를 연출한 현장을 마주하고 있다. 겨울에서 봄으로 넘어오는 계절을 묘사하고 있는데, 봄에는 봄비에 날리는 "꽃잎과 사진"을 찍는다는 고백에서 평면적이며 정적인 분위기가 유지되고 있다. 하지만 "조용히" 있던 "호수 속 고기"도 "꽃눈 보고 싶어서/ 자꾸 뛰어오른다."는 언술에서는 한 폭의 풍경화 속에서 역동적인 장면이 돌출되고 있음을 감지할 수 있다. 물 밖으로 뛰어올랐다가 다시 물속으로 쏙 들어가 버리는 고기가 천진스러운 동심과 중첩되면서, 인간과 자연과의 일치를 지향하고 있음을 알 수 있다.

이외에도 박미선의 「경포 연꽃」13)은 시작부터 "호수의 표면에는 구름과 무지개 꽃"이라고 풍경화 한 폭을 그려내고 있다. 결미에서 "경포호 연꽃 군락에 일어서는 가시연"이라고 토로하고 있는데, 이는 가시연의 움직임을 통하여 동적인 분위기로 전이되고 있음을 보여준다. 그리고 「청평사」14)에서는

---

13) 박미선, 제46집, 2021, 198쪽.
14) 엄순영, 제34집, 2009, 91쪽.

"하늘 가린/ 잎새 마다/ 노을빛이 배어들고"라고 노래하면서, 청평사가 품은 자연을 화폭에 담고 있다. "골안 가득 바람 소리/ 물도 따라/ 울고 갈 때"라고 이어진 진술에서, 바람 소리와 물소리만 들리는 청평사의 조용한 분위기가 더욱 고조되고 있다. 뿐만 아니라 「파로호」15)에서는 아침 안개가 피어오르는 파라호의 모습을 그려내고 있다. 이는 "무럭무럭/ 피어오르는 연기······/ 부글부글 끓어오르는 김······"이라는 표현에서 드러나는데, "아침마다/ 파로호는/ 북적이는 잔칫집"이라는 표현은 동심이기에 가능하다. 이와 같이 『강원아동문학』에서는 자연물의 다양한 모습이 풍경화로 변주되는 양상으로 장소의 정체성을 드러내고 있다.

4. 역사적 현재를 수용하는 동심

역사는 현재를 살고 있는 사람과 시대의 특징적 가치의 영향을 받기도 한다. 『강원아동문학』의 작품 속에서도 이러한 양상이 장소와 맞닿아 역사적 가능성을 보여주고 있음을 읽어낼 수 있다. 작품들은 강원권의 장소의 표상이 과거의 시간에서 현재의 시간으로, 혹은 시간이 정지된 상태로 나타난다. 이 같은 시간의 초월이나 영속하는 순간을 무시간(no time)으로 규정해 볼 때, 강원권의 역사는 삶의 의미와 현실의 의지를 아울러 제시하는 비유의 공간으로 존재한다. 그리고 현실적인 모든 것을 포용할 뿐만 아니라 미래적 비전까지도 제시해 주는 장소로서의 특징을 지닌다.

> 담배 문
> 호랑이가
> 영마루에 앉아
>
> 산이 놀라게
> 호령하던
> 그 자리엔

---

15) 이주영, 제47집, 2011, 18쪽.

차들만
숨을 할딱거리며
넘는다.

아흔아홉 굽이마다
곶감 지고 넘던
할아버지 발자국 없지만

흰 구름은
지금도 쉬어 넘는다.
― 전세준,「대관령」16) 전문

날씨가 참 맑다. 사람들이 절을 한다.

오늘도 대관령 서낭님은 기분이 좋다. 희멀건 돼지님이 떡허니 산신당 앞에 엎드리어 있다.

무당이 굿을 해댄다. 부정을 없애고 복을 받으려고 사람들이 자꾸 절을 한다.

돼지님은 괴로운 사람들 앞에 엎드리어 무슨 생각을 할까?
딩딩딩 징소리가 숲을 가득히 메운다.

대관령 서낭님 징소리 따라 돼지를 안고 깊은 산속으로 들어가신다. 숲속에 아기돼지 수백 마리가 돌아다닌다.

서낭목의 잎이 점점 짙어지고 있다.
― 남진원,「풍경」17) 전문

'찬물내기'의 말은 엄정하게 지켜졌다. 샘터에 가면 반드시 줄을 서야 했고 이를 어기면 함정에 들어가야 했다. 그리고 병사들은 마을을 지키고 사냥에 앞장서기 위하여 훈련을 열심히 하였다.

---

16) 전세준, 제2집, 1974, 38쪽.
17) 남진원, 제32집, 2007, 48쪽.

사람들은 샘터에서 줄을 서는 것이 큰 행복이었다. 이곳에만 오면 누구나 서로 존중된다는 것을 깊이 느낄 수 있었다. 사람들은 새 족장의 이름을 따서 이곳을 '찬물내기 샘터'라고 불렀다.

— 박종해, 「찬물내기」18) 부분

동시 「대관령」은 『강원아동문학』에서 최초로 장소를 제목으로 창작한 작품으로서의 가치를 지니며, '상상력'을 중심에 두는 신화문학론의 바탕에서 출발하고 있다. "호랑이가/ 영마루에 앉아// 산을 놀라게/ 호령하던" 대관령 역사의 성긴 그물망을 놓치지 않고 있다. 신화처럼 전해 내려오는 이야기를 재구성한다는 의지를 나타내면서, "아흔아홉 굽이마다/ 곶감 지고 넘던/ 할아버지 발자국 없지만" 현재는 "차들만/ 숨을 할딱거리며/ 넘는다."고 토로한다. 뿐만 아니라 대관령에서 "흰 구름은/ 지금도 쉬어 넘는다."고, 역사의 현재성을 긍정적으로 수용하고 있다.

「풍경」의 장소도 「대관령」이다. 강릉단오제'19) 서막을 알리는 행사 중의 하나인 '대관령 산신제'를 묘사한 것으로 추측해볼 수 있는 작품이다. "사람들이 절을 한다"라는 진술로 출발하면서, 그래서 "오늘도 대관령 서낭님은 기분이 좋다."고 일갈한다. "희멀건 돼지님이 떡허니 산신당 앞에 엎드리"고, "무당이 굿을" 해대는" 중에 "부정을 없애고 복을 받으려고 사람들이 자꾸 절을 한다."고 산신제를 지내는 모습을 재연하고 있다. "돼지님은 괴로운 사람들 앞에 엎드리어 무슨 생각을 할까?"라는 표현은 동심다운 발상이다. 산신당 앞에 바쳐진 동물을 애처로워하는 양상은, "대관령 서낭님 징소리 따라", "숲속에 아기돼지 수백 마리가 돌아다닌다."라는 언술에서도 찾아볼 수 있다.

작품 「찬물내기」는 동해시의 도심에 자리 잡은 장소를 주제로 창작한 동화이다. '찬물내기'는 일명 '냉천'으로 불리며, 사시사철 찬물이 흘러나와 붙여진 이름이다. 이 작품은 "찬물내기 샘터"라고 불리게 된 이유를 설화적 상상력으로 창작하였다. "샘터에 가면 반드시 줄을 서야 했고", "사람들은 샘터

---

18) 박종해, 제30집, 2005, 208-216쪽.
19) '강릉단오제'는 2005년에 한국에서 네 번째로 유네스코 인류무형문화유산으로 지정된 축제로서 국내 최대의 단오제이다.

에서 줄을 서는 것이 큰 행복이었다."고 고백하면서, 이는 "누구나 서로 존중된다는 것을 깊이 느낄 수 있었"기 때문이라고 덧붙인다. 무엇보다도 "'찬물내기'의 말은 엄정하게 지켜졌다."라고 강조한 부분에서 역사적 현재가 지켜지고 있음을 알 수 있다.

그리고 「죽서루」[20]는 관동팔경의 하나인 삼척 죽서루의 변천 역사를 32행의 장시로 노래한 작품이다. "긴긴 세월 감고/ 눈 비바람 헐뜯어/ 하긋 하긋 주름 가도/ 묵묵히" 서 있던 죽서루가 "1970년엔" 새 단장을 하여 "천년은 젊어졌다."고 독자들에게 넌지시 일러 주는 양상이다. 반면에 시적 자아는 "오십천 굽이굽이/ 파아란 전설은", "불도저"가 "남산" 허리를 잘라서 사라졌다고, 안타까워하기도 한다. 하지만 죽서루 아래의 오십천에서는 현재도 "수년을 버틴/ 강가 바위엔/ 강태공이 물려준/ 세월 낚는/ 낚시꾼들"이 붐비고 있음을 작품 속에서 읽어낼 수 있다. 또 동화 「복비」[21]에서 주인공은 아빠와 함께 철원 '도피안사'를 찾아가서 주지스님에게 "절의 내력에 대한 설명을" 청한다. 그 후에 "여름날 맑은 하늘에 유난히 머리 위에만 동그란 구름 한 점이 나타나 시원한 비를" 뿌려 주었는데, 스님은 그 비가 바로 "부처님의 응답인 복비"라고 설명한다. 동화 「복비」에서 '도피안사'라는 장소의 역사가 현재까지도 이어지고 있는 양상은, 「치악산 꿩의 전설」[22]에서도 나타난다. "꿩 세 마리가", "은혜를 갚기 위해", "머리로 종을 쳐서" 보은을 했다는 전설로, 머리가 깨어져 "죽은 꿩들을 묻어주고, 젊은이는 절을 고쳐 거기서 살았다"고 부언한다. 그리고 "그 절이 지금의 치악산 상원사上院寺요, 적악산赤岳山으로 부르던 산 이름을 꿩 치雉자를 넣어서 치악산雉岳山으로 바꿔 불렀다고 전해지고 있다."고 마무리한다. 이처럼 『강원아동문학』에서는 역사적 장소보다 현재의 삶과 장소에 대한 관심이 더 열려 있다. 지역민의 삶과 관련된 지역, 개별 장소, 지역의 장소 표시들을 관찰하고 묘사하며 그 일상성 및 현재적 의미를 동심을 통해 드러냈다.

---

20) 최도규, 제3집, 1975, 28-29쪽.
21) 전상기, 제30집, 2005, 224-228쪽.
22) 임교순, 제33집, 2008, 158-161쪽.

5. 환경과 생태 위기를 자각하는 동심

생태문학은 환경오염과 생태 위기에 대한 문제에서 출발한다.23) 70년대에 제기되었으며, 90년대부터 본격적인 움직임이 문학장에 대두되었다. 근대 이후 인간은 자연을 정복의 대상으로 삼고 자연을 파괴함으로써 결국 인간을 소외시키는 한계를 초래했다. 이에, 환경과 생태 위기를 포착하고 대안적 가치뿐만 아니라 그 회복을 위한 세계를 문학적으로 형상화하고자 한 것이 생태문학이다. 문학의 대상이 인간과 인간의 삶이며, 문학의 기능이 그것의 표현에 있다고 할 때, 그것은 인간과 그 삶의 복사나 재현이 아니라 상상력에 의한 재구성이다. 이 상상력의 세계에서 우리는 의식을 최대한 확장하며 상실된 근원의 감각, 환경과 자기는 동일하다는 감각을 회복한다.24) 『강원문학』도 예외가 아니다. 강원권 아동문학가들도 그들의 작품에서 환경과 생태 위기를 자각하는 소리를 드높이고 있다.

> 우리 마을은 강원도의 아담한 산촌마을입니다.
> 오래도록 도시 생활에 시달리던 사람들이 자연을 찾아와서 새롭게 개척한 '새마을'이지요. 푸른 산이 병풍을 두른 듯 아늑하게 감싸고, 마을 앞으로 흐르는 맑은 시냇물은 사시사철 하늘과 구름과 산을 바다로 실어 나르는 그림 같은 마을입니다. 옛날에 신선이 살았음직한 마을이지요.
> … 중략 …
> 곡식들도 생명을 가지고 있어서 주인의 발자국 소리만 들어도 힘이 솟는다고 하네요. 그런데 신중이 할아버지는 그들에게 정답게 말까지 걸어주니 좋아서 우쭐우쭐 춤을 추는 곡식들이 눈에 보이는 듯합니다.
> '곡식도 생명인데 생명의 존귀함을 알아야지. 우리는 그동안 농사짓는 사람들을 너무 가볍게 여겨왔어. 생명을 가구는 소중한 사람들인데 말이야.'
> 신중이 할아버지는 농사짓는 일을 단순히 직업이라고 여기지 않습니

---

23) 환경문학을 포괄하는 생태문학이 관심을 갖는 생태의 문제란 환경오염이나 자연파괴에서부터 물질문명, 산업사회, 가부장제, 인간의 욕망 등에 이르기까지 현대사회에서 발생하는 중요한 문제점들을 아우른다(김용민, 『생태문학』, 책세상, 2003, 81-85쪽 참고).
24) 우한용, 『문학교육과 문화론』, 서울대학교출판부, 2001, 55-56쪽.

다. 생명을 가꾸고 사랑을 전하는 평화전도사라고 생각합니다.
― 전상기, 「우리 마을의 시계」25) 부분

솔이는 초록봉 꼭대기를 쳐다봅니다. 그러다가 한 발 내디디며 아빠를 재촉합니다.
"오늘은 꼭 올라가고 말 거예요."
"지난해 산불로 숯덩이 산인걸?"
… 중략 …
"아! 소나무가 살아나고 있네."
소나무는 불에 덴 몸으로도 초록빛 솔잎을 머리에 이고 있었습니다. 그뿐만 아닙니다. 땅은 온 힘을 다해 뿌리를 지키고 있었습니다.
그 순간 초록바람도 일어나 잿빛 소나무 몸을 어루만지기 시작했습니다.
― 권석순, 「초록 바람」26) 부분

"여기? 이름도 시원한 지암리 계곡이지. 어때, 풍경이 멋지지 않니? 여름에는 사람들이 무지무지 많이 와."
"쳇! 사람들이 많이 오는 게 뭐 대단해? 시끄럽게 놀다가 음식물이랑 쓰레기를 그냥 버리고 가는 바람에 냄새도 나고, 순 얌체들이잖아."
차돌 옆에 있던 둥글납작한 빵돌이 입을 삐죽거리며 말하자, 몽돌이 빙긋이 웃으며 대꾸했다.
"그래서 가끔 소나기 비님이 우리 몸을 씻겨 주고 있잖아. 계곡은 그래서 좋아. 200살이 넘은 우리 할아버지도 그렇게 말했어. 자연은 순환하는 거라고."
― 최귀순, 「몽돌이의 꿈」27) 부분

동화 「우리 마을의 시계」에서는 "강원도의 아담한 산촌마을"에 사는 사람들의 삶이 오늘날 환경과 생태의 위기에서 벗어날 수 있는 대안임을 제시한다. 오염된 도시에서 벗어나 자연 속에서 둥지를 튼 사람들이 개척한 장소가 "옛날에 신선이 살았음직한 마을"이라고 천명한다. "곡식들도 생명을 가지고

---

25) 전상기, 제36집, 2011, 162-166쪽.
26) 권석순, 제26집, 2001, 39-42쪽.
27) 최귀순, 제48집, 2023, 329-336쪽.

있어서 주인의 발자국 소리만 들어도 힘이 솟는다"고, 식물들도 "그들에게 정답게 말까지 걸어주니 좋아서 우쭐우쭐 춤을" 춘다고, 신중이 할아버지가 일러준다. "곡식도 생명인데 생명의 존귀함을 알아야지."라는 할아버지의 말은 생명28)의 소중함이 환경과 생태의 위기를 넘어서고 있음을 강조하고 있다.

생명의 소중함은 작품「초록 바람」과도 연결된다. 이 작품은 동해시 천곡동에 자리한 초록봉을 장소로 하여 창작한 동화이다. 이 산은 등산로가 조성되어 많은 시민이 찾는 휴식공간이기도 하다. 주인공 솔이가 산불로 잿더미가 된 초록봉을 바라보며 안타까워하는 마음이 작품 속에 다분히 묻어 있다. "산불로 숯덩이"가 된 산에 오르는 것을 만류하는 아빠에게, 솔이는 "오늘은 꼭 올라가" 보겠다는 의지를 보인다. 산에 올라간 솔이는 소나무가 살아나고 있음을 확인하는데, 그것은 "불에 덴 몸으로도 초록빛 솔잎을 머리에" 인 소나무를 보면서 "온 힘을 다해 뿌리를" 지킨 땅의 존재를 알게 되었기 때문이다. 뿐만 아니라 "잿빛 소나무 몸을 어루만지"는 "초록바람"까지 가세하여 생명이 다시 살아나고 있음을 인지하게 되는데, 이 또한 생태의 소중함을 드러낸 작품이라고 할 것이다.

「몽돌이의 꿈」에서는 춘천 '지암리 계곡'의 오염을 경계하는 의도가 다분히 녹아져 있다. 풍경이 아름다운 계곡에 많은 사람이 찾아오면서 "음식물이랑 쓰레기를 그냥 버리고 가는 바람에 냄새도" 난다고 작자는 심각한 환경오염을 고발하는 자세를 취하고 있다. 그러나 주인공 몽돌은 "가끔 소나기 비님이 우리 몸을 씻겨 주고 있잖아. 계곡은 그래서 좋아. 200살이 넘은 우리 할아버지도 그렇게 말했어. 자연은 순환하는 거라고."라는 대안을 제시한다. 이렇게 자연의 순환에 맡기는 대안은 인간이 개입할 수 없는 위기가 미래의 우리네 삶에 닥칠지도 모른다는 경고의 메시지를 주고 있다.

뿐만 아니라 동시 "산 너머 강촌에서 불어오는 봄바람"으로 포문을 연「철

---

28) 김지하는 '환경'이라는 말이 인간 중심적 사상이 강하고 '생태'란 말도 무기물의 생명성을 인정하지 않는다는 점에서 부적절하다고 보았으며, 이 두 용어의 단점을 보완할 수 있는 용어로 '생명'이란 단어가 적절하다고 생각했다. 그가 말하는 생명의 패러다임은, 모든 존재를 서로 서로가 연결된 우주적 차원의 관계 그물망 속에서 파악하려는 관점을 의미한다.(김지하,「생명사상· 생명운동이란 무엇인가」,『생명과 자치』, 솔, 1996, 45쪽.)

쭉꽃」29)은 춘천시 "강촌"을 장소로 창작하였음을 비치고 있다. 이 작품에서는 봄철만 되면 중국에서 유입되는 황사로 인해 자연이 오염되고 있음을 경계한다. "산 너머 황야에서 불어오는 봄바람이/ 황사를 몰고 와서 누렇게 분 바르니/ 피어난 꽃송이들이 시들시들 변해요"라고 직설적인 표현 방식에 의존하여 환경오염을 고발한다. 그리고 동시 「내 마음」30)은 "도시에서 별을 보면 가물가물하다/ 별을 보는 내 눈도 흐릿하다."고, 특히 도시가 시골에 비해 오염의 농도가 높다고 고발하는 자세이다. 강릉시 "성산면 보광리 마을 입구에 들어서면/ 별이 먼저 내려와", "내 마음이 빛난다."고 한 부분에서는 환경의 청정지역을 염원하는 시인의 마음이 녹아져 있다고 하겠다. 동시 「남춘천 다리 밑」31)은 오염으로 인하여 생태계가 생존위기에 놓여 있음을 보여준다. "물고기들이 오르락 내리락/ 먹이를 찾고요// 백로들이 신기하게/ 날아서 빠져가고요"라는 진술에서 인간의 무자비한 환경오염이 곧 동물들에게까지 그 폐해가 돌아간다고 경고하고 있다. "남춘천 다리 위도 복잡하지만/ 남춘천 다리 밑도 아주 복잡해요"라는 결미에서 인간에게도 그 폐해가 다가오고 있음을 안타까워하는 어조이다. 이처럼 인간과 자연은 서로 분리할 수 없는 상관관계를 지닌다. 자연이 파괴되고 오염되면 인간도 파괴되고 오염되며, 급기야는 생태계의 파괴로 인하여 인간도 위협을 받게 된다. 그런 의미에서 『강원아동문학』은 강원권의 장소를 바탕으로 하여 환경과 생태계의 위기를 자각하는 동심으로 드러나고 있다.

6. 마무리

이 글에서는 공간과 장소성을 표상한 강원권 아동문학의 작품을 살펴보기 위해 '강원아동문학회'의 동인지 『강원아동문학』을 논구의 대상으로 하였다. '강원아동문학회'는 1973년에 창간호를 내었고, 매년마다 꾸준히 동인지를 발간하여 2024년에 제49집을 상재하였다. 특히 『강원아동문학』 작품 속에

---

29) 주근환, 제35집, 2010, 124쪽.
30) 남진원, 제33집, 2008, 45쪽.
31) 용호군, 제34집, 2009, 96쪽.

는 장소의 정체성이 자연물을 매개로 드러내었다는 점이 주목된다.

아동문학이 교육적 기능을 중시하듯, 『강원아동문학』도 아동들의 꿈과 희망을 주는 작품들이 장소성을 현시하고 있다. 여기에는 자연물을 연결한 작품들이 아동들에게 자연과 자연의 관계나 인간과 인간의 관계가 별반 다르지 않음을 직시하게 한다. 특히 자연이 인간에게 주는 이로움을 자각하도록 유도하여 인간 사회에서 유익한 자아로 성장할 수 있도록 하는 데 초점을 맞추고 있다. 즉, 『강원아동문학』의 작품에서는 자연물끼리도 생존에 필요한 요소들을 이해하고 존중하며 적절하게 교류하는 모습을 형상화하였는데, 이는 아동들이 자아 성장의 계기가 마련되기를 바라는 아동문학가들의 바람이 녹아져 있다고 할 것이다.

『강원아동문학』에서는 강원권의 자연물을 한 폭의 풍경화로 펼쳐놓은 듯한 작품들이 다수 나타났다. 이 작품들은 대체로 동시 작품 속에 녹아져 있다. 동심의 시각에서 자연을 탐색하고 사유한 작품 속에서는 강원권의 자연물이 자연 친화적인 태도를 형성하고 있다. 인간을 자연의 일부로 간주하는 데서 출발한 동심은 인간이 자연과의 합일을 꿈꾸는 양상으로 자연과의 일치를 지향하고 있음이 검토되었다. 이처럼 자연의 다양한 모습을 매개로 한 강원권의 장소는 동심의 순박한 시각으로 포착되어 풍경화로 변주되었다.

역사적 장소는 문학의 화소가 되기도 한다. 그런 의미에서 『강원아동문학』의 작품 속에서도 이러한 양상이 장소와 맞닿아 역사적 가능성을 보여주고 있다. 작품들은 강원권의 장소의 표상이 과거의 시간에서 현재의 시간으로, 혹은 시간이 정지된 상태로 나타나며, 강원권의 역사는 삶의 의미와 현실의 의지를 아울러 제시하는 비유의 공간으로 존재한다. 뿐만 아니라 미래적 비전까지도 제시해 주는 역사적 장소로서의 특징을 지니며, 동심에 재구성되고 재결합된 감각적 사고로 현실을 반영하고 있음을 알 수 있다.

오늘날 환경오염과 생태 위기에 대한 문제의식을 『강원아동문학』에서도 포착하고 있다. 이러한 위기는 인간이 초래한 결과물로써 결국은 인간을 소외시키는 한계에 와 있음을 자각한다. 이에, 『강원아동문학』에서는 생명의 존엄성과 생태의 소중함을 강조한 작품들이 문학적 상상력에 의해 변주되어 나타나고 있다. 이러한 위기의식의 확장은 동심이 환경과 동일하다는 감각을 회복시키려는 노력으로 보인다.

    이처럼 『강원아동문학』의 장소성은 아동문학가들의 상상을 통과하면서 건강한 생명력을 얻는 장소로서 거듭나고 있다. 여기에는 강원권의 자연환경과 역사적 장소가 내재되었음을 확인할 수 있다. 따라서 이 글이 『강원아동문학』의 장소성을 살펴보는 성과뿐만 아니라, 지역문학 발전에도 일조하기를 기대한다.

강원여성문단의 형성과 배경

1. 머리말

'강원여성문학인회'는 2004년 8월 18일에 창립하여 강원특별자치도 전 지역에서 창작의 근간을 이루고 있는 문학단체이다. 2022년 12월 현재 105명의 회원들이 이 지역에서 삶을 살고 있다는 근거에서 비롯된다. 이는 지역 문학을 규정하는 조건으로 해당 지역과의 관련성이라는 조건이 필요하기 때문이다. '강원여성문학인회' 정관 제3조(회원자격)에는 "강원도에 거주하는 여성으로 각종 문예지에 등단한 자나 신춘문예 당선자로 한다."는 것을 명시하고 있다. 창립 당시 '강원여성문학인회'에 가입한 여성회원은 99명, '강원문인협회'에 등록된 여성회원은 102명이었다. 이로 미루어 보아, 강원도에 거주하는 모든 여성문인들이 '강원여성문학인회'에 가입하였음을 알 수 있다.

<표 1> 지역별 '강원도여성문학인회' 현황

지역명	춘천	강릉	원주	동해	삼척	속초	양양	태백	평창	홍천	계
2004년(창립)	25	38	7	7	10	2	4	1	0	1	
2022년(현재)	35	35	10	7	2	1	3	1	3	2	
지역명	영월	인제	정선	철원	화천	횡성	양구	고성	기타		
2004년(창립)	0	1	0	1	1	0	1	0	0		9
2022년(현재)	0	0	1	1	2	0	0	0	2		105

<표 2> 장르별 『강원여성문학』지의 수록 현황

연도 \ 장르	시	시조	동시	동화	수필	소설	계
2004년(창간호)	70(81%)	0(0%)	2(2%)		15(17%)	0(0%)	87(100%)
2022년(제19호)	50(75%)	3(6%)	0(0%)	0(0%)	12(18%)	1(1%)	66(100%)

'강원여성문학인회'는 창간호(육필집)를 시작으로 매년마다 꾸준히『강원여성문학』을 발간하여 2022년에 제19호를 상재하였다. 문학은 인간의 가치 있는 체험에 의해 재해석되고 재창조되어지는 산물이다. 그러다 보니, 강원권에 삶의 뿌리를 내린 여성문인들은 이 지역을 그들의 삶을 담는 그릇으로서의 언어를『강원여성문학』을 통하여 표상화하고 있다. 이것은 강원지역성을 담보하는 문학의 내적 기제가 강원특별자치도의 자연과 삶을 주제로 한 표현방식, 그리고 의미와의 관련성 차원에서 지역문학의 내용 층위를 이룬다. 강원권의 고유한 향토색, 지역적 서정, 지역적 삶의 내면적 승화 등이 이와 관련된 요소라고 할 수 있다. 문학이 인간의 정신적 산물이라는 점, 그리고 언어구조물이라는 점에 주목하여, 이 글에서는『강원여성문학』창간호부터 제19호까지를 대상으로 강원여성문단의 문학적 정체성을 살펴보려고 한다.

위의 <표 2>에서『강원여성문학』에 수록된 작품을 보면, 운문이 강세이다. 창간호에 운문이 70편(81%), 산문은 17편(19%)이며, 최근 2022년에 발간된 제19호에는 운문이 53편(80%), 산문은 13편(20%)이다. 그러므로 이 작품들을 지역적 정서[1])의 특수성 위에서 논의함으로써 강원지역의 문학적 정체성이 작품 속에 어떻게 투영되고 있는지를 밝힐 것이다. 지역문학이란 그 지역의 삶의 모습, 그 지역 사람들이 살아왔던 역사와 그 속에 숨 쉬고 있는 정신을 바탕에 깔고 있어야 한다.[2]) 이와 같은 "지역문학 텍스트의 고유한 가치를 발견해가는 노력은 문학장 내부는 물론 한국사회를 발전시키는 견인차가 될 수 있다."[3])는 가능성을 전제로 한다. 더불어 이 글은『강원여성문학』이 지역성을 자각하고 지역의 삶에 대하여 관심을 환기시키는 문학으로 자리매김하고 있음을 살펴보는 계기가 될 것이다.

---

1) 지역의 정서를 양영길은, "그 지역의 생태 환경, 세계관, 질서 원리, 정념 등을 비롯하여 역사적 배경, 사건·사고, 사회구조, 지역 심리, 사상적 배경과 그 구조, 시대정신, 정치·경제 구조, 상권商權과 그 변천, 사유 방식, 상상의 구조, 각종 통계 등이 중앙과 별개의 것이면서 다른 지역과 차별화된 것"이 그 지역의 정서라고 규정하면서, 이러한 문제들에 대한 해법 등 그 문제를 쟁점화할 수 있는 지역 공동체의 모든 것이 지역문학의 대상이 됨을 지적하였다(양영길,『지역문학과 문학사 인식』, 국학자료원, 2006, 87-88쪽.).
2) 양영길, 위의 책, 60쪽.
3) 남기택,「지역, 현실, 문학 ―대전충남지역 시문학을 중심으로」,『지역과 현실, 현실주의 문학―제9회 문학심포지엄』, 민족문학작가회의 대전·충남지회, 2007, 12쪽.

2. 『강원여성문학』에 나타난 정서의 양상

강원여성문단의 문학적 정체성을 밝히기 위해 『강원여성문학』에 수록된 작품 중, '강원여성문학상' 대상大賞과 우수상 수상작들을 대상對象으로 한다.4) 수상작들은 『강원여성문학』의 표본 작품으로서 무리가 없을뿐만 아니라 대표성을 갖고 있다고 판단되기 때문이다.

<표 3> '강원여성문학상' 수상 작품

호	연도	수상자	장르	편수	수상 작품 제목
1	2004	기정순(대상)	시	6	보광리 이야기/ 안개/ 종鐘/ 생명/ 혼자 마시는 茶/ 노일강
		김혜옥(우수상)	시	5	취하요리翠霞料理/ 제웅/ 뻐꾸기 시계/ 코끼리 나무/ 벼는 수도자의 본성을 갖고 있다
2	2005	이충희(대상)	시	5	헐거운 몸/ 한 생각에 이르러/ 그림 뒤의 그림/ 면죄부/ 고쟁이
		김순실(우수상)	시	5	멸치/ 하늘에서 도는 팽이/ 흰 고래/ 남생이/ 횡단보도
3	2006	권석순(대상)	동화	1	나비가 된 은행잎
		민성숙(우수상)	수필	2	동양 예절의 우수성/ 나갈 거예요, 나 할 거예요
4	2007	심재교(대상)	시	5	은행을 줍다/ 열무김치/ 수련睡蓮이 피는 곳/ 멈춰 선 여인/ 곤줄박이가 멋지다
		정주연(우수상)	시	3	명자나무/ 와랑기계/ 수세미
		정원교(우수상)	시	3	발자국/ 어둠이 불을 지피다/ 초승달
5	2008	김은숙(대상)	시조	5	을숙도/ 고인돌 앞에서/ 당간지주/ 버린다는 것은/ 불씨
		심성옥(우수상)	시	3	겨울/ 빈 항아리/ 蘭, 허리 꺾이던 날
		이명순(우수상)	수필	2	거미 그물/ 박을 타며
6	2009	이영춘(대상)	시	5	無의 말/ 절寺 뒷마당에서/ 오줌발 별꽃무늬/ '무녀도'의 밥그릇/ 던킨도너스 집에 앉아
		고창영(우수상)	시	3	52계단/ 현수막이 바람에 펄럭입니다/ 남자는
7	2010	최인숙(대상)	수필	2	人生의 두 나라/ 이별을 초대하다
		배정순(우수상)	동시	5	승리의 깃발은/ 사춘기가 왔대요/ 물의 알/ 꽃씨도 한 말/ 등나무 초대장
8	2011	권정남(대상)	시	5	주산지 왕버드나무/ 나무, 뿌리 채 뽑히다/ 일주문 밖에서/ 주목/ 소금 찜질방
		정정하(우수상)	시	4	늙은 호박/ 안반덕이/ 승부역/ 겨울 희방사
9	2012	홍승자(대상)	시	5	풍류/ 말씀4/ 연꽃/ 꽃차/ 그 남자의 눈물
		송경애(우수상)	시	5	옥탑 방/ 식구/ 고슴도치/ 녹턴 Op9-2/ 방
10	2013	최귀순(대상)	수필	2	너와 함께 이야기하는 시간/ 재래시장 사람들
		정선화(우수상)	시	5	기차/ 마주 앉아서/ 새벽 기도/ 여자/ 호떡 아줌마
11	2014	김금분(대상)	시	4	거미줄 꽃/ 겨울비/ 고전/ 소포는 저녁에 온다
		주명순(우수상)	수필	2	책방에서 짚어본 경동맥/ 목백합과 이명

---

4) '강원여성문학인회 문학상 규정'에는 '대상大賞은 등단 15년 이상인 자로 하고 우수상은 5년 이상 15년 미만인 자로 선정한다.'고 명기되어 있다.

		홍연희(우수상)	시	5	생강나무꽃술/ 붉은 심장의 꽃잎들/ 소통부재/ 간이역/ 살구나무와 벌처럼
12	2015	최현숙(우수상)	수필	2	모두가 꽃이다/ 팥죽 할아버지
13	2016	김백신(대상)	동화	2	아이돌 베짱이/ 송장 콩장
14	2017	백혜자(대상)	시	5	무슨 소릴까?/ 누이가 와?/ 단풍잎 잠드셨네/ 억새 밭에서/ 로또복권
		김계남(우수상)	수필	1	화암사禾岩寺의 란야원蘭若苑
15	2018	김기옥(대상)	시조	4	선탈 1/ 가슴/ 덤/ 발 앞에서
		최남미(우수상)	수필	2	다시 쓰는 쑥부쟁이 전설/ 가로수와 노인
16	2019	최정규(대상)	시	4	와디/ 다랑이(Rice Terrace)/ 여름 삽화/ 은행나무
		금시아(우수상)	시	2	5월의 전략/ 배웅 일기
17	2020	송병숙(대상)	시	4	귀의 염전/ 규화목/ '를'이 비처럼 내려/ 발가락 따옴표
		유지숙(우수상)	시	3	개미/ 새살 연고/ 길 위에서
18	2021	김옥란(대상)	시	5	5월에 쓰는 반성문/ 꽃이 핀다/ 뻐꾸기/ 집 부처/ 월정사 선재길
19	2022	김령숙(대상)	시	4	다리를 건너며/ 태풍이 지난 뒤/ 뒷모습/ 코로나 블루/ 수선화 옆에서
		양명자(대상)	수필	2	어머니 말씀/ 손녀의 소원
		계		137	시 103편, 시조 9편, 동시 5편, 동화 3편, 수필 17편

<표 3>에서 '강원여성문학상'의 작품을 살펴보면 창간호부터 제19호까지 장르별 수록 편수에 큰 변화 없이 운문이 강세이다. '강원여성문학상' 수상자는 운문 27(71%)명, 산문 11(29%)명이다. 작품수로는 운문이 117편(85%)이고, 반면에 산문은 20편(15%)에 불과하다.

운문 117편의 작품은 대체적으로 자연물에 대한 서정을 노래한 제목들이 다수이다. 여성적인 감수성이 농밀하게 배어있는 제목이 있는가 하면, 계절의 감각에서 촉발되는 시상을 노래한 제목도 있다. '보광리 이야기', '노일강', '안반덕이', '화암사' 등과 같이 강원지역을 직접 드러낸 제목도 있고, 장소 명칭을 드러내지 않았을 뿐, 강원특별자치도의 지역 공간을 노래하였다고 유추해 볼 수 있는 제목도 수다하다.

문학이 인간의 삶에 바탕을 두고 있는 한, 강원도의 전 지역에서 창작행위를 수행하는 여성문인들의 작품 속에는 시공時空의 형식 및 시간적·공간적 인식의 방법이 개재되어 있기 마련이다. 또한 문학은 개인의 주관적 체험세계를 상상력에 의해 굴절시켜 그것을 언어로 표현해내는 것이 생명이다. 여성문인들의 체험도 결국은 문학 속에서 상상세계로 변환되는 것이다.

또 하나는, 강원특별자치도라는 공간 상징을 통해 드러나는 여성문인들의 인식적 측면과 대응의 문제이다. 이때 강원특별자치도 전 공간은 문학적 주체의 존재론적 의미를 구체화시켜 주는 표지로서의 가치를 지닌다. 또한 여성문인들에게 내재된 공간이 창작으로 연결되면서, 문학적 인식을 드러내는 독특한 상징을 형성하게 되는 것이다. 따라서 『강원여성문학』에 수록된 수상작 137편 중 다수로 나타나는 117편의 운문 장르에서 공간적 정서를 살펴보려고 한다.

3. 생명과 상생의 자연공간

인간은 아주 오래전부터 자연을 통해 정신적 가치를 추구하고 감흥을 노래하였다. 자연은 강원특별자치도 여성문인들에게 있어서도 예외가 아니다. 강원권이라는 공간적 범주는 여성문인들의 정신에 의존된 상태로 존재해 왔으며, 그들은 정감의 차원에서 지역의 자연을 문학 속에 포용하고 있는 것이다. 자연이 숨 쉬는 강원권은 생명이 약동하는 창조의 공간이고 삶의 의미와 현실의 의지를 아울러 제시하는 비유의 공간으로 존재한다.

> 스님들이 빗자루로 그려놓은 빗살무늬가
> 일렬로 서서 숲으로 가고 있는 선재길
> 가만 서서 보니 숲으로 드는 것이
> 빗살무늬만이 아니다
> 전나무 사이로 가늘게 몸을 쪼갠 햇살도 들어가고
> 요리조리 걸림 없이 바람도 들어간다
> 날쌔게 바위로 올라가 가부좌를 트는 다람쥐
> 여린 몸 맞대고 삼매에 든 풀잎들 사이로
> 한 줄기 향기로운 천궁의 향공양
> 숲 식구들의 법회가 열리나 보다
>
> 나는 그 법회에는 한 발짝도 들이지 못하고
> 선재를 찾아 바삐 오르내렸지만
> 가도 가도 까마득한 무명의 길이더니
> 사람을 피하지 않고 쪼르르 달려오는 다람쥐로도
> 아장아장 걷고 있는 천진 동자로도 선재는 왔음을

내 속에 고요 한 채 들이고 알았다
요란하게 끌고 온 몸도 없고
무겁게 들고 온 마음도 없어지고
온전한 숲이 되었을 때야 비로소
환하고 그윽한 그 길이 선재임을 알았다
— 김옥란, 「월정사 선재길」5) 전문

거센 물결을 가르며 가는 청둥오리 한 쌍
암컷이 앞서고 수컷이 뒤따르며 뒤돌아봄 없이,
찬바람에 긴 다리가 일렁거리고 내 몸도 흔들

새해 첫날에 건너는 다리
정수리에 새 물 스미고 불쏘시개 되어,
이글거리며 불끈 솟아오른 해처럼
힘찬 걸음으로 또 건너가자!
저 청둥오리의 활기찬 돌진처럼

다들 둥글게 무난히, 서로 보듬어 따스하게
이 해도 잘 건너기를 손 모아본다

철썩이는 파도에 겹쳐진 사진들이
출렁거리며 지나가고
끌어안고 지나온 세월의 온기,
대관령 능선 벌그스름한 해넘이에
바다도 팽팽하던 하루를 느슨히 풀고 있다
— 김령숙, 「다리를 건너며」6) 전문

「월정사 선재길」은 강원특별자치도 평창군 오대산 내에 있는 사찰의 명칭을 그대로 제목으로 드러낸 작품이다. 시적 자아는 월정사에서 상원사까지 전나무 숲길을 걸으며 순응하는 자세로 자연을 관조하고 있다. 시인은 자연의 움직임에 거리 두기를 하지 않는다. 심지어 가만히 서서 "전나무 사이로

---

5) 김옥란, 『강원여성문학』 제18호, 2021, 73쪽.
6) 김령숙, 『강원여성문학』 제19호, 2022, 22쪽.

가늘게 몸을 쪼갠 햇살"도 만나고 바위에 올라앉은 "다람쥐"도 만난다. 마침내 시적 자아는 "여린 몸 맞대고 삼매에 든 풀잎들 사이"에서 "천궁"의 향내를 맡으며 향처럼 아름답고 좋은 기운을 느끼는 불심의 공간에 다다랐음을 토로한다. "가도 가도 까마득한 무명의 길"도 "사람을 피하지 않고 쪼르르 달려오는 다람쥐로" 인해 인간이 자연과 어떻게 교감을 나누고, 또 그 비의比擬를 어떻게 읽어낼 것인가를 보여주고 있다. 시인은 결미에서 "요란하게 끌고 온 몸도 없고/ 무겁게 들고 온 마음도 없어지고/ 온전한 숲이 되었을 때야 비로소/ 환하고 그윽한 그 길이 선재임을 알았다"라고 고백한다. 이로 인해 시인은 생명과 상생의 자연공간에 놓여 있음을 드러낸다.

「다리를 건너며」는 시적 자아가 "새해 첫날"을 자연공간과 마주하고 있음을 보여 준다. "거센 물결을 가르며 가는 청둥오리 한 쌍/ 암컷이 앞서고 수컷이 뒤따르"는 모습이다. 그리고 "저 청둥오리의 활기찬 돌진처럼// 다들 둥글게 무난히, 서로 보듬어 따스하게/ 이 해도 잘 건너기를 손 모아"라는 부분에서는 인간이 자연과의 상생을 염원하는 마음이 담겨 있다. 뿐만 아니라 장소 명칭을 직접 언급하면서 강원특별자치도가 바다와 산을 품고 있는 자연공간임을 고백하는데, 이는 "대관령 능선 벌그스름한 해넘이에/ 바다도 팽팽하던 하루를 느슨히 풀고 있다"라는 결미에서 여실히 드러내 보인다.

홍승자의 「풍류」7)에서도 강원특별자치도의 장소 명칭을 드러내고 있다. 강릉시 운정동에 위치한 99칸의 사대부가의 주택으로 국가지정 중요민속문화재 제5호로 지정되어 있는 개인 소유의 국가 문화재인 선교장船橋莊 연당 앞에서 연차를 시연하는 모습을 그리고 있다. 시적 자아는 "한 송이 연꽃에 차를 들인다"고 고백한다. 그러고 나서 "꽃 입술 닫아 두었"던 자연도 "별빛 달빛"이 담기면 "향기로운 연등"으로 피어나는, 놀라운 자연 현상을 발견한다. 그래서 시인은 자연과 자연과의 조응뿐만 아니라 자연과 인간의 조응을 꾀하려는 것이다. 그것은 "풍류객"을 불러들이기 위해 "덧문 활짝 올려라"고 토로한 부분에서도 드러난다. 이외에도 『강원여성문학』의 대다수의 작품들은 강원지역의 자연을 소재로 하고 있다. 물론, 자연이 매력적인 문학적 대상으로 부각된 것은 근대문명의 온갖 폐해가 만연된 도시 생활에 지친 문인들

---

7) 홍승자, 『강원여성문학』 제9호, 2012, 18쪽.

이 상대적으로 덜 오염된 자연을 찾아가 심신을 달래고자 하는 데서 직접적인 원인을 찾을 수도 있다. 무엇보다도 강원여성문인들이 자연친화적인 작품을 많이 창작하는 것은, 강원특별자치도라는 지역이 바로 자연이 숨 쉬는 공간이기 때문이다.

4. 현존재의 생활공간

『강원여성문학』의 작품 속에는 여성문인들이 겪었던 소소한 체험들이 사회·역사적 환경과 결부하며 시적 담화를 형성하는 자전적 자아가 많다. 본질적인 차원에서 문학은 역시 현실의 거울임이 분명하기 때문이다. 이러한 거울 영상 접근법(mirror image approach)은 오래되고 나름대로 독자적인 역사를 가지고 있다. 프랑스 철학자 루이 드 보날(Louis de Bonald, 1754~1840)은 이러한 접근방식을 주장한 최초의 인물 중의 한 사람인데, 그는 "만일 사람들이 어느 나라의 문학작품이든 간에 주의 깊게 읽어본다면 그 나라의 국민들이 어떻게 변천해왔는지에 대해 말할 수 있다"고 주장한다.8) 이것은 문학의 개인적 세계를 사회적 의미들로 '전환시키는 것', 즉 문학에 대한 외적 접근방식으로, 타자의 세계를 인간의 영역으로 끌어들이는 방식이다. 문학이 우리의 일상적인 의식을 통해서는 단지 피상적으로밖에 파악할 수 없는 객관현실의 본질적인 측면을 좀 더 깊이, 그리고 포괄적으로 반영해 내기 때문이다.

> 단계동에서 학성동까지가 그렇게 먼 거리가 아니었다는 걸
> 어른이 되어서야 알았다
> 오랜만에 한 번씩 어머니 손에 끌려 찾았던 숨 막히는 목욕탕에서
> 반나절이 가깝게 때를 미는 동안
> 늘씬하고 고운 우윳빛 피부의 언니들은 금세 물만 끼얹고 나가는 것이
> 어린 맘에도 돈이 아까워 자꾸 쳐다봤고
> 어머닌 탕 속은 더러우니 들어가지 말라고 어린 나의 등짝을 후려쳤다
> 모범으로 세상을 살아야 할 표어처럼

---

8) 앨런 스윈지우드, 박혜선 옮김, 『문학의 사회학』, 한길사, 1984, 12쪽 참조.

원주역에서도 한눈에 들어오던 모범약국 건너편
후미진 골목 입구의 목욕탕집 뒤로 판자를 엮은 듯
언덕배기 빼곡하게 늘어선 집인지 점포인지 알 수 없던 거기가
우윳빛 살결의 예쁘게만 보이던 그날의 꽃 같은 언니들이
고운 다리를 벌리고 낯선 사내들을 받으며 시들어 간 48계단 입구란 걸
나중에 나중에서야 알았다
48계단 위 49계단에는 법과 질서를 서슬 퍼렇게 지켜낸다는 법원이 살았고
그 위엔 순결하고 깨끗하다는 신부들과 수녀들의 수장인 주교관이 살았고
51계단 꼭대기엔 이 시대 뜨거운 권력의 중심인 언론이 살았고
그리고 거기,
세상의 다시 희망인 초등학교 꼬맹이들의 재잘거림이
52계단쯤에 같이 살아왔다는 것도 나중에 나중에서야 다시 알았다
— 고창영, 「52계단」9) 전문

천 층층 만 계단 굽고 부른 가팔막에
식솔들 소망 닮은 실한 두럭
가장 등판만 한 전답
남루한 생존에 산 그림자가 엎드렸다

가난한 나라 산간에서 태어나
다랑에서 뛰어놀다 농군 되고
늙어 두럭 베고 마감한다는 한 뉘

애면글면 가꾸는 터전
다직한 산고을 구매농사에
풍작 기대의 기다림 위로
울울창창 푸른 찬가 꽃 웃음이 흐드러졌다

땀내 밥내 구수한 풍경
층층 겹겹 그득 실은 곡식

---

9) 고창영, 『강원여성문학』 제6호, 2009, 26쪽.

힘겨운 여유의 풍속화를 만나다
— 최정규, 「다랑이(Rice Terrace)」[10] 전문

「52계단」의 작품 속에서 지칭한 "학성동"과 "단계동"은 강원특별자치도 원주시에 설치된 동이다. 시적 자아의 사유는 동네의 "목욕탕"을 중심으로 확장되어 나간다. 어린 시절 "어머니 손에 끌려 찾았던 숨 막히는 목욕탕에서" 보았던 "늘씬하고 고운 우윳빛 피부의 언니들"이 매춘부였음을, 그리고 그녀들의 생활공간은 "48계단 입구란 걸/ 나중에 나중에서야 알았다"고 토로한다. 49계단은 "법원"이, 50계단은 "신부들과 수녀들의 수장인 주교관"이, 51계단은 "언론"기관이 자리 잡고 있음을 고백한다. 하지만, 시적 자아는 "법원"을 "법과 질서를 서슬 퍼렇게 지켜"내는 기관이라고, "주교관"은 "순결하고 깨끗"한 공간이라고, "언론"기관은 "이 시대 뜨거운 권력의 중심"에 서 있다고 목소리를 높인다. 시인이 설정한 공간은 48계단에서 시작되어 마침내 52계단에 다다르는데, 그곳은 바로 현존재가 설정한 희망의 공간으로 귀결된다. 이는 결미에서 드러낸 "그리고 거기,/ 세상의 다시 희망인 초등학교 꼬맹이들의 재잘거림이/ 52계단쯤에 같이 살아왔다는 것도 나중에 나중에서야 다시 알았다"라고 고백한 부분에서 확인할 수 있다.

시 「다랑이(Rice Terrace)」에서는 강원특별자치도가 우리나라 대표적인 산악지대임을 드러낸다. "가난한 나라 산간에서 태어나/ 다랑에서 뛰어놀다 농군"이 된 시적 자아가 "계단 굽고 부른 가팔막에/ 식솔들 소망 닮은 실한 두럭/ 가장 등판만 한 전답"을 일구어가는 생활공간이 현재에 이르고 있다. 비록 독자는 이 시의 결말에서 "힘겨운 여유의 풍속화"를 만나지만, 이와 달리 현존재는 계단식 논밭을 따스하고 풍족한 시선으로 바라보고 있음을 알 수 있다. 그것은 바로 정감 넘치는 시어를 통해 깨닫게 되는데, "풍작", "울울창창", "웃음", "흐드러졌다", "구수한", "층층", "겹겹", "여유" 등에서이다.

이러한 양상은 송경애의 「식구」[11]에서도 드러난다. 이는 밥상이 있는 생활공간으로, 시인은 벌레가 갉아먹은 케일 잎을 "내가 먹는다"고 고백한다. 벌레가 남긴 케일을 자식이 먹다 남긴 음식처럼 여기는 데에서, 작고 하찮은

---

10) 최정규, 『강원여성문학』 제16호, 2019, 23쪽.
11) 송경애, 『강원여성문학』 제9호, 2012, 26쪽.

미물까지도 사랑하는 시인의 따스한 마음을 엿볼 수 있다. 나아가 "둥그런 아침 밥상에// 해가 따라와 앉는다."에서도 진한 모성을 드러내고 있다. 이처럼 시인이 문학 작품에서 현실을 다루는 방식은 직접적이든 간접적이든 다양하다. 비중의 크고 작음의 문제는 있을지 몰라도 현실에 대한 인식이 없는 작품이란 없는 것인지도 모른다. 어떤 식으로든지 작품 속엔 현실이 투영되기 마련이고, 현실을 반영하기 마련이다.『강원여성문학』의 작품 속에서는, 생활공간에서 세상을 바라보는 시적 자아를 통하여, 계단식 논밭을 일구는 농부를 통하여, 아침상을 차리는 평범한 가정주부를 통하여, 따스한 현존재로 태어나고 있음을 알 수 있다.

5. 내면 치유의 생성공간

생활의 각박함에 쫓기는 현대인들에게는 쉴 수 있는 보금자리가 절실하다. 특히 삶의 가치나 방향에 대한 깨우침을 얻을 수 있는 공간이 자연이다.[12] 또한 내면의 상처를 치유하기 위해 종교의 힘을 빌기도 한다. 이러한 공간들은 공유한 구성들에게 선험적 사유를 제공함으로써 원형(原型 archetype), 그리고 상징과 같은 심리적이고도 문화적인 동질성을 심어 놓는다. 뿐만 아니라, 도시 근대인의 삶 속에 잃어버리고 있는 원초성을 회복시켜 주며 삶과 영혼의 토대가 되기도 한다.

> 흙을 밟는다
> 사각사각 청무 깨무는 소리가 난다
> 소리를 밟고 담 모퉁이를 돌아가는 동자승
> 아득한 반야밀로 들어가는 소리다
> 俗에서 묻어온 내 신발 밑에서도
> 사락사락 俗 때 씻기는 소리
> 아득히 묻힌다
>
> ― 이영춘, 「절寺 뒷마당에서」[13] 전문

---

12) 이숭원,『근대시의 내면구조』, 새문사, 1988, 17쪽.
13) 이영춘,『강원여성문학』제6호, 2009, 20쪽.

　　　　한 움큼 마음을 얹어 향기로 묶어 주는

　　　　실천하는 사람만의 여유와 풍미이다

　　　　후덕과
　　　　따뜻한 교감
　　　　마음 한 줌 깊은 정

　　　　서로를 포용하는 넉넉한 피안의 길

　　　　고운 덤 다스려서 거친 여백 채워가는

　　　　삶 속에 감칠맛 나는
　　　　아름다운 마음 솔기

　　　　　　　　　　　　　　　　— 김기옥, 「덤」14) 전문

　「절寺 뒷마당에서」 시적 자아는 동자승의 발자국 소리를 듣고, "청무 깨무는 소리가 난다"고 고백한다. 이와 같은 언술에서 사찰이 치유의 공간으로 존재함을 드러내고 있다. 시적 자아는 그것이 "俗 때" 때문이었다고 토로한다. 사찰은 세속의 무거운 짐을 덜어주는 공간, 다시 말하면 속세에서 얻은 마음의 병을 치유해 주는 공간으로 드러낸다. 이렇게 사찰은 화자의 내적 공간을 환유하며 심리 현상의 표명, 어떤 의도의 가시화로서 기능을 취하고 있다. 뿐만 아니라 사회 문화적인 독특한 특성들을 상징화시켜 보여주는 공간이 되기도 한다.

　시조 「덤」은 따뜻한 정서 속에서 내면 치유의 공간을 만들고 있다. 마음 닫힌 사람에게 마음의 향기를 부어 줄 수 있는 사람만이 아름다운 삶을 누릴 수 있다는 것을 "한 움큼 마음을 얹어 향기로 묶어 주는// 실천하는 사람만의 여유와 풍미"에서 읽어 낼 수 있다. 행마다 "향기", "풍미", "후덕", "교감", "정", "포용", "고운", "감칠맛", "아름다운" 등의 따뜻한 시어들로 차곡차곡

---

14) 김기옥, 『강원여성문학』 제15호, 2018, 26쪽.

채워나간 시조 「덤」에는 사람과 사람의 "따뜻한 교감"이 생성공간을 확보하고 있다. 내면의 치유는 옷을 지을 때 두 폭을 맞대고 꿰맨 "솔기"처럼 맞대고 살아가야 아름다운 삶의 생성을 기대할 수 있음을 드러내 보인다.

이외에도 배정순의 동시 「등나무 초대장」15)은 자연을 끌어들여 치유의 공간을 열어 보이고 있다. 시 속에서는 "초록"빛 나뭇잎과 "보랏"빛 꽃으로 덮인 등나무 아래가 자연이 품어주는 공간으로 형상화된다. 향기까지 덤으로 마실 수 있는, 그래서 마음껏 쉴 수 있는 공간이 바로 자연이며, 자연은 시인이 마련한 치유의 공간으로 드러나고 있다. 이와 같이 자연은 단순한 공간적 배경의 확장을 넘어 생활의 각박함에 쫓긴 시인들에게 극치의 아름다운 공간으로 존재한다. 이것은 인간들이 위로를 받기 위해 세밀하게 선택된 공간이라고 할 수 있다. 따라서 이 작품들은 시인들이 설정한 자연, 사찰 등의 공간은 심미적 공간을 넘어, 인생의 의미를 새삼 깨닫게 되는 역설의 공간으로서 생명을 유지하고 살리는 치유의 공간으로 재탄생하였다고 할 수 있다.

6. 상생추구의 생태공간

오늘날 환경문제는 개인 문제가 아니라, 사회문제를 넘어 지구촌의 당면 문제로 인식되어 가고 있다. 생태계의 파괴와 더불어 점차 가속화되어가는 인간소외의 문제를 해결하고, 나아가 인간도 자연의 일부로서 생존하기 위한 방안을 모색해야 하는 것이 오늘날 인류가 안고 있는 과제이다. 한국시단에서의 생태시(Ecological Poetry)는 1960년대 초기 산업화시대에 환경 고발적이고 비판적인 환경에서 등장하였고, 1990년대에 들어 본격적으로 생태시에 대한 논의가 이루어졌다. 또 생태학적 상상력이 발현된 시를 통해 인간과 세계 사이의 분리를 극복하는 동시에 인간성의 회복을 포함함으로써 생태시는 인간과 자연 간 동일성의 위협과 파괴, 해체시 과정을 표현하고 비판하며 나아가 생태의식의 고양과 생명옹호의 사상을 포함한다.

도로변 가로수들이

---

15) 배정순, 『강원여성문학』 제7호, 2010, 29쪽.

뿌리째 뽑히고 있다
그걸 바라보고 있던 내 잇몸이
갑자기 욱신거리기 시작했다

인부들 손에서 거칠게 나꿔 채인
연초록 머리채들, 나무들의 뿌리가
땅을 꽉 움켜잡고 놓질 않는다
순간 내 어금니가 잇몸을
세게 잡아당기고 있다
안개처럼 바닥에 깔리는 팽팽한 긴장감
곤두박질치며 뇌진탕을 일으키는 잎새들
눈을 부릅뜬 나무가 허공에서
사지四肢를 뒤틀며 쓰러진다
— 권정남,「나무, 뿌리째 뽑히다」16) 부분

마당가에 서 있던 목련이 쓰러졌다
허연 뿌리가 하늘 향해 신음한다
깁스 받침대로 세웠지만 끝내…
식구들의 마음이 탱자나무 가시로 얼어붙었다
서 있는 나무들이 장하다
담벽 위에 그대 영혼 같은 노을이 걸린다
— 심성옥,「겨울」17) 부분

위에 인용한「나무, 뿌리째 뽑히다」는 인간에 의해 자연이 파괴되고 있는 현장을 고발하고 있다. 인간은 스스로의 행위에 대한 반성과 상생을 위한 새로운 발상의 전환을 꾀하려는 노력보다는 여전히 개발과 성장을 앞세운 자연파괴와 대량 생산 및 소비로 인한 환경오염의 속도를 늦추지 않고 있다. 생태환경의 중요성이 인간과 자연의 생존과 직결되는 문제이기에, 시인은 "내 잇몸이/ 갑자기 욱신거리기 시작했다"고 고백한다. "연초록"처럼 푸른 환경을 바라는 절실함을 뒤로 한 채, 시적 자아는 "눈을 부릅뜬 나무가 허공에서/

---

16) 권정남,『강원여성문학』제8호, 2011, 20쪽.
17) 심성옥,『강원여성문학』제5호, 2008, 24쪽.

사지四肢를 뒤틀며 쓰러진다"라고 언술한다. 이와 같이 「나무, 뿌리째 뽑히다」는 생태계를 파괴하는 행위에 대해 경각심을 심어주고 있다.

「나무, 뿌리째 뽑히다」가 집 밖에서 행해지는 생태계 파괴를 고발했다면, 「겨울」은 집안에서 행해지는 생태계 파괴를 고발하고 있다. 집 밖이나 집안이나 어디를 막론하고 인간이 머무는 곳에는 생태계를 위협하는 양상이 전개되고 있는 것이다. 시적 자아는 생태계가 파괴되고 있는 현장을 안타까운 시선으로 바라본다. 쓰러진 목련 때문에 "식구들의 마음이 탱자나무 가시로 얼어붙었다"는 언술에서 자연환경의 문제를 심각하게 숙고하는 태도를 엿볼 수 있다. 이것은 인간 중심적 사고를 극복하고 생태공동체의 이상을 실현하려는 노력이라고 할 것이다.

이외에도 송병숙은 「규화목」[18]에서 "훅, 훅, 뿌리 사이로 쇳물이 솟구친다 비벌刑罰을 당한 시간이 땅속으로 가라앉고 아름드리 주검들이 오미자빛 잿물을 꿀꺽꿀꺽 들이켰다"고 나무화석의 비참한 최후를 고발하고 있다. 이렇듯 절실한 시대적 과제와 당위성을 안고 환경문제를 문학적 대상으로 삼는 것은 인류 전체의 생존에 관한 문제라는 인식에서이다. 다시 말해서, 인간이 편리를 위해 결국 인간을 옭매어 오는 부메랑의 비극이라는 인식을 하기 시작한 이후 생태의 파괴는 인간에게 위협의 수준으로 감지되고 있다는 점이다. 그러므로 시적인 상상력, 시적인 세계관으로 시적 다양성을 펴나가야 할 필요가 있다. 이에 따라, 강원권에서 창작활동을 하는 강원여성문인들의 작품 속에서의 생태시 출현은 당연하다고 하겠다.

7. 맺음말

2004년에 창립한 '강원여성문학인회'는 강원특별자치도 전 지역에서 현재 105명의 회원이 활동하고 있다. '강원여성문학인회'는 강원권을 대표하는 여성문학 단체로서 2004년 『강원여성문학』 창간호를 시작으로 2022년에 제19호를 발간하였다. 뿐만 아니라 '강원여성문학상'을 제정·시상함으로써 여성문인들의 사기 진작에 힘쓰고 있다. 특히 『강원여성문학』에 수록된

---

18) 송병숙, 『강원여성문학』 제17호, 2020, 28쪽.

작품 중, '강원여성문학상' 수상작들은 『강원여성문학』의 표본 작품으로서 대표성을 갖고 있다. 이에 따라 이 글은 '강원여성문학상' 수상작을 중심으로 강원 여성문인들의 문학적 정서를 살펴보았다.

'강원여성문학상'의 작품을 살펴보면 창간호부터 제19호까지 장르별 수록 편수에 큰 변화 없이 운문이 강세임을 드러낸다. '강원여성문학상' 수상자의 작품수 137편 중 운문이 117편(85%)이고, 반면에 산문은 20편(15%)에 불과하기 때문이다. 이에 따라 운문을 중심으로 『강원여성문학』 속에 나타나는 강원여성문인들의 문학적 정서를, 생명과 상생의 자연공간, 현존재의 생활공간, 내면 치유의 생성공간, 상생추구의 생태공간으로 나누어 검토하였다.

'생명과 상생의 자연공간'에서는 강원여성문인들이 강원특별자치도라는 공간적 범주 속에서 자연을 문학 속에 포용하고 있으며, 자연은 문학 속에서 생명이 약동하는 창조의 공간으로 나타났다. 또한 '현존재의 생활공간' 속에서 강원여성문인들의 따스한 정감이 드러났고, '내면 치유의 생성공간'에서는 자연이 공간적 배경의 확장을 넘어 생활의 각박함에 쫓긴 현대인들에게 치유의 공간으로 재탄생되고 있음을 알 수 있었다. 특히 강원여성문인들도 지구촌의 당면문제인 환경문제를 좌시하지 않는다는 것을 '상생추구의 생태공간'에서 살펴볼 수 있었다. 시대적 과제와 당위성을 안고 환경문제를 문학적 대상으로 삼은 것은, 고무적인 일이라 할 수 있다.

이와 같이 '강원여성문학인회'는 『강원여성문학』을 통하여 꾸준히 창작활동을 함으로써 강원특별자치도 지역문학의 발전에 크게 기여하고 있다. 따라서 이 글이 강원여성문단에 대한 관심을 환기시키는 계기가 되고, 나아가 『강원여성문학』의 구체적인 평가와 조명에 대한 초석이 되기를 전망해 본다.

강원영동남부지역의 문학적 정체성
― 시문학을 중심으로

1. 지역문학과 정체성

이 글은 강원영동남부지역 문학의 정체성을 밝히는 데 목적이 있다. 영동嶺東은 대관령 동쪽을 가리키면서 영서嶺西와 구분하는 지리적 행정적 범주이다. 지역문학에서도 기존 지역학의 관점에서 이러한 지리적 행정적 구분의 통용[1])을 따르고 있다. 이에 따라 "모든 문학이 인간의 삶을 반영하고 구체적인 장소를 배경으로 생성되는 한 어떤 작품이든 지역문학이 아닌 것이 없다."[2]) 문학에서의 강원영동남부지역의 구체적인 장소성은 시인의 가치 있는 체험에 의해 재해석되고 재창조되어지는 요소이다. 이처럼 지역문학의 정체성은 소재적 차원을 넘어 그 지역의 특수성을 매개로 지역의 정서를 내포하고 있다.[3])

문학적 공간이 지역 문인들에게서 특별한 공간인 경우는 "공간을 이루고 있는 구성원이나 성질 자체의 존재성이나 가치"[4])가 그대로 의미화된다. 그래서 문학적 공간은 "작품을 제대로 이해하는 열쇠"[5]) 역할을 한다. 강원도는 동해와 맞닿아 있고, 백두대간이 남북으로 종주하며 전 면적의 70%가 산지로 형성되어 있다. 특히 산은 우리 역사와 문화를 창출하는 모태라는 인식이 있어 왔다.[6]) 이러한 자연환경적 공간은 강원도 문화를 형성할 뿐만 아니라

---

1) 남기택, 『강원영동지역문학의 정체와 전망』, 청운, 2013, 27쪽.
2) 남기택, 「강원 영동권 지역문학담론의 동향과 전망」, 『한국지역문학연구』, 한국지역문학회, 2014, 7쪽.
3) 최도식, 「이성교 시 연구―강원 영동지역 정서의 내면화」, 『한국지역문학연구』, 한국지역문학회, 2014, 64쪽.
4) 김상묵, 「논리공간」, 『시간과 공간을 조각하다』, 보고사, 2007, 75쪽.
5) 고명철, 「한국현대사에 응전하는 문학적 공간」, 위의 책, 38쪽.
6) 김성일 외, 「백두대간 국제보호지역 등재추진에 관한 연구―백두대간보호지역 세계유산 타당성 조사 연구」, 서울대학교 산학협력단, 2012. 82-86쪽 참조.

강원도민의 성품을 형성하는 기제로 작용한다.

> 老佛은 말하지 않는다. 그러나 소리 없는 老佛의 말들은 얼마든지 읽을 수 있다. 그러한 岩下老佛의 움직일 줄 모르는 表情이 江原道 사람들의 特色이다. 하고 싶은 말, 웃고 싶은 즐거움을 속으로만 씹으면서 그저 앉아있기만 하는 老佛의 경우처럼 江原道 사람은 感情의 變化가 빠르지 못하다. 이것은 感情이 없다거나 무디다는 말과는 다르다. 남달리 多情하다 할지라도 달랑거리지 않고 자기에겐 유익한 일이라 할지라도 간사를 피우지 않는다. 感情의 消化를 속으로 베푼다는 얘기가 될 수도 있다.7)

'암하노불岩下老佛'이란 말에서 드러나듯 대체로 강원도민은 순박한 성품을 지녔다고 할 수 있다. 하지만 영동과 영서의 기질에는 적잖은 차이가 있다. 이러한 상이성은 지형적 특성에서 살펴볼 수 있는데, 영동지역민들은 동적인 데 반해 영서지역민들은 중후한 면을 지녔다. 그리고 영동지역민들은 영서지역민들에 비해 활동성이 높을 뿐만 아니라 응집력도 강한 편이다.8) 영서지역에서는 소설가가 많이 나오는 반면, 영동지역은 해안선을 따라 발달한 곳이다 보니 풍류적 문인기질을 가진 시인이 많이 배출되고 있다는 점도 이러한 기질과 관련이 있다.9) 뿐만 아니라 "강원영동지역민들은 산과 어우러져

---

7) 신봉승, 「岩下老佛의 再評價: 八道氣質의 再評價, 江原道」, 『世代』, 제3권 통권 28호, 世代社, 1965. 11, 185쪽.
 덧붙여 최성순, 「도민의 성품 암하노불(岩下老佛)」, 『강원일보』(2007. 7. 10.)에서는 "논어(論語) 옹야(雍也)편에 나오는 요산요수(樂山樂水)가 생활의 자연조건이기에 강원도 사람의 성품은 착하지 아니 할 수 없을 것이다. 강원도 사람의 지선한 성품을 긍정성이라 한다면 여기에는 부정적 측면도 있어 보인다. 현실에 악착스럽지 못하고 진취성이 약하다는 것이 바로 그것이다. 강원도 사람의 인성 가운데 이러한 점을 지적한 것이 노불을 관형하고 있는 암하이다."라고 밝히고.
8) 정성호, 강원사회연구회 편 「강원사회의 지역갈등」, 『강원사회의 이해』, 한울 아카데미, 1997, 81-84쪽 참조. 정성호는 영동·영서간의 상이성을 지형적 특성에서 점검하면서, 영동·영서지역민들의 기질을 강원일보에서 발간한 강원문화총서『태백의 인물』의 서문을 근거로 고찰하였음을 밝혔다.
9) 전상국, 강원사회연구회 편, 「강원문학의 역사와 현황」, 『강원사회의 이해』, 한울 아카데미, 1997, 522쪽.
 김성일 외, 「백두대간 국제보호지역 등재추진에 관한 연구—백두대간보호지역 세계유산 타당성 조사 연구」, 서울대학교 산학협력단, 2012. 82쪽. "백두대간은 강원도의 영동과 영서를 가로지르며 한 지역 내에 서로 다른 언어와 민요가 존재"하며, "서울과 경기도에 근

살아왔고 바다와 부대끼며 생활해 왔다. 이 지역적 형세와 장소성이 생산하는 이미지들, 곧 산과 바다로부터 연유하는 이미지들은"[10] 지역시의 특수한 소재가 되어 왔다. 이렇게 영동지역은 영서지역과 달리 긴 해안선으로 어촌이 형성되어 있고, 한국 근대산업사의 축소판인 탄광촌의 형성과 몰락이 존재하는 지역이라는 점에서 차별화 된다. 이러한 요소는 지역민들의 특수한 삶으로서 강원영동남부지역 시인들의 작품 속에 자연스럽게 녹아들었다.

따라서 강원영동남부지역성을 담보하는 문학적 내적 기제가 지역성을 주제로 한 표현방식, 그리고 의미와의 관련성 차원에서 지역문학의 내용 층위를 이룬다. 영동남부지역의 고유한 향토색, 지역적 서정, 지역적 삶의 내면적 승화 등이 정체성과 관련된 요소라고 할 수 있다.[11] 또한 지역문학을 말하는 많은 이들이 공감하는 바가 바로 지역문학이 구체적인 것[12]을 그 출발점으로 한다. 그러므로 이 글은 정체성의 판단 기준이라고 할 수 있는 '현재성', '대중성', 그리고 '주체성'을 함유한 강원영동남부지역 시인들의 작품 중에서 바다시[13]와 탄광시에 주목하여 살펴보고자 한다. 현재성은 현재의 현상을 중시한다는 점, 대중성은 많은 사람들이 공감할 수 있다는 점, 그리고 주체성은 지역민들의 성향을 파악할 수 있다는 점에서 그 기준이 되기 때문이다.[14] 이와 같이 "지역문학 텍스트의 고유한 가치를 발견해가는 노력은 문학장 내부는 물론 한국사회를 발전시키는 견인차가 될 수 있다."[15]는 가능성을 전제로 한다. 더불어 이 글은 강원영동남부지역성을 자각하고 지역의 삶에 대하여 관심을 환기시키는 계기가 되리라 본다.

접한 영서지역은 영동지역과 전혀 다른 어휘를 구상"한다고 밝히고 있다.
10) 최도식, 앞의 논문, 67쪽.
11) 남기택, 「지역에 의한, 지역을 위한」, 『경계와 소통, 지역문학의 현장』, 국학자료원, 2007, 56쪽.
12) 구모룡, 『지역문학과 주변부적 시각』, 신생, 2005, 21쪽.
13) '바다시'는 '해양시'로도 불린다. '해양'은 넓고 큰 바다를 의미하므로 본고에서는 '바다시'라는 명칭을 쓰기로 한다. 왜냐하면, 강원영동남부지역성을 담보하는 문학적 모티프가 '해양' 보다는 '바다'라 하는 것이 보다 객관적이기 때문이다.
14) 탁석산, 『한국의 정체성』, 책세상, 2000, 103-114쪽 참조.
15) 남기택, 「지역, 현실, 문학—대전충남지역 시문학을 중심으로」, 『지역과 현실, 현실주의 문학—제9회 문학심포지움』, 민족문학작가회의 대전·충남지회, 2007, 12쪽.

2. 지역적 삶과 '바다시'

2.1. 삶의 터전으로서의 '바다시'

강원영동남부지역 시인들에게 있어, '바다'라는 공간과 배경은 정감어린 기록의 저장고이며 현재에 영감을 주는 요소이다.16) 강원영동남부지역에 연고를 둔 시인들의 시편들에는 지역의 장소 또는 공간의 명칭이 시편들 속에 자연스럽게 녹아져 있다. 이는 지역문학이 "그 지역을 섬기는 이, 그 지역에 깊은 친밀·경험과 장소 사랑을 실천한 이들이 엮어내는 문학"17)이기 때문이다. 장소와 공간의 명칭을 그대로 제목으로 단 작품의 제목들을 살펴보면, '정라항', '후진해변', '증산해변', '묵호항', '묵호 등대', '망상해변', '어달항', '추암해변', '동해항' 등으로 나타난다. 그 중에서도 삼척지역은 '정라진항'이, 동해지역은 '묵호항' 제목이 단연 강세이다. 특히 동해시는 북부권에 편중되어 나타난다.18) 그 이유는 지역 시인들에게 있어서 '바다'는 관조된 아름다운 풍광들 속에 내면화되어 미적 지각양태로 간파되기보다는 지역민들의 삶과 연결된 장소, 즉 삶의 터전으로 기능하기 때문이다.

> 아침이면 항구는 눈부신 비늘을 흘리며
> 금빛 투망으로 싱싱하게 건져 올려졌다
> … 중략 …
> 통리재를 돌아 내려 온 밤기차가
> 비로소 항구에 닿아 허리를 꺾으면
> 주민등록표 없는 사람들이 밀려 간 선창에는
> 하늘로 향한 고기들의 아가미와 함께

---

16) Yi-Fu Tuan, 구동회·심승희 역, 『공간과 장소』, 도서출판 대윤, 2007, 247쪽.
17) 박태일, 「지역시의 발견과 해석―경남·부산 지역의 경험을 중심으로」, 『한국 지역문학의 논리』, 청동거울, 2004, 52쪽.
18) 이에 대해서는 권석순, 「동해지역문학의 '바다시' 연구」, 『어문연구』 56호, 어문연구학회, 2008, 345-367쪽 참조. 『동해문학』 창간호(1988년)부터 제19집(2007년)까지에 실린 시작품 중에서 바다의 지명이나 장소를 제목으로 하고 있는 시 24편 중 북부권 12편('묵호항' 5편, '묵호 등대' 2편, '망상해변' 2편, 어달리 바다 1편, 묵호역 1편, 까막바위 1편) 남부권 4편(추암 1편, 능파대 1편, 동해항 1편, 할미바위 1편)이다. 이외의 작품은 북부권과 남부권을 아우르고 있는 '동해'라는 지명을 제목으로 사용하고 있다.

굵게 알 밴 새로운 욕망이 부러지고 세월이 흘러
떠돌며 헛돌며 혹은 심 박힌 채로 아직도 나의 하루는
추억과 희망의 난삽한 미지수이건만
항구는 하루 온종일 힘줄 퍼렇게 살아서
슬퍼할 겨를도 없이 절망 같은 건 아예 表記하지 않았다
— 김용묵, 「묵호항 추억」[19] 부분

풍성해진 불빛이 가쁜 숨 몰아내는
바다에 오징어 눈빛이 무진장이라는데
싱싱한 거부감을 끌어낼 수 있는 바다에서
열길 물속은 알아도 한 자 마음속 헤집기는 어려운 일
칠흑 같은 바다와 한 몸이라는 것
서로를 묶어 내는 일.
열손가락 마디마디 저릿저릿한
더 깊은 곳으로 겨냥하는 질긴 무게의 맛
오! 오! 새벽 바다의 탄력
— 정석교, 「오징어 채낚기」[20] 부분

위에 인용한 「묵호항 추억」과 「오징어 채낚기」에서는 동해바다의 역동성을 보여준다. 「묵호항 추억」에서는 아침햇살에 고기비늘이 눈부시고, 투망은 금빛으로 빛나며, 「오징어 채낚기」에서는 집어등의 불빛과 오징어의 눈빛이 살아 있다. 이렇게 바닷가 사람들의 현실에 대한 고단한 육성을 달래주기 위해 시적 화자는 어부들과의 동참을 꿈꾸며 체험의 주체가 되려고 한다. "열손가락 마디마디 저릿저릿"할 정도로 오징어잡이를 하는 어부들의 삶은 바로 "새벽 바다의 탄력"처럼 생기롭다. "칠흑 같은 바다와 한 몸"되어 잡아 올린 생선들은 영동남부지역민들의 식탁뿐만 아니라, "통리재를 돌아 내려 온 밤기차"에 실려 타 지역의 식탁까지 풍성하게 만들었던 시대를 시적 화자는 「묵호항 추억」을 통해서 반추하고 있다. "항구는 하루 온종일 힘줄 퍼렇게 살아" 있기에 희망의 끈을 잡고 살아가는 어부들의 삶이 지역의 시작품 속에

---

19) 김용묵, 「묵호항 추억」, 『동해문학』 제3집, 1991, 135쪽.
20) 정석교, 「오징어 채낚기」, 정연희 편, 『삼척문학통사』, 삼척문학통사발간위·삼척문인협회, 2011(이하 『통사』로 표기), 353쪽.

녹아 있다고 하겠다.

　이외에도 강세환의 「어부들을 위하여」21)에서는 어부들이 "생선 비린내나는 바닷가에서/ 그물같은 영혼으로/ 살아있기에 모질게도 살아가는/ 사람들"이라고 토로한다. 홍성화는 「뱃놈」22)에서 "먹고 살기 위해/ 평생을 바다에서 살았다", "살기 위해 뱃놈이 되었다"고 고백하고 있다. 한편 최효열은 「내 친구는 뱃사람」23)에서 "그 아버지의 바다를 대물림한/ 바다를 떠나 살 수 없는 친구"는 "소금기에 절은 몸에서 다디단 냄새가 폴폴 난다"고, 바다를 터전으로 살아가는 어부들의 대물림을 그들의 고단한 일상을 통해서 내비치고 있다. 이처럼 강원영동남부지역의 해안가 시인들에게 바다는 단순히 동경과 이상적인 공간만이 아니라 앞으로도 계속 살아가야 할 생존의 공간으로 형상화되고 있다. 이것은 바다에서의 삶을 구체적 현장으로 바라보는 지역시인들의 태도라고 할 수 있다.

2.2. 어족자원 고갈과 현재적 장소로서의 '바다시'

　현재의 바다는 지역 어부들의 개인적·사회적 삶이 구체화되는 현장이다. '바다시'는 바다를 중심으로 하는 인간의 삶이 주요 모티프로 작용한다.24) 지역 시인들의 작품에서는 해안가 사람들의 삶이 직접·간접으로 나타나고 있으며, 현실 인식이 두드러진 작품은 대체적으로 어족자원의 고갈에 초점을 맞추고 있다. 무분별한 남획이 어자원 고갈의 원인이 되기도 하지만, 수온 변화25)에도 영향이 있다. 뿐만 아니라 북한 수역에 입어하고 있는 중국 어선

---

21) 강세환, 「어부들을 위하여」, 『동해문학』 제3집, 1991, 119쪽.
22) 홍성화, 「뱃놈」, 『동해문학』 제9집, 1997, 160쪽.
23) 최효열, 「내 친구는 뱃사람」, 『동해문학』 제24집, 2012, 143쪽.
24) '바다시'에 대해 최양호는 '바다체험은 물론, 어촌, 섬 등 바다를 중심으로 하는 인간의 삶이 주요 모티가가 되는 시'(최양호, 「한국문학 속에서 해양문학이 갖는 위상」, 『해양문학을 찾아서』, 집문당, 1994, 11-53쪽 참조.)라고 했으며, 양왕용은 '바다가 가지고 있는 속성에서 유추된 정서·사상·관념으로 창작된 시까지 포함'(양왕용, 「한국 현대시와 현해탄·대양·연근해 체험-부산지역을 중심으로」, 『문학도시』, 부산문인협회, 2004, 19쪽.)하여 추상적인 범주까지 넓히고 있다.
25) 『강원도민일보』 2013년 5월 21일 참조. 박성은 국립수산과학원 아열대 수산연구센터 박사는 "최근 10년간 전 세계 평균 수온은 0.6~0.7도 상승했는데 우리는 1.2도나 상승했다"며 "평균의 2배꼴로 우리 해역의 수온 상승이 높은 편"이라고 밝혔다.

선단 규모가 매년 증가하여 '싹쓸이' 조업을 하는 바람에 그 피해가 심화되고 있다. 2004년부터 북한 수역에 입어하고 있는 중국 어선 선단 규모가 매년 증가해 2013년에는 모두 1,300여 척이 조업에 나서면서 오징어 등 회유성 어종의 어족자원 고갈이 심화되었다.26) 그러다 보니 바다를 터전으로 하는 어민들의 피폐한 삶은 이곳 지역 시인들의 작품에 자연스럽게 형상화되고 있다.

   오늘도 정치면 뉴스에 오르내리는
   말로 먹고사는 사람들의 허여멀건 얼굴이 아니라
   불알이 발개서부터
   우직하게 바닷길을 가는 구릿빛 사람들
   바람이 불고 어장이 메말라 가도 바다를 버릴 줄 모르는
   그들에게 행복이 뭐냐고 물을 일이 아니다
   … 중략 …
   바다를 떠나 살 수 없는
   부지런하지만, 서두르지 않는 사람들이 모여 있는 선착장
   오늘도 찌그러진 냄비는 자글거리고
   그들의 웃음 안으로 저녁노을이 물든다.
             — 최효열, 「어달항 2」27) 부분

   그런데 요즘은
   그물을 그냥 쳐두는 게 아니라
   여러 배가 바다를 포위해서
   물 빼고는 몽땅 건져 올리는 거야
   원래 오징어를 잡으려 한 건 아니야
   그 안에 있던 오징어도 잡히는 거지
   공중을 나는 재주는 없으니
   거의 죽어서 건져 올려 지는데
   살점이 여물지도 않은 새끼들이어서

---

26) 『강원일보』 2014년 12월 2일 참조. 해양수산부와 수협중앙회 등에 따르면 2013년 수협을 통해 위판된 오징어는 8만4,000여 톤으로 2012년 10만 2,894톤보다 1만 8,000여 톤이나 줄었다.
27) 최효열, 「어달항 2」, 『동해문학』 제26집, 2014, 152쪽.

다른 고기 팔리는 데 없혀 가거나
모르는 사람들에게 섞여 내어지기도 하지
… 중략 …
엉킨 낚시에
없혀지는 하나 하나를 보며
새 경심에 얼굴을 비추어보며

— 류재만, 「오징어 경심」[28] 부분

『어달항 2』에서는 현실의 삶에서 "어장이 메말라 가"고 있음을 직설적인 어조로 토로하고 있다. 이러한 어부들의 체념과 절망은 어업에 종사하면서 "행복"을 논하는 것조차도 거부한다. 아무리 부지런하게 살아도 "찌그러진 냄비"와 같은 가난을 면치 못하는 현실을 토로하고 있다. 이렇게 어족자원 고갈은 '수온 변화'나 중국어선의 '싹쓸이' 조업뿐만 아니라 무분별한 어족자원 남획에도 원인이 있음을 시인은 「오징어 경심」에서 고발하고 있다. 여기에서 '경심'은 '오징어 낚싯줄'을 일컫는다고 주석에서 밝히고 있는데, 오늘날은 낚싯줄이나 그물로도 그치지 않고 배로 포위하여 "물 빼고는 몽땅 건져" 올려 치어까지 남획되고 있다고, 시적 화자는 소리를 높인다. 이러한 정황은 "살점이 여물지도 않은 새끼들"이라고 표현한 부분에서도 드러난다. 그러나 시인은 "새 경심에 얼굴을 비추어" 보면서 자기 성찰의 태도를 취한다.

이외에도 김영채는 「명태 한 마리」[29]에서 어족자원 고갈의 심각성을 "푸른 동해바다"를 "노 저어" 온 명태 한 마리로 빗대어 토로하고 있다. 우리 식탁에 오르는 명태는 대부분 우리나라 원양어선이 이웃 러시아 어장에 나가 잡아오거나 북한산이다. 한류성 어류가 살기 어려운 환경이 되어, 명태의 주 서식지가 바뀐 탓이다. 한때 국민 대표 먹거리 역할을 해 온 명태는 어획량 급감으로[30] 이제는 우리 식탁에서 구경도 하기 어려운 어종이 됐다. 그리고

---

28) 류재만, 「오징어 경심」, 『해비늘 벗기기』 세계사, 2002, 12-17쪽.
29) 김영채, 「명태 한 마리」, 『삼척문단』 제23집, 2014, 219쪽.
30) 『강원도민일보』 2014년 5월 14일 참조. 명태는 1970년대에는 연간 평균 7만t이 잡혔으나 2000년대 들어 연간 100t 미만으로 어획량이 급감하였으며, 2013년에는 500㎏만 잡혀 역대 최저를 기록했다.

강세환은 「오징어를 위하여」31)에서 "그곳에 가면 오징어와 함께 허허로이 웃고 살아요", "오징어가 나야 이 바닷에서 먹고 사는데"라고 어족자원 고갈로 인한 바닷가 사람들의 힘든 삶을 드러내 보였다. 한편 강동수는 「폐선」32)에서 "수시로 쳐들어와 소금기를 뿌려놓고 가는/ 해안가에서 조금씩 늙어가는 집"을, 김일두는 「정라항」33)에서 "파도 베고 누운 낡은 어선들"이 "먼 바다만 바라보는 정라항"을 고발하는 양태를 보이고 있다. 이처럼 지역 시인들의 시편들에서는 어자원고갈로 인한 피폐한 어촌의 삶이 시대정신으로 드러나고 있음을 알 수 있다.

3. 지역적 삶과 '탄광시'

3.1. 애환의 공간으로서의 '탄광시'

지역 시인들의 작품 속에 탄광지로 거론된 대표 지역은 '도계道溪'이다. 이러한 이유는 도계지역이 탄광지역으로 역사적·사회적 사상事象과 맞물려 있기 때문이다. 이런 경우엔, 그 본질과 핵심에 접근하기 위해서는 역사적인 고찰이 요구된다.34) 도계는 삼척시 중부에 있는 탄전지대의 중심지대다. 일제강점기로부터 비롯된 석탄산업은 개발독재를 거치며 활황을 맞았다. 그러나 산업구조의 변모와 함께 삼척 도계를 비롯한 강원영동남부권 탄광지역은 1989년 석탄산업합리화 정책 시행 이후 불과 2~3년 만에 쇠락의 길로 접어들었다. 그 명암이 교차하는 애증의 역사가 지역 시인들의 작품의 배경지가 된다.

> 내 어린 시절이
> 갱목에 핀 물곰팡이처럼 살아 있는
> 도계는 어머니의 자궁 속 같은 막장
> … 중략 …

---

31) 강세환,「오징어를 위하여」,『동해문학』제17집, 2005, 202쪽.
32) 강동수,「폐선」,『통사』, 223쪽.
33) 김일두,「정라항」,『통사』, 248쪽.
34) 최유찬·오성호,『문학과 사회』, 실천문학사, 1994, 25쪽.

머물 땐 떠나고자 몸부림치고
떠나있으면 목매이게 그리워지는
도계
혈관이 꽁꽁 얼어붙은 엄동에도
도계에 가면
잘 피어오른 석탄열기 같은 햇살이
소복 고여 있다.
길가에 나뒹구는 가랑잎도
도계에 가면
싱그러운 초록잎으로 살아난다.
— 김태수,「도계에 가면」35) 부분

싸늘한 낮달처럼 폐광에 바람이 스산하다.
밤낮으로 오가던 운반 트럭 보이지 않고
불도저로 밀어내던 저탄장은 양돈장으로 변했다.
흑인 얼굴 흡사한 적재부들
쉴 새 없이 삽질하던 근육들
간혹 객차에 손 흔들어 주던 익살도 있었지.
막장으로 향하기 전에 갱목에 걸터앉아
담배 피워 물던 광부들의 무표정들
그들은 감독지시에 일사분란했던 순응자들이었다.
석탄의 전성기엔 벌집처럼 붐볐지.
— 정일남,「탄광촌을 지나며」36) 부분

「도계道溪」와 「탄광촌을 지나며」의 시적 주체는 활황을 누렸던 탄광지를 뒤돌아보고 있다. 탄광노동자 가족인 김태수는 「도계道溪」에서 도계를 "어머니의 자궁 속 같은 막장"이며, "목메이게 그리워지는" 애증의 공간으로 형상화하였다. 뿐만 아니라 도계는 "혈관이 꽁꽁 얼어붙은 엄동에도", "잘 피어오른 석탄열기 같은 햇살이/ 소복 고여"있는 공간이다. 활황을 누렸던 도계를 되돌리고 싶은 시인의 열망이 "도계에 가면/ 싱그러운 초록잎으로 살아난

---

35) 김태수,「도계에 가면」,『통사』, 272쪽.
36) 정일남,「탄광촌을 지나며」,『통사』, 379쪽.

다."라고 토로한 부분에서도 여실히 드러난다. 탄광노동자 출신 정일남(1935
~2024)은 「탄광촌을 지나며」에서 폐광으로 인하여 "싸늘한 낮달"처럼 변한
탄광촌을 들여다보고 있다. 활황을 누릴 때는 밤낮으로 분주하게 석탄을 실
어 나르던 운반차량이 보이지 않고, 석탄을 산더미처럼 쌓아두었던 저탄장마
저 "양돈장"으로 변해버린 탄광촌에서 시인은 과거를 추억한다. 그리고 시인
은 "벌집처럼" 붐비던 "석탄의 전성기"를 꿈꾸어 보는 것이다.

이밖에도 강동수는 「붉은색 발전소가 있던 자리」37)에서 "검은 탄(炭) 나
르던 철길에/ 붉은 녹물이 흘러내리고/ 언제부터 사라졌는지", 석탄산업이
팽창했던 시절을 먼 시간으로 기억해내고 있다. 지역주민의 일터가 되고 삼
척에서 생산되는 무연탄을 이용하여 전기를 생산하던 화력발전소도 현재의
시간에서 밀려나 있다. 뿐만 아니라 김용묵의 「墨湖驛에서」38)는 "언덕 끝
저탄장 그러나 햇빛 몇 조각/ 웅크린 탄 더미 속으로 막막한 化石이 되어가
는 줄/ 아무도 눈치 채지 못했다./ 오늘은 남아 무엇을 할 것인가."라고 토로
한다. 석탄을 수송하던 묵호와 철암간의 철도는 1980년대 석탄합리화 정책
에 따른 폐광으로 경제공동화가 심화되면서 물동량이 줄고 말았다. 그러다
보니 실제 지역민들의 삶은 탄 더미 속의 "化石"처럼 피폐한 상황에 놓여 있
음을 토로하고 있다. "오늘은 남아 무엇을 할 것인가."하고 번민하는 이유도
산업구조의 변모로 인하여 생계마저 위협을 느끼게 되자, 지역을 떠날 수밖
에 없는 상황에 놓였음을 의미한다.39) 이처럼 지역 시인들은 탄광시에서 생
존과 삶의 투쟁이 내재하는 현실적 공간, 그리고 희비가 공존하는 애환의 공
간으로 드러내었다.

3.2. 진폐의 폐해와 현재적 장소로서의 '탄광시'

탄광시 역시 오늘날 진폐로 인한 황폐한 삶의 현장을 부각하고 있다. 진폐
塵肺는 폐에 미세먼지가 쌓여 돌처럼 굳어버리는 질병으로, 일반적인 환경에
서는 거의 발생하지 않으며, 탄광과 같이 특수한 환경에서 발생하는 직업병

---

37) 강동수, 「붉은색 발전소가 있던 자리」, 『통사』, 224쪽.
38) 김용묵, 「墨湖驛에서」, 『동해문학』 제2집, 1990, 109쪽.
39) 권석순, 「동해지역문학의 '바다시' 연구」, 350-351쪽 참조.

이다. 광부는 '산업역군'의 상징이고 진폐 재해자 대부분은 지난날 국내 유일의 에너지자원인 석탄을 캐다 불치병에 걸린 산업역군들이다. 진폐 재해자가 2만여 명40)이나 될 정도로 많은 것은 산업화 시절 안전과 건강은 뒷전인 채 '생산 제일정책'에 매진했기 때문이다. 이에 따라 석탄산업의 중심에서 핵심적인 역할을 했던 진폐 재해자의 고통을 고발한 시편들에서 이러한 정황을 읽어낼 수 있다.

> 교회의 종탑만이 제일 높은
> 탄전 지대 하얀 한 귀퉁이 콘크리트 5층 병동
> 광부들은 탄전 지대를 떠나고 있어도
> 규폐로 거친 숨 몰아쉬며 살가죽만 남아
> 죽음을 미뤄주고 있는 산소 호흡기
> 코끝에서 호스로 목숨 이어가지만
> 바람 불어도 떠날 순 없어
> 겨울 거센 바람은
> 집 떠나있는 사람들에게
> 창을 돌아가며 못질해 버렸고
> 폐기종 검은 허파 피가 솟는 날이면
> 숨에 겨워
> 입으로 숨을 가르지만
> 침상을 두 팔로 옮겨보지만
> 손잡아 줄 살붙이들이 그리워
> 때론
> 눈물 자죽 고개 돌리지만,
> 숨 거두는 그 날
> 손잡아 줄 피붙이들의 흐느끼는
> 울음소리가 가까이 들려오고 있었다.
> ― 최승익, 「규폐 병동에서·1」41) 전문

> 가슴에는 더욱 더 탄탄한 적賊을 숨겨두었다
> 밤낮이 혼돈되는 갱坑안

---

40) 연합뉴스 2015년 3월 25일 참조.
41) 최승익, 「규폐 병동에서·1」, 『동해문학』 제8집, 문원출판사, 1996, 22쪽.

어머니의 걱정스런 안부, 막내둥이 재롱소리도
더 이상 기억할 수 없었던 단절된 언어
부지런히 가슴속에 쌓여질 탄맥炭脈을
연신 쪼아 깊고 깊은 독방을 만들어 간다

가르릉거리는 가슴패기 들여다 볼 수 있었던 그날
하얀 시트를 들추어내며 이제야 푸른 하늘을
볼 수 있다며 처음으로 미소를 짓던 모습은
결코 폐광廢鑛처럼 닫히지 않을 아버지의 마지막 절규
덜커덩거리며 터널을 빠져나가는 기적소리가
목 놓아 우는 통곡처럼 병동病棟을 울리고 있었다.
― 정석교, 「도계道溪」42) 부분

최승익은 탄광노동자 출신이다. 그는 「규폐 병동에서·1」의 말미에 "규폐의 치료법이 아직 없으며 다만 죽는 날을 조금 연장해 주는 치료법이 있을 뿐이다."라는 주석을 달아 놓았다. 규폐는 미세한 먼지가 폐에 들어가 쌓임으로써 불치의 질환을 유발하게 되는 불치의 병이라는 걸 강조하고 있는 것이다. 정석교(1962~2020)의 「도계道溪」에서 시적 자아는 진폐를 앓던 아버지의 "가슴에는 더욱 더 탄탄한 적賊을 숨겨두었다"고 토로하고 있다. 진폐 환자인 광부는 "가슴속에 쌓여질 탄맥炭脈"으로 "가르릉거리"다가 결국은 죽음을 맞이하고 만다. "아버지"의 죽음 앞에서도 "폐광廢鑛처럼 닫히지 않을 아버지의 마지막 절규"라고 표현한 것은 폐광은 되었다할지라도 진폐를 앓는 광부들은 현재도 병상에서 병마와 싸우고 있음을 내비친 부분이라고 할 수 있다.

이밖에도 진인탁(1923~1993)은 「아내의 비밀」43)에서 "내 배곱(배꼽)에/ 탄가루가 끼인 것은/ 아내만 안다.// 내 작업복/ 실밥 간 곳마다/ 절어 붙은 탄가루도/ 아내만 안다."고 탄가루가 사람의 속살에까지도 파고드는 폐해를 고발하는 양상이다. 또한 최승익은 「규폐 병동에서·4」44)에서 "탄물에 젖은 입술 깨무는/ 검은 노동의 관절마다/ 지워지지 않는 탄가루만 쌓였는데/ 죽

---

42) 정석교, 「도계道溪」, 『통사』, 353쪽.
43) 진인탁, 「아내의 비밀」, 『통사』, 672쪽.
44) 최승익, 「규폐 병동에서·4」, 『동해문학』, 문원출판사, 1996, 24-25쪽.

음이 가까워진 광부들이 모인 규폐병동"은 사망선고를 받은 광부들의 공간임을 시사한다. 뿐만 아니라 「규폐 병동에서·9)45)는 "검은 땀 흘리는 지하 노동을 학사모에 바꾸어/ 진폐증 가슴과 맞바꾼 아들의 졸업 증서/ 거머쥔 손으로 어깨 두드릴 때/ 커다란 눈물로 녀석은 울고 있었네"라고 토로한 부분에서는, 가족의 생계비와 자녀들의 학비를 벌기 위해 검은 땀을 흘린 광부들이 마지막 생을 '진폐'라는 불치의 병마와 싸우고 있음을 형상화하고 있다.

4. 맺음말

이 글은 강원영동남부지역의 시문학에 주목하여 문학적 정체성을 밝히는 데 목적을 두었다. 강원영동남부지역은 산과 어우러져 탄광촌을 이루었고, 바다와 부대끼며 어촌을 형성하고 있다. 이 지역적 형세와 장소성이 생산하는 이미지들은 지역시의 특수한 소재가 되어 왔다. 따라서 이 글은 정체성의 판단 기준이라고 할 수 있는 '현재성', '대중성', 그리고 '주체성'을 함유한 강원영동남부지역 시인들의 작품 중에서 '바다시'와 '탄광시'에 주목하여 살펴보았다.

삶의 터전으로서의 '바다시'에서는 강원영동남부지역의 해안가 시인들에게 바다는 단순히 동경과 낭만적인 공간이 아니라 앞으로도 계속 의지하고 살아가야 할 생존의 공간으로 형상화되었다. 이것은 온전히 바다를 구체적 삶의 현장으로서 바라보는 지역 시인들의 태도라고 할 것이다. 또한 현재적 장소로서의 '바다시'는 현실 인식이 두드러진 작품들이다. 여기에는 무분별한 남획, 수온 변화, 그리고 북한 수역에 입어하고 있는 중국 어선들의 '싹쓸이' 조업으로 인하여 어자원이 고갈되고 있는 현장을 고발하는 양상으로 어촌의 고단한 삶을 드러내었다.

애환의 공간으로서의 '탄광시'에서는 지역 시인들이 그들의 작품 속에서 탄광지로 거론한 대표 지역은 '도계'이다. 이렇게 지역성의 맥락이 의미화되는 장소와 공간에 주목해 보면 지역 명칭을 차용한 시편들 속에서는 한때 팽

---

45) 최승익, 「규폐 병동에서·9」, 앞의 책, 30쪽.

창 일로에 있던 영동남부지역의 탄광촌이 피폐되어 가는 현실을 고발하는 양상이다. 여기에서 지역 시인들은 탄광촌을 희비가 교차하는 애환의 공간으로 드러내었다. 특히 현재적 장소로서의 '탄광시'에서는 석탄산업의 쇠락으로 이어지면서, 한때 산업역군으로 검은 땀을 흘렸던 광부들이 오늘날은 '진폐'라는 불치의 병을 안고 살아가고 있음을 형상화하고 있다.

이렇게 지역 시인들의 시편들 속에서는 사회 자연적 현상에 맞물려 피폐해진 지역민들의 삶을 드러내면서도, 한편으로는 어려워진 현실을 안간힘으로 버티는 지역민들의 삶의 의지도 내비쳤다. 해안가의 지역민들이나 탄광 지역민들에게 있어 '바다'나 '탄광'은 삶의 현장으로서의 의의를 지니고 있기 때문이다. 따라서 시적 화자들은 오늘날 어자원 고갈과 폐광으로 인하여 충족되지 않는 삶일지라도 현실에 순응하며 살아가는 양태를 보여주고 있다고 하겠다.

강원문학의 현주소와
문학적 상상력

2부

1. 두타산의 공간화 전략 ……………………………… 65
   - 동해·삼척 지역시를 중심으로

2. 김지하 시에 나타난 '두타산'의 생명의식 … 83
   - 『검은 산 하얀 방』을 중심으로

3. 최생우진기 의 '신선체험' 공간 …………… 101
   - 두타산무릉계곡의 명소를 중심으로

강원문학의 현주소와
문학적 상상력

두타산의 공간화 전략
- 동해·삼척 지역시를 중심으로

1. 머리말

두타산頭陀山은 백두대간의 줄기에 자리 잡은 산으로 동서간의 분수령을 이루면서 강원도 동해시와 삼척시의 경계에 있다. 이곳에서 발원한 물줄기 중에 북동 방향으로 흘러내리는 것은 동해시의 전천箭川으로 유입되며, 남서쪽 기슭에서 발원한 물은 정선군 임계면의 골지천骨只川과 합류하여 한강의 상류를 이룬다. 또 동쪽 기슭에서 발원한 물은 삼척시의 오십천五十川에 합류한다. 그러다 보니 두타산은 영동남부 지역민들에게 모산母山으로 숭상되면서 그들의 삶에 매우 중요한 역할을 담당하고 있다. 특히 동해시와 삼척시에 뿌리를 둔 시인들의 작품 속에서는 빈번하게 등장하는 공간으로서의 핵심적인 기능을 지닌다. 이를 토대로 하여 본고에서는 지역시인들의 작품 속에 나타나 있는 작품을 중심으로 두타산의 시적 의미를 고찰하고자 한다.[1]

특정 지역시인들의 작품을 중심으로 그 지역문학의 정체성을 탐구하여 그 위상을 제고하려는 노력은 세계사적 시대 조류로 볼 때 절실한 현상이다.[2] 특히 한국문학장 속에서 가장 소외 지역인 강원영동지역의 시인들이 지리적인 공간적 범주를 토대로 창작한 시편들을 논의의 대상으로 하는 것은 유의

---

[1] 동해·삼척지역의 문학 장르 중에서 시문학에 주목한 이유는, '두타산' 일대의 장소의 명칭이 텍스트나 제목에 드러난 작품(시 48편, 시조 5편, 수필 1편)의 대다수가 시이기 때문이다. 그러나 텍스트나 제목에 명칭을 시어로 나타내지 않았을 뿐, 두타산을 노래한 시는 수다하다. 예컨대 두타산의 무릉계곡 내에 세워진 최인희시비에는 1950년 4월호『文藝』에 발표한「落照」(소복이 山마루에는 햇빛만 솟아 오른 듯이/ 솔들의 푸른 빛이 잠자고 있다.// 골을 따라 山길을 더듬어 오르면/ 나와 더부러 벗할 친구도 없고// 묵중히 서서 세월 지키는 느티나무랑/ 雲霧도 서렸다 녹아진 바위의 아래위로// 은은히 흔들며/ 새여 오는 梵鐘소리// 白石이 씻겨가는 시낼랑 뒤로 흘려 보내고/ 고개넘어 낡은 丹靑/ 山門은 트였는데// 千年묵은 기왓장도/ 푸르른채 어둡나니.)가 새겨져 있다.
[2] 이형권,「지역문학의 탈식민성과 글로컬리즘 : 대전 - 충남 문학을 중심으로」,『어문연구』제52호, 어문연구학회, 2006, 294쪽.

미한 일이 된다.3) 지역시인들은 지역의 역사에 토대를 둔 저류적인 현장에서 구체적인 삶을 살았거나 살아가고 있기 때문이다. 자연만물을 접한 시인들은 그 자신의 심정 상태에 따라 각양각색의 표상을 떠올리면서 이미지로, 상징으로, 관념으로 나타낸다. 마찬가지로 지역시인들의 시편들 속에서 두타산이 형상화된 모습은 무한한 다양성을 지닌다. 따라서 지역시인들이 두타산을 어떠한 관점으로 바라보고 어떻게 수용하였으며, 그것을 자신의 심정 표출이나 시상 전개에 어떻게 이용하였는가를 구명하는 것이 이 작업의 목적이다.

문학이 인간의 삶에 바탕을 두고 있는 한, 두타산을 노래한 지역시인들의 시편들 속에는 그 나름대로 시공時空의 형식 및 시간적·공간적 인식의 방법이 개재되어 있기 마련이다. 이것을 고찰하는 것은 작품 자체의 이해뿐만 아니라 시인의 발상법과 세계관을 살피는 데에도 도움을 준다. 덧붙여, 문학은 개인의 주관적 체험세계를 상상력에 의해 굴절시켜 그것을 언어로 표현해내는 것이 생명이다. 두타산에 대한 관점 및 두타산에 관련된 체험도 결국은 시인의 상상세계로 변환되어야 하는 것이다. 그러므로 두타산은 객관적 현상으로서 혹은 외적 인식의 대상으로서만 존재할 수는 없다. 지역시인들의 상상력에 의해 내면화된 두타산은, 그 공간을 형성하는 구성 인자의 총체적인 접근 없이는 특성을 구명하기 힘들다. 따라서 두타산의 시적 의미는 다양한 요소를 바탕으로 하여 살펴보아야 한다. 동해·삼척지역 시인들에게 있어서 두타산은 하나의 시적 장소뿐만 아니라 지역민들의 삶을 규정하면서 시적 의미의 중심에 위치하고 있다.

본고는 연구 대상의 범위를 2008년까지 발표된 동해·삼척지역 시인들의 현대시로 한다.4) '두타산'이라는 시어뿐만 아니라 두타산 일대의 장소, 예컨

---

3) 남기택, 「생명권력 시대의 생태시론」, 『비평문학』 제30호, 한국비평문학회, 2008, 22쪽.
4) 삼척지역의 최초 등단자는 진인탁(1923~1993)이다. 그는 1949년 『학생과문학』에 「식모(食母)」 등을 게재하면서 등단을 하였으며, 말년에 시집 『자화상』(반도출판사, 1991)을 냈다. 그리고 동해지역에서는 최인희(1926~1958)가 1950년 『文藝』에 「落照」를 발표함으로써 문단에 나왔고, 유고시집 『여정백척(旅情白尺)』(가리온출판사, 1982.)을 남겼다. 이러한 이유로, 삼척지역문학을 연구한 남기택은 진인탁, 최인희 등을 동해·삼척 지역문학의 1세대로 보고 있다.(남기택, 「아련한, 문학장의 꿈---삼척문단의 형성과 전망」, 『동안』 제2호, 도서출판 심지, 2008, 44-61쪽 참조.)

대 '무릉계곡', '용추', '삼화사', '관음암' 등이 구체적으로 텍스트나 제목에 드러난 경우로 한정한다. 특히 본고에서 살펴보고자 하는 것은 두타산이라는 공간 상징을 통해 드러나는 작가의 인식적 측면과 대응의 문제이다. 그러므로 두타산이라는 공간을 시적 배경으로 하여 공간 상징과 관련된 특성을 알아보고자 한다. 이때 두타산이라고 하는 공간은 시적 주체의 존재론적 의미를 구체화 시켜주는 표지로서의 가치를 지닌다. 또한 두타산은 그 속에 내재된 시인의 새로운 경험과 시 쓰기로 연결되면서, 시적 인식을 드러내는 독특한 상징을 형성하게 될 것이다. 그러므로 동해·삼척지역의 현대시에 나타나 있는 공간화 전략을 분석하여 무시간성의 초월론적 공간, 현실지향의 존재론적 공간, 내면 치유의 생성론적 공간을 밝히고 나아가 이것이 시세계 형성에 어떠한 역할을 담당하고 있는지를 알아보고자 한다.

2. 무시간성의 초월론적 공간

현대인은 자연을 모든 것에서 독립되어 단독적으로 존재하는 대상으로 인식하는 경향이 있다. 이러한 관점은 서양에서는 근대 이후 자연이 종교적 신성감이나 인간적 의미연관에서 벗어난 상태로 인식되는 데 비해 동양에서는 근대 이후에도 자연은 여전히 신비의 후광을 두른 존재로 혹은 인간적 감정이 착색된 공간으로 나타나게 된다.[5] 그런데 서양의 경우 중세까지의 자연은 신에 의해 창조된 공간으로서의 의미만 지닐 뿐 인간 정신과의 관련성은 별로 두드러지게 나타나지 않는다. 이것은 신에 의존된 관계로 자연을 보는 관점에 해당한다.

하지만, 동양의 시적 전통은 아주 오래전부터 자연을 통해 인간의 정신적 가치를 추구하고 인간의 감흥을 노래하였다. 마찬가지로 영동남부 지역민들에게 있어서의 두타산도 인간정신에 의존된 상태로 존재해 왔으며, 지역시인은 정감의 차원에서 두타산을 바라보고 그것을 인간의 정신세계와 관련지우면서 두타산을 문학 속에 포용하고 있는 것이다. 한편 두타산의 공간 표상은

---

5) 미르치아 엘리아데, 이동하 옮김, 『성과 속』, 학민사, 1983, 177쪽.

과거의 시간에서 현재의 시간으로, 혹은 시간이 정지된 상태로 나타난다. 이 같은 시간의 초월이나 영속하는 순간을 무시간(no time)으로 규정6)해 볼 때, 두타산은 생명이 약동하는 창조의 공간이고 삶의 의미와 현실의 의지를 아울러 제시하는 비유의 공간으로 존재한다. 그리고 현실적인 모든 것을 포용할 뿐만 아니라 미래적 비전까지도 제시해 주는 초월적 공간이다.

    억겁의 세월을 말없이
    뒷들 서쪽 윗자리에
    너그러운 모습으로 앉아 있구나.

    그 넓은 가슴에
    이 고을 민초들 끌어 안고
    언제나 푸르게 살라 한다.

    은하수 같은 용추 폭포
    어깨에 메고
    모든 고난 혼자서 감당하리

    이 고장 기적을 위해
    먼 데의 산들은 날개를 접고
    엎드려 우르러나니.

    신령스러운 두타여,
    미래의 땅 동해시
    영원 무궁 빛낼지이다.

— 김시래, 「두타산」7) 전문

이 시의 표면적 시제는 현재로 되어 있다. 그러나 내면구조를 살펴보면 이 시는 현재라는 시간의 한 접점이나 과거·현재·미래로 이어지는 시간의 방향성과는 별 관계가 없다는 것을 알게 된다. 이 시는 과거·현재·미래를 초월하여

---

6) Hans Meyerhoff, Time in Literature, Univ. of California Press, 1955, 49-51쪽. (이숭원, 『근대시의 내면구조』, 새문사, 1988, 72쪽에서 재인용.)
7) 김시래, 「두타산」, 『돌이고 싶어라』, 문원출판사, 1998, 56쪽.

상존하고 있는 사물들의 공간을 그려내고 있다. '-앉아 있구나', '-살라 한다'라는 형재형 서술은 현재의 한 시점을 지시한다기보다는 일반적 사실을 드러내는 것으로 보인다. 말하자면 이 시의 현재는 표면적 현재(speciocus present)에 해당된다. 그리고 이 시가 보여 준 자연공간은 모든 생명있는 것을 너그럽게 포용한 공간으로서의 의미를 갖고, 과거·현재·미래의 시간이 두타산의 공간표상으로 전환되어 나타나고 있다. 지역민들이 처한 현실적 상황에 대한 절망적 인식과 그 상황의 어두움을 넘어선 미래적 희망을, 산이라는 자연공간을 통해 형상화한 것이다. 나아가 "신령스러운 두타여"라는 언술에서 나타나듯이 두타산을 신격화하고 있는데, 이것은 두타산을 수호신과 같은 존재로 인식하기 때문이다.

> 친구가 정상에서 찍었다는 두타산 전경全景을 메일로 보내왔다
> 선이 굵고 통 큰 사나이 같은
> 한 폭의 서늘한 산수화였다
> 내 책상 앞의 달력을 떼어놓고
> 그 장벽 같은 벽면에 붙였다
> — 강세환, 「삶의 전경全景」8) 부분

위의 시에서도 두타산은 초월적 공간에 있다. 시적 화자는 "장벽과 같은 벽면"에 두타산 전경을 붙였다고 고백한다. 장애가 되거나 극복하기 어려운 현실을 타개하기 위해 자연의 힘을 빌리고자 함이다. 이것은 "선이 굵고 통 큰 사나이 같은" 존재로 비유한 데에서도 엿볼 수 있다. 존재하는 자체만으로도 버팀목이 되는 인물로 부각된 두타산이 커다란 자연의 힘과 원리를 보여준다. 뿐만 아니라 과거의 화법畵法으로 그려진 산수화가 현대의 산물인 메일로 소통되고 있는 것은, 두타산이 과거에서 현재로 이어지는 무시간성 속에 놓여있음을 보여주는 것이다.

이 같은 자연의 힘을, 김인기는 "스무 살 대학시절 여름방학 때" 찾았던 두타산에서 "목욕재계하고 다시 좌정을 하고/ 武陵仙院 中臺泉石 頭陀9)洞天/

---

8) 강세환, 「「삶의 전경(全景)」, 『동해문학』 제17집, 문원출판사, 2005, 203-204쪽.
9) 두타(頭陀)는 불교 용어로서 범어(梵語)에서 유래한 것인데, '버린다, 닦는다, 떨어버린다, 씻는다' 등의 뜻을 담고 있다.

선비의 길, 청렴의 의지를 다졌었다"10)라고 노래하였다. '무릉선원 중대천석 두타동천'(여기는 신선이 노닐던 세상의 별천지라, 물과 돌이 부둥켜 잉태한 대자연에서, 잠시 세속의 탐욕을 버리니 수행의 길 열리네)은 조선의 4대 명필로 꼽히는 양사언(楊士彦, 1517~1584년)이 두타산 무릉계곡의 선경에 반해 무릉반석 위에 새긴 글이다. 여기에서 시적 화자는 양사언의 글을 빌어 두타산을 신성한 공간으로 받아들이고 있다. 시인은 내면세계나 당대의 삶의 의미를 형성하기 위해 양사언의 글을 인유하였는데, 이 점이 시적 화자가 말하고자 한 요점을 강화하고 예증하는 기능을 하고 있다.

맑은 물에
色身을 담그고

몸과 마음을
조촐히 씻은 다음

千年 萬年도
累累 얽힌 未來에

傳할 歡談의 자리
石壁에 적어서

「龍湫」라
이름하고

— 최인희, 「旅情白尺」11) 부분

위의 시도 역시 유한준(兪漢雋, 1732~1811)이 새겨놓은 "龍湫"를 인유의 원천으로 채용했다. 유한준이 정조 21년(1797)에 당시 삼척부사로 와 있던 중에 이 지역에 가뭄이 들자, 용추폭포의 용추소 벼랑에 이 두 글자를 새기고 기우제를 지내니 비가 왔다고 전한다. 이 같은 인유는 "千年 萬年도/ 累累 얽힌 未來"를 위해 문화의 원형과 전통적인 삶의 가치를 탐구하고 형상화하는 데

---

10) 김인기, 「느티나무」, 『동심의 둔덕에 푸르름이』, 도서출판 청옥, 1998, 36쪽.
11) 최인희, 「旅情白尺」, 『旅情白尺』, 가리온출판사, 1982, 155-156쪽.

기여한다. 김인기의 「느티나무」에서 시적 화자가 청렴의 의지를 다지기 위해 목욕재계하고 난 후에 양사언의 글을 인유한 것이나, 최인희가 「旅情白尺」에서 "맑은 물에/ 色身을 담그고// 몸과 마음을/ 조촐히 씻은 다음" 유한준의 글씨를 채용한 것은 주제를 확대하고 고양시키기 위한 인유이다. 옛것을 빌어 시간에 영속성을 부여한 것이다. 이 밖에 박종해도 "시린 가슴 파고드는 범종소리/ 지친 시대時代를 따라와/ 디웅디웅 계곡 채우며/ 두타산 가는 길은 천년 물소리"[12]라고 두타산의 영속성을 노래하였다. 또한 그는 두타산을 "언제나 겨울을 준비하는 역사歷史/ 스산한 바람 이는 산천에서/ 용추폭포는/ 불면不眠의 함성을 토해내고 있다."[13]고 표현하였다. 이는 과거·현재·미래를 초월하여 상존하고 있는 두타산을 드러낸 것이다. 이처럼 무시간성 속에 놓인 두타산은 지역시인들에게 있어서 환상의 공간으로만 존재하는 게 아니다. 상상력의 깊이를 대치시켜 놓은 힘에 의해 시인은 공간의 주인이 되는 것이다. 두타산이라는 공간성은 전면에 드러나 있으면서 현재라는 시간 속에서 과거를 파악하고 연결시켜 주는 기능을 지니고 있다. 이로 인해 과거와 현재를 이어주는 시간성을 드러내는 동시에 두타산이라는 공간은 지역시인들에게 신성한 초월적 공간으로 받아들여진다. 두타산을 내면화하여 시인의 정신과 자기성장을 드러내고 있는 것이다. 과거의 기억과 현재의 감각과 미래의 상징으로 구성된 복합적인 시간성, 내면과 외면, 현재의 장소와 상상된 장소로 구성된 복합적인 공간성을 시의 요소로 지니고 있다.

3. 현실지향의 존재론적 공간

인간은 언제나 타자의 세계를 인간의 영역으로 끌어들이고 그것에 자신의 관념을 불어 넣으려 한다. 그러다 보니 두타산은 지역민들의 상상력과 시각을 통해 인간의 영역으로 편입되고 있다. 그것은 두타산이라는 외적 사실성 외에 두타산이 지역민들의 삶의 국면과 맺고 있는 관련성을 고려함으로써 온전한 이해가 가능해진다. 지역시인들의 시편 속에 표현된 두타산의 형상은

---

12) 박종해, 「두타산 가는 길」, 『동해문학』 제8집, 문원출판사, 1996, 151쪽.
13) 박종해, 「용추 폭포에서」, 『동해문학』 제7집, 문원출판사, 1995, 142쪽.

그 자체로 존재하는 것이 아니다. 시인은 두타산이라는 존재를 밝혀내기 위해 도리어 두타산을 부인하고, 두타산을 변경시키기도 한다. 그것은 시인 자신이 존재로부터 결별한 자로 존재하기로, 존재 없이 존재하기로 결심하는 것이다. 완전한 '탈자연', 완전한 결별, 다시 말해서 절대적인 완전이 되고자 한다.14)

한편 본질적인 차원에서 문학은 역시 현실의 거울임이 분명하다. 이러한 거울 영상 접근법(mirror image approach)은 오래되고 나름대로 독자적인 역사를 가지고 있다. 프랑스 철학자 루이 드 보날(Louis de Bonald, 1754~1840)은 이러한 접근방식을 주장한 최초의 인물 중의 한 사람인데, 그는 "만일 사람들이 어느 나라의 문학작품이든 간에 주의 깊게 읽어본다면 그 나라의 국민들이 어떻게 변천해왔는지에 대해 말할 수 있다"고 주장한다.15) 이것은 문학의 개인적 세계를 사회적 의미들로 '전환시키는 것', 즉 문학에 대한 외적 접근방식으로, 타자의 세계를 인간의 영역으로 끌어들이는 방식이다. 문학이 우리의 일상적인 의식을 통해서는 단지 피상적으로밖에 파악할 수 없는 객관현실의 본질적인 측면을 좀더 깊이, 그리고 포괄적으로 반영해 내기 때문이다.

특히 두타산을 소재로 한 지역시는 시인이 겪었던 정황과 강박적 체험 등이 사회, 역사적 환경과 결부하며 시적 담화를 형성하는 자전적 자아가 많다. 허구적 자아가 상상력과 창조성을 강조하며 새로운 세계를 향한 전략을 추구한다면 자전적 화자는 실제 시인과 엄격히 구분할 수 없을 정도로 시인과 동일시되는 화자를 말한다.

> 매미 짖는 소리
> 콩밭 골 훅훅 데우고
> 호미 끝에 흙이 탔다.
> 이글대는 불길에
> 내 등허리는 타고
> 마른 흙먼지만 얼굴을 덮었다.
> 두타산 해그늘을 기다려도

---

14) 모리스 블랑쇼, 박혜영 옮김, 『문학의 공간』, 책세상, 1990, 346쪽.
15) 앨런 스윈지우드, 박혜선 옮김, 『문학의 사회학』, 한길사, 1984, 12쪽 참조.

매미 짖어대는 소리
얼굴이 타고 콩밭이 탔다.

— 정일남, 「炎川」16) 전문

사는 게 싫증나면
댓재를 올라 산문을 열고
겸손하게 솟은 생각과
최선을 다했던 잎사귀들의 벗은 몸을 본다

지쳐 잠든 남편의 등처럼
길게 누운 마른 철쭉은
산죽의 슬픔까지도 잠재운 채
실직한 이웃도
고독을 짊어진 가장도
깊이 빨아 올린다

— 서순우, 「두타산」17) 부분

    1970년대에 발표한 「炎川」은 가뭄으로 인하여 농작물이 타들어 가는 절박한 현실을 보여주고 있다. 이 시는 매미 소리를 "짖는 소리"라고 표현하였다. 이것은 시인의 경험이 경험으로 끝나는 것이 아니라 경험 속에서 재구성되고 재결합된 감각적 사고로 새로운 표현을 드러낸 것이다. 이렇게 시인의 사고는 감각의 인지 속에서 사물에 대한 통찰력을 드러낸다. 가뭄으로 애타는 심정을 "흙이 탔다", "얼굴이 타고", "콩밭이 탔다"라고 세 번이나 반복함으로써 급박한 현실을 내밀화하고 있다. 시인은 이 같은 지역의 당면과제를 해결하기 위해 시적 주체로 두타산을 내세우고 있다. 그것은 바로 "두타산 해그늘"로 내면화하여 두타산의 형상이 그 자체로 존재하지 않고 지역민들의 삶과 직결하고 있음을 드러낸다.

    1970년대의 시에서 '가뭄'이 사회현상으로 나타났다면, 2000년대에 발표한 서순우의 「두타산」에서는 '실직'문제가 대두된다. 시적 화자가 "사는 게

---

16) 정일남, 「炎川」, 『三陟文學』 제4집, 創一社印刷所, 1971, 26쪽.
17) 서순우, 「두타산」, 『삼척문단』 제12집, 해가, 2003, 171쪽.

싫증"난 것은 바로 가장의 실직 때문이다. "지쳐 잠든 남편의 등"이 "실직한 이웃"과 대응관계를 이루면서, 가장들의 일상이 "길게 누운 마른 철쭉"으로 비유되고 있다. 여기에서는 단순한 자연물이나 자연현상을 재현한 것이 아니라 그들 사이의 대립과 조화의 역동적인 관계를 통해 인간의 사회적 삶의 양상을 상징적으로 표현하였다. 이러한 사회적 현실문제를 해소하기 위해 시적 자아는 "겸손하게 솟은" 두타산과 결합관계를 구축한다. 한편 두타산의 형상은 어떤 의미에서 있는 그대로의 생활사실 보다 고양된 진실을 제시하는 공간이다. 지역시인들에게 부딪치는 경험들의 다양성이 이성으로뿐만 아니라 감각적인 경험으로 감수성을 낳기도 한다. 즉 감각을 통해 세계를 인식하고 표현하면서 의식을 고착화하는 것이다.

> 얼음장 속으로 흘러가는 추억만큼이나 선뜻한
> 계곡물은 다시 숨쉬고 있었다.
> 차디찬 눈 속에서 헐떡이던 너와 나의 사랑
> 우리는 숨 쉴 수 없었지만
> 물소리에 다 흘러간 우리들의 사랑도 없었지만
> 그래도 두타산은 물소리에 떠밀려
> 묵묵히
> 살아 숨쉬고 있었다.
>
> ― 박문구, 「두타산·2」[18] 부분

> 길게 산중턱을 휘감아
> 세월을 지키는 천 년의 산성
> 그저 유적이라고 부르지 마오.
> 녹슨 훈장이라 하리라
> 역사에 밀려 뒷전에 누워
> 맡은 일 잃은 채
> 긴 세월 비바람 맞으면서
> 지금은 허물어져 퇴락한 산성.

---

18) 박문구, 「두타산·2」, 『두타문학』 25집, 해가, 2002, 79쪽.

하늘을 지키고 있다.
사백 년 전 임진왜란 때의 무용담일랑
가슴에 쌓아둔 채
받아 보지 못한 메마른 사랑.

― 김시래, 「두타산성」[19] 부분

  위의 시 「두타산·2」에서는 두타산이 "살아 숨쉬"는 자연으로서 존재하고 있다. 시적 화자는 현재 존재하지 않는 사랑을 두타산의 "얼음장"으로 비유하면서, 흘러가 버린 사랑을 추억한다. 여기에서 '사랑'이 좁게는 '이성 간의 좋아하는 마음'이지만, 다른 한편으로는 '우리 인간 사회에서 남을 돕고 이해하려는 마음'이라고 해석될 수 있을 것이다. 시적 형상 속에는 시인들의 개인적인 정서만이 아니라, 그러한 정서를 낳게 한 사회적 삶의 모습이 은연중에 배어 있기 때문이다. 그렇게 본다면, 「두타산·2」에서의 시적 화자는 인심이 메말라가는 오늘의 각박한 현실을 고발하기 위해 두타산을 내세웠다고 볼 수 있다.
  한편 「두타산성」에 와서는 살아 숨 쉬는 두타산의 역사가 "퇴락한 산성"으로 형상화된다. '두타산성'[20]은 두타산 정상 아래쪽에 있는 산성으로 산을 지키는 동시에 이 지역의 역사를 지켜 왔다. 이 시에서는 두타산에 대한 지역민들의 관심이 현실적으로 점점 퇴색되어가고 있음을, 시적 화자는 "메마른 사랑"으로 전경화하였다. 문학 역시 무엇보다도 우선 인간의 사회적 세계와 그에 대한 인간의 적응, 그리고 사회를 변화시키려는 인간의 욕구 등과 관련되어 있다. 다시 말하면 예술로서의 문학은 사회적 삶의 표피를 뚫고 들어가 사람들이 사회에 대해 느끼는 방식을 보여줌으로써 단순한 묘사나 객관적 과학적 분석을 넘어선다.[21] 이같이 시적 자아는 「두타산·2」와 「두타산성」에서 지역사회에 대한 무관심과 만연된 이기심을 고발하기 위해 두타산을 통해 대상과의 결합을 이루고 있다. 이는 존재로서의 고통이 외적이거나 내적

---

19) 김시래, 「두타산성」, 앞의 책, 55쪽.
20) '두타산성'은 신라 파사왕 23년(102)에 처음 쌓은 성이다. 조선조 태종 14년(1414)에 삼척부사 김맹손(金孟孫, 1478~1502)이 다시 축조하였는데, 임진왜란 때는 함경도 안변에서 후퇴한 왜병의 주력부대와 치열한 전투를 벌였던 곳이다.
21) 앨런 스윈지우드, 앞의 책, 10-11쪽 참조.

이거나 간에 감각적으로 인식된 결과이다.

이렇게 지역시인들이 추구하는 현실반영은 단순한 모사模寫가 아니라 다양하고 복잡한 현실의 요소들을 응축하고 있다. 그것은 자연재해와 실직문제, 그리고 타자에 대한 무관심뿐만이 아니다. 김태수는 "무릉계곡의 절경絶景도/ 삼화사 부처님의 자비도/ 마침내 우리들의 청청한 희망도/ 안개빛이다// 안개를 실어나르는 바람이/ 진규폐 환자처럼 기침을 쏟고 있는"[22] 지역의 현실문제까지도 두타산을 공간으로 인식하고 있다. 현실반영은 시인의 활동 내용, 특히 시인이 사회적 실천에서 수용한 세계상의 깊이와 넓이, 창작과정에서 수행하는 지적·도덕적 작업을 통한 객관화의 성취에 따라 큰 진폭으로 나타나기도 한다. 동해·삼척지역 시인들의 시 속에서는 자연현상이나 사회현상, 그리고 경험 속에서 재구성되고 재결합된 감각적 사고로 현실문제가 대두된다. 이같이 두타산은 지역민들의 삶과 행동의 총체 속에서 현실지향의 존재론적 공간을 획득하고 있다.

4. 내면 치유의 생성론적 공간

문학은 구체적이고 생동하는 생활형상을 보여줌으로써 독자에게 아름다움과 추악함, 숭고와 비속 등에 대한 미적 감응을 낳는다. 이것이 문학의 심미적 기능이다. 심미적 기능은 문학의 기능 가운데 가장 중추적인 부분은 아니라고 할지라도, 가장 넓은 영역을 차지하고 있는 것임에는 틀림없다고 할 수 있다. 예술 형상이 일으키는 각종의 정감, 심리적 반응, 인식 등은 모두 심미적 기능에 포함되는 것이기 때문이다.[23]

자연은 인간의 기교로서는 이루어낼 수 없는 극치의 아름다운 공간으로 인식되는 동시에 인간에게 안식을 주는 공간이 된다. 생활의 각박함에 쫓긴 인간이 쉴 수 있는 보금자리가 자연이며 삶의 가치나 방향에 대한 깨우침을 얻을 수 있는 공간이 또한 자연이다.[24] 또한 자연은 시간과 공간을 공유한

---

22) 김태수, 「풍경·9」, 『두타문학』 제14집, 문왕출판사, 1991, 103쪽.
23) 최유찬·오성호, 『문학과 사회』, 실천문학사, 1994, 110쪽 참조.
24) 이숭원, 『근대시의 내면구조』, 새문사, 1988, 17쪽.

구성들에게 선험적 사유를 제공함으로써 원형(原型 archetype), 그리고 상징과 같은 심리적이고도 문화적인 동질성을 심어 놓는다. 뿐만 아니라 자연은 도시 근대인의 삶 속에 잃어버리고 있는 원초성을 회복시켜 주며 삶과 영혼의 토대가 되기도 한다.

    화선지, 젖은 묵필은
    보이지 않고 만져지지 않지만
    선생의 체취가 솔향에 묻어온다

    마디마디 가지가지가
     눈물나게 외롭다
    그 많은 좋은 자리 어디 두고
    토굴 앞 천길 벼랑 바위 위
    말 없이 서 있는 푸른 소나무
    옆에 가부좌한 추사 선생
    이승과 저승 사이에서
    세한도를 감상하고 있다
                      — 정연휘,「관음암 가는 길」[25] 부분

    꿈길에 가끔 들르던 무릉도원
    그윽한 시내가 발목을 잡고
    비천이 복사꽃 가지에 앉아 노래하면
    시간의 흔적은 하늘에게 맡겨 두었네.

    멀리멀리 찾아 헤매던 무지개
    그대여, 이쯤에서 그만 두려하네.
    여기가 바로 무릉도원임을 알기까지
    설렘의 강을 지치도록 따라 왔으므로.
                 — 김소정,「무릉도원, 무릉계곡에서」[26] 부분

---

[25] 정연휘,「관음암 가는 길」,『삼척문단』제16집, 해가, 2007, 106쪽.
[26] 김소정,「무릉도원-무릉계곡에서」,『두타문학』제30집, 해가 2007, 140쪽.

위의 시들에 묘사된 실재의 자연은 환상의 지도 위에 그려진 자연인 듯한 느낌을 주고 있다. 그 환상의 지도 속에는 아무런 갈등이나 고뇌가 없기 때문이다. 정연휘(1944~2024)의 「관음암 가는 길」에서는 추사 김정희(金正喜, 1786~1856)와 시적 화자가 일체一體를 이루면서, "이승과 저승 사이에서／ 세한도를 감상하고 있다"는 표현으로 화해의 관계를 이루어내었다. 그러나 여기서 추사를 굳이 화자라고 해석하지 않아도 될 법하다. 그것은 벼랑 위 소나무가 시인의 눈에 갈필渴筆과 검묵儉墨의 묘미가 절묘하게 어우러진 추사의 세한도로 비쳐져 아름다움과 신비로움을 드러내는 데 기여하고 있기 때문이다. 두타산의 심미적 기능이 역사를 매개로 한 것은, 심상순의 「龍湫가는 길」27)에도 나타난다. 시적 화자는 "제왕운기 이승휴 숨결어린 무릉계곡／ 베틀바위 감아도는 꽃구름 따라" 펼쳐지는 두타산의 아름다움을 노래한다. 이승휴(李承休, 1224~1300)가 고려 충렬왕 13년(1287)에 64세의 나이로 두타산에 은거하면서 저술한 제왕운기는, 우리나라 최초 개국설화인 단군신화가 실려 있는 역사서이다. 이렇게 선험적인 사유가 심미적인 기능으로 작용되면서 두타산은 지역시인들의 삶속에 잃어버린 원초성을 회복시켜 주고 있다.

「무릉도원, 무릉계곡에서」에서는 '꿈'과 '현실' 사이에서 두타산의 환상적인 형상을 그려내고 있다. 시 속에 설정된 '비천飛天'28)뿐만 아니라, "시간의 흔적은 하늘에게 맡겨 두었네."라는 표현에서는 두타산이 신비의 공간임을 드러낸다. 시인에게 있어서 "무지개"는 자연을 동경해서라기보다는 현실에 대한 억압과 고통을 해소하려는 욕구로서 출발한다고 볼 수 있다. 상상의 새 "비천"이 부르는 노래 소리는 화자의 정서를 대변하면서 그 노래 속에 담긴 대화를 통해 화자의 정서와 교합하는 교신 행위의 의미를 지닌다. 이는 화자의 선택과 조정을 맡으며 감정 전이의 역할을 하는 대상으로 존재하면서 혼돈된 정서와 사유를 집중시키는 역할을 하고 있다.

이러한 환상적 장면은 지역시인들의 내면적 갈등에서 나온 것임은 충분히 추측할 수 있는 일이다. 아름다운 자연을 꿈꾸는 것으로 빈 필름만 돌아가는 시대의 공백감과 정신적 갈등을 넘어서려 했던 것이다. 「관음암 가는 길」에

---

27) 심상순, 「龍湫가는 길」, 『풍경으로 남은 그대』, 열린출판 미디어, 2004, 126쪽.
28) 불경에 나오는 상상의 새. 인두조신(人頭鳥身)으로 미묘한 소리를 냄.

서 "마디마디 가지가지가/ 눈물나게 외롭다"라는 언술, 「무릉도원, 무릉계곡에서」에서 "설렘의 강을 지치도록 따라 왔으므로"라는 표현에서 이러한 정황이 충분히 드러나고 있다. 한편 동해·삼척 지역시인들의 내면적 갈등은 또 다른 양상으로 나타난다.

    계절을 잊은 스님의 면벽 수행에
    뿌리 깊은 고독과 갈등이 부끄럽다
    맑은 냇물 한 모금으로 세속을 씻고
    들리지 않은 산울림으로 넋 잃고 기다린다
                        — 김인기, 「관음암」[29] 부분

    속세의 버거운 겉옷을
    다소곳 개어놓고
    감로수 한 모금에
    허한 가슴 채우며
    하늘 한 번 우러러 본다
    (……)
    날로 무겁게 살아가는
    아둔한 내 뒷모습을
    관음암 산자락에 고이 남겨 두고
    솔내음 담뿍 떠 안고 간다
                        — 정석교, 「산행-관음암」[30] 부분

「관음암」에서는 "뿌리 깊은 고독과 갈등"을 씻어내기 위해 "냇물 한 모금으로" 갈증을 해소하려고 한다. "한 모금" 다음에는 '마신다'라는 서술어가 따라야 적확한 표현일 것이다. 그러나 여기에서 "한 모금"은 세속의 때를 씻는 작용을 하고 있다. 다시 말하면, 두타산이 생명을 유지하고 살리는 치유의 공간임을 드러낸 것이다. 이러한 공간적 의미는 「산행-관음암」에서도 마찬가지다. "한 모금에/ 허한 가슴 채우"고 "하늘 한 번 우러러 본다"고 한 언술에서 두타산이 치유의 공간으로 존재함을 드러낸 것이다. 시적 화자는 그것

---

29) 김인기, 「관음암」, 『동심의 둔덕에 푸르름이』, 도서출판 청옥, 1998, 38쪽.
30) 정석교, 「산행-관음암」, 『삼척문단』 제12집, 해가, 2003, 132쪽.

이 "속세의 버거운 겉옷" 때문이었다고 고백한다. 두타산은 세속의 무거운 짐을 덜어주는 공간, 다시 말하면 속세에서 얻은 마음의 병을 치유해 주는 공간인 것이다.

이 같은 양상은 동해·삼척지역시인들이 빚은 여러 시편들 속에서도 나타난다. 최호길은 「삼화사 가는 길」[31]에서 두타산을 "속세의 모든 번뇌 씻어주는" 공간으로, 최인희는 「여정백척」[32]에서 "몸과 마음을/ 조촐히 씻"는 공간으로, 그리고 김만섭은 「무릉계의 봄」[33]에서 "진종일/ 병든 몸과/ 용서하지 못한 것은/ 저 벽계수에 씻어 보"낸다고 하여, 두타산이 치유의 공간임을 천명하였다. 이렇게 두타산은 화자의 내적 공간을 환유하며 심리 현상의 표명, 어떤 의도의 가시화로서 기능을 취하고 있다. 뿐만 아니라 사회 문화적인 독특한 특성들을 상징화시켜 보여주는 공간이 되기도 한다. 따라서 두타산은 어떤 상황에 관련된 특징들을 예시하거나 인간 조건의 양상 혹은 화자의 내적 갈등을 표출하고 있는 것이다. 다시 말해서 두타산은 심적 현실태인 본능, 자아, 초자아가 충돌하는 공간이며 사회적, 심리적 갈등들을 표출함으로써 그 의미 작용을 심화시키는 의미 공간이라고 할 수 있다. 단순한 공간적 배경의 확장을 넘어 생활의 각박함에 쫓긴 지역시인들에게 극치의 아름다운 공간으로 존재하고 있는데, 이것은 인간들이 위로를 받기 위해 세밀하게 선택된 공간이라고 할 수 있다. 신비를 간직한 두타산은 심미적 공간을 넘어, 인생의 의미를 새삼 깨닫게 되는 역설의 공간으로서 생명을 유지하고 살리는 치유의 공간으로 재탄생하고 있다.

5. 맺음말

두타산은 강원도 동해시와 삼척시의 경계에 있다 보니 이 지역에 뿌리를 둔 시인들의 작품 속에서 빈번하게 등장하는 공간이다. 시인들의 주관적 체험세계가 상상력에 의해 내면화된 두타산은, 그 공간을 형성하는 구성 인자

---

31) 최호길, 「삼화사 가는 길」, 『민들레』, 일문사, 1997, 66쪽.
32) 최인희, 「여정백척」, 앞의 책, 155쪽.
33) 김만섭, 「무릉계의 봄」, 『삼척문단』 제11호, 해가, 2002, 191쪽.

의 총체적인 특성으로 나타난다. 동해·삼척지역 시인들에게 있어서 두타산은 하나의 시적 장소가 아니라 그들의 삶을 규정하고 한계지우는, 시적 의미의 중심에 위치하고 있다.

두타산은 인간정신에 의존된 상태로 존재해 왔다. 시인은 정감의 차원에서 두타산을 바라보고 그것을 인간의 정신세계와 관련 지우면서 두타산을 문학 속에 포용하고 있다. 또한 두타산의 공간 표상은 시간의 초월이나 영속하는 무시간으로 나타나 모든 것을 포용할 뿐만 아니라 미래적 비전까지도 제시해 주는 초월적 공간이다. 두타산은 과거와 현재를 이어주는 시간성을 드러내는 동시에 지역시인들에게 신성한 초월적 공간으로 받아들여지고 있다.

지역시인들은 자신의 경험을 재구성하고 재결합된 감각적 사고로 새로운 표현을 드러낸다. 나아가 시인의 사고는 감각의 인지 속에서 사물에 대한 통찰력을 드러내기도 한다. 시적 자아는 지역의 당면과제를 해결하기 위해 두타산을 내세우고 있는데, 그것은 바로 지역민들의 삶과 직결하여 나타나고 있다. 그리고 단순한 자연물이나 자연현상을 재현한 것이 아니라 그들 사이의 대립과 조화의 역동적인 관계를 통해 인간의 사회적 삶의 양상을 상징적으로 표현하였다. 이러한 사회적 현실문제를 해소하기 위해 시인은 두타산을 고양된 진실을 제시하는 공간으로 수용하고 있다.

두타산은 지역시인들에게 심미적 공간과 안식의 공간을 제공한다. 각박한 생활을 벗어나 쉴 수 있는 보금자리가 자연이며 삶의 가치나 방향에 대한 깨우침을 얻을 수 있는 공간이 또한 자연이기 때문이다. 신비를 간직한 두타산은 시간과 공간을 공유한 구성들에게 선험적 사유를 제공함으로써 원형, 그리고 상징과 같은 심리적이고도 문화적인 동질성을 심어 놓는다. 뿐만 아니라 두타산은 지역민들의 삶 속에 잃어버리고 있는 원초성을 회복시켜 주며 삶과 영혼의 토대가 되기도 한다.

이와 같이 두타산은 영동남부 지역민들에게 모산으로 숭상되면서 그들의 삶에 매우 중요한 역할을 담당하고 있다. 이러한 공간성은 지역시인들이 빚은 현대시 속에서 시적 자아의 한 부분으로 합일되어 근원의 세계를 지향한다. 특히 두타산은 동해·삼척지역 시인들의 상상을 통과하면서 건강한 생명력을 얻는 공간으로 거듭나고 있는데, 여기에는 지역의 문화유산과 역사성이 내재되었음을 확인할 수 있다.

김지하 시에 나타난 '두타산'의 생명의식
― 『검은 산 하얀 방』을 중심으로

1. 머리말

　김지하(1941~2022)의 시집 『검은 산 하얀 방』34)에서 '검은 산'은 두타산頭陀山35)을 지칭하며, '하얀 방'은 해남의 백방포白房浦를 지칭한다. 시집 제2부 '검은 산―무릉계에서'에 실린 시들36)은 김지하가 1980년 출옥한 후 무릉계곡武陵溪谷37)에 머무를 때의 체험이 녹아져 있으며, 시대적 상황과 시인의 억눌린 정신적 궤적을 담고 있다. 이 시집은 김지하의 구술에 의해 그의 아내가 받아 쓴38) 작품집으로, 그는 1994년 『검은 산 하얀 방』을 재출간39)하면

---

34) 김지하, 『검은 산 하얀 방』, 분도출판사, 1986. 이하 『검은 산 1』로 표기하기로 한다.
35) 두타산(頭陀山)은 백두대간의 줄기에 자리 잡은 산으로 동서간의 분수령을 이루면서 강원도 동해시 삼화동에 위치한다.
36) 『검은 산 하얀 방』 제2부 '검은 산―무릉계에서'의 시 목록은 다음과 같다.

연번	제목	수록면수	연번	제목	수록면수
01	화살내	25	08	고사목	39
02	피쏘	26-27	09	두타산	41
03	쇠부처굴	28-29	10	용추다리	43
04	호랑바우	30-31	11	윗용추	44-45
05	아랫쏘	33	12	너럭바위 1	46-47
06	비리내골	34-35	13	너럭바위 2	49
07	문깐재	36-37			

37) 두타산의 계곡은 산수의 풍경이 중국 고사에 나오는 무릉도원과 같다 하여 무릉계곡이라고 부르며, 소금강이라고도 한다. 무릉계곡은 1977년 국민관광지 제1호로 지정되었고, 2008년에는 명승 제37호로 지정되었다.
38) 김지하는 머리글에서 "……마치 내가 아닌 그 누군가가 내 속에서 불러 주는 듯한 소리가 있어 그대로, 취한 듯 정신 잃은 듯 떠오르는 그대로 구술하기 시작했고 아내가 그걸 받아 썼다. 그리고 일체 수정·가필·추고하지 않았다. 형식 문제, 곧 가락이나 장단, 말의 생동성 따위 나의 평소의 관심사는 일단 제쳐 두기로 했다. 그 소리 속에서 움직이는 종잡을 수 없는 어둡고 비통한 흔들림과 눈부신 흰빛의 섬세한 떨림을 그대로 드러내기 위해. 이것이 '검은 산'과 '하얀 방'이다."라고 밝히고 있다. 『검은 산 1』, 10쪽 참조.
39) 김지하, 『검은 산 하얀 방』, 솔출판사. 1994. 이하 『검은 산 2』로 표기하기로 한다.

서, 이 시집에 애착을 보였다.40) 뿐만 아니라, 두타산 무릉계곡은 김지하가 우리 시대의 수난기에 포착한 공간으로 다른 계곡들과 구별되는 특별한 의미를 지닌다.41)

    1970년 『사상계』에 실린 김지하의 담시譚詩 「오적」은 우리 현대문학사에서 가장 큰 사회적 파장을 불러일으킨 필화사건이었고, 구체적인 역사와 삶을 당당하게 문학으로 끌어들인 거사였다. 김지하는 정치적 투쟁의 선봉이 되어, 갖은 고초를 겪으면서도 민중의 인권을 살리고자 했고, 그것을 시로 풀어내어 당대에 있어 문학의 힘을 실천했다. 김지하가 두타산 무릉계곡을 소재로 한 시집 『검은 산 1』에서도 이러한 정황이 드러나고 있다. 그는 두타산 무릉계곡에서 자행되었던 죽임의 역사를 포착하여 그것을 시로 풀어내었고, 그 시편들은 아나키즘(Anarchism)42)을 바탕으로 생명성을 추구하고 있다. 인간은 모든 강요로부터 자유로워야 하고, 자신의 삶과 직결되는 결정과정에 직접 참여하면서, 부당한 권력이 모두 사라진 세상을 추구해 나가는, 이러한 삶의 방식이 바로 아나키즘이기 때문이다.43) 김지하는 두타산 무릉계곡에서 감지한 '죽임'의 역사가 바로 모든 지배와 권위, 권력에서 비롯되었음을 간파하고 있다.

    김지하는 1964년 대일 굴욕외교 반대투쟁에 가담하여 첫 투옥되었고, 출옥 후 재투옥을 거듭하다가 1980년 12월에 형집행정지로 석방되었다. 이후, 그는 기독교사상·미륵사상·화엄사상·선종禪宗철학 등의 여러 사상들을 재해석하여 독특한 생명사상을 펼치면서, 자신의 글쓰기에다 접목시키고 있다. 특히 김지하의 『검은 산 1』에서는 두타산의 정체성正體性을 드러냈다는 점이

---

40) 김지하는 1994년 12월에 재출간한 『검은 산 2』의 자서(自序)에서 "『검은 산 하얀 방』에 주목한 사람은 거의 없었다. 허나 내겐 이 시집이 매듭 같고 옹이 같은 것이다."라고 밝히면서 이 시집에 애착을 드러내었다. 『검은 산 2』, 3쪽.
41) 김인환, 「작은 것의 소중함」, 『검은 산 2』, 95-96쪽 참조.
42) "아나키즘(Anarchism)이란 말 자체는 지배가 없는 상태를 뜻하며, 고대 그리스말 anarchos에서 나왔다. 그 말이 무지배(無支配)를 뜻하다 보니 지배의 보편적인 주체가 정부인만큼 그것을 일본식으로 '무정부주의'라고 번역하는 바람에 부정적으로 인식되어 왔다." 박홍규, 『아나키즘 이야기』, 이학사, 2004, 46쪽. "그러나 일반적으로 아나키스트들은 그들의 이데올로기를 '자연적'이라고 주장하고, 자연 질서 자체와 일치한다고 설명하면서 그들의 이데올로기를 정당화 한다. 즉 아나키를 자연 상태라고 해석하면서, 인간은 자연스럽게 독립, 평등, 자기 충족을 요구한다고 설명한다." 박홍규, 위의 책, 184쪽.
43) 박홍규, 위의 책, 47쪽.

주목된다. 정체성은 개인이 지니고 있는 연속성·단일성·독자성·불변성과 그와 같은 개인의 동질성에 대한 의식적인 감각이다. 나아가 사람이 자라고 발전함에 따라 자신과 하나가 되는 존재감인 동시에, 그의 역사뿐만 아니라 미래와도 하나가 되는 존재의 공동체 감각을 가진 친근감이라 할 수 있다.44) 이러한 정체성의 개념에 비추어 볼 때 김지하 시인에게 존재하는 연속성·단일성·독자성·불변성이 두타산 무릉계곡의 특수성과 동궤에 놓인다고 할 수 있다. 그의 심상에 놓인 두타산 무릉계곡은 자연으로만 존재하는 게 아니라 그 나름대로의 시공時空의 형식 및 시간적·공간적 인식의 방법이 개재되어 있기 때문이다.

뿐만 아니라, 김지하는 두타산을 최근에 중요하게 부각되기 시작한 탈근대적 윤리로서의 '생태철학(ecosophy)'보다는 '공생생활(共生生活 symbiosis, mutualism)'의 지향점으로서 활용하고 있다. 생태철학은 환경 윤리의 "생태학적 형이상학을 세우기 위해 위기를 반성하고, 원인을 분석하고, 생태학의 철학적 이해의 틀을 제시"45)하는 데 있다. 그러나 공생생활은 원형적 세계관에 뿌리를 두고 있으며, 모든 자연계가 생명의 근원으로서 공생적 관계에 있음을 드러낸다.46) 즉, 모든 자연계가 여러 면에서 크고 작은 관계를 이루며 상호간에 서로 이익을 나누고 도움을 주면서 살아가는 현상을 말한다. 이렇게 볼 때, 김지하는 두타산을 소재로, 자연과 인간간의 화해의 도정을 지향하고 있음을 알 수 있다.

물론, 제2부 '검은 산 - 무릉계에서'에 실린 김지하의 시편들의 시적 정황이 유사하고, 같은 어조로 노래하고 있어 시적 의미를 도출해 내기란 그리 쉬운 편은 아니다. 그러나 이 글에서 주목한 것은, 두타산을 소재로 창작한 김지하의 『검은 산 1』 제2부에 실린 시편들의 논의가 한국문학장에서 전무하다는 점이다. 뿐만 아니라 김지하가 지리적인 공간적 범주로 창작한 두타산은 한국문학장 속에서 가장 소외 지역인 강원영동지역47)에 위치하고 있다.

---

44) Erik H. Erikson, Identity : Youth and Crisis, New York : Norton, 1986, 183면.
　　Erik H. Erikson, Identity : Dimension of a New Identity, New York : W. W. Noryon and Company, Inc., 1974, 27쪽 참조.
45) 구승회, 『생태철학과 환경윤리』, 동국대학교출판부, 2001, 244쪽.
46) 구승회, 위의 책, 21쪽 참조.
47) 남기택, 「생명권력 시대의 생태시론」, 『비평문학』 30호, 한국비평문학회, 2008, 22쪽.

더욱이 김지하는 1981년에 동해시에 거주했던 시인으로, 두타산 무릉계곡을 지역문학장의 시편들과는 다른 방식으로 접근하고 있다.48) 지역문학은 지역민들의 구체적 삶과 역사를 바탕으로 하고 있으며, 중앙문학에 대한 저항문학으로서의 정치성을 띤다는 점에서 소수자의 문학이다.49) 그러므로 중앙문학으로부터의 탈영토화를 실천하여 새로운 문학의 영토를 개척해 나간 점50)에서도 김지하의 시편들을 살펴보는 것은 유의미한 일이 된다. 따라서 여기에서는 그의 시편들 속에 녹아 있는 김지하의 내면의식을 생명의 양태에 두고 논의를 이끌어내고자 한다. 이러한 목적 아래 그의 시를 통해 김지하의 시론의 정체를 추론하고 시인의 발상법과 세계관을 살펴보려고 한다. 김지하에게 있어서 두타산은 객관적 현상이나 외적 인식의 대상이 아니라 시인의 영감에 의해 내면화되면서 그 공간을 형성하는 구성 인자의 총체적인 접근으로 내밀화하였기 때문이다.

2. 아나키즘을 바탕으로 한 생명성

김지하는 독재시대에 민주투사의 상징과도 같은 존재였다. '죽음'과 '죽임'이라는 실존의 극단을 체험한 그가 자신의 작품 속에 아나키즘을 드러내는 것은 자연스러운 일일 것이다. 주지하듯이 아나키즘은 단순한 무정부주의, 폭력주의가 아니다. 또한 아나키즘은 국가주의가 개인에게 가한 폭력적 억압과 규제를 본래의 자유와 자율을 강조하는 방향으로 한 새로운 국가주의 모

---

48) 두타산을 소재로 문학적 특성을 고찰한 논문은 「두타산의 공간화 전략」이 유일하다. 이 논문은, 동해·삼척 지역시인들의 시편들 속에 영동남부 지역민들에게 모산(母山)으로 숭상되는 두타산의 특성이 '무시간성의 초월적 공간', '현실지향의 존재론적 공간', '내면 치유의 생성론적 공간'으로 나타나고 있음을 밝혔다. 물론, 이 논문에서도 지역시인들의 작품 속에 지역의 문화유산과 역사성이 내재되었음은 확인하였지만, 그것은 김지하의 『검은 산 하얀 방』에 나타나는 '죽음'과 '죽임'에 대한 역사성과는 다른 양상이다. 예컨대, 김시래의 시 「두타산성」은 역사적인 장소에 대한 지역민들의 무관심을 고발한 작품일 따름이다. 권석순, 「두타산의 공간화 전략」, 『비평문학』 32호, 한국비평문학회, 2009, 27-48쪽 참조.
49) 이형권, 「지역문학의 탈식민성과 글로컬리즘: 대전―충남 문학을 중심으로」, 『어문연구』 52호, 어문연구학회, 2006, 309쪽.
50) 이형권, 위의 글, 같은 쪽.

델을 상정한다. '아나키즘(Anarchism)' 혹은 '아나키(Anarchy)'라는 용어가 일반적으로 쓰이기 시작한 것은 프랑스혁명 때였으며,51) 아나키 사상이 우리나라에 소개된 시기도 우리가 일제에 국권을 빼앗기고 억압과 착취의 고통을 당하던 1920년대 초였다. 당시 고착 상태에 빠져있던 민족주의적 독립운동에 활로를 열고자 한 사상이 아나키즘이었으며, 지배와 피지배라는 아나키즘적 현실인식의 작품이 나온 것도 이때이다.52)

물론, 우리나라 아나키즘 운동이 일본의 탄압에서 시작되어 정치사회 운동으로 그 맥을 이어 왔지만, 문학에서도 왕성한 활동이 이루어졌음을 간과할 수 없다.53) 이것은 아나키즘 사상이 갖는 개인의 자유와 평등의 인도주의적 정신이 문학 영역에서 그 특성을 가장 잘 발현할 수 있기 때문이다. 뿐만 아니라 아나키즘은 정부국가로부터의 탈주를 넘어 모든 권위와 그로 인한 폐해들에 저항하는 실천적 개념이다.54) 김지하가 두타산 무릉계곡에서 자행된 죽음의 역사, 그 폐해를 접한 것은 1981년이다. 두타산 무릉계곡은 임진왜란 때 함경도 안변에서 후퇴하는 왜병의 주력부대와 치열하게 전투를 벌였던 곳이다. 3일간의 혈전 끝에 두타산 무릉계곡은 함락당하고 마는데, 당시 왜병들은 생존했던 의병과 노약자들마저 무참히 살육하였다.55) 김지하는 참혹하게 죽은 이들을 위한 진혼곡을 단 한 줄이라도 써야겠다는 강박관념으로 '검은 산'에 나오는 시편들을 창작하였다고 진술한다.

  그러나 이 소리들, 이 모든 말, 말, 말들은 과연 초혼인가, 진혼인가? 불림인가 살풀이인가?
  과연 이것들이 이 땅에 가득 찬 저주와 살(煞)을 풀어 줄 힘이 있는가? 불림은 동강나 갈라지고 서로 헤어지고 흩어지고 조각 조각나 죽임당한 신명을 하나로 모아 불러내는 주문(呪文). 숨겨져 보이지 않는

---

51) 구승회 외, 『한국 아나키즘 100년』, 이학사, 2004, 22쪽.
52) 위의 책, 336쪽 참조.
53) 실제 일제 강점기 때부터 아나키즘 운동을 했던 사람들 중 신채호, 권구현, 김화산, 이향, 유서, 정래동 등은 문학분야에 큰 자취를 남기고 있으며, 해방 후 아나키즘 운동을 선도했던 박노석, 이경순, 홍원, 홍두표도 그 정신적 정수를 문학적 형상으로 남기고 있다. 위의 책, 336-337쪽 참조.
54) 장 프레포지에, 이소희 역, 『아나키즘의 역사』, 이룸, 2003, 568쪽 참조.
55) 박성종 편, 『東海市 地名誌』(동해문화원), 학연문화사, 2000, 247쪽 참조.

신명을 깨우쳐 일으키는 불림은 그대로 곧 신명을 가르고 헤어지게 하고 흩어지게 하여 죽이고 감추는 살을 없애는 일. 오늘 이 땅에 그 어떤 불림이 있어 조각난 채 숨어 잠자는 신명을 깨워 불러 모을 것인가? 오늘 이 땅에 그 어떤 놀이꾼이 있어 가득 찬 살을 없애는 신명의 사제가 될 것인가?

그 소리, 속으로부터 울려나오던 그 소리는 도대체 무엇인가? 도대체 그 무엇이 다가오고 있음을 알리는 조짐인가? 이런 일들은 왜, 어째서, 무슨 힘에 의해서 일어나는 것인가?[56]

김지하는 무릉계곡에서 억울하게 죽은 원혼들의 소리를 들을 줄 아는 시인이다. 인간의 생명은 필연과 우연의 결합으로 가득 차 있다. 이러한 죽음이 "왜, 어째서, 무슨 힘에 의해서 일어나는 것인가?"하고 반문이나 하듯 부당한 권력에 대하여 항변까지 한다. 심지어 「너럭바위 1」에서는 "피쏘 너럭바위 위에/ 아로새겨진/ 토포사! 토포사! 토포사!"라고, "토포사"[57]를 나열하면서, 그들에 의해서도 많은 양민이 억울하게 죽었음을 고발하고 있다. 아나키즘은 강제로 만든 법보다 우수한 정의의 원리, 즉 우주의 자연적인 질서에 본래부터 갖추어져 있는 평등과 공명의 원리가 실재하고 있다는 믿음을 반영한다.[58] 김지하가 부당한 힘에 의해 자행되고 있는 사회를 자신의 시 속에 보여주는 것은 우리 사회가 자연적인 질서를 찾아가기를 바라는 마음에서 비롯되었다고 할 수 있다.

내 오른팔을 호랑가시나무라고 불러라
내 왼팔을 사자봉 벼락바위라고 불러라
있다면
내게 힘이 있다면
한 팔로 너희들의 죽음을 막고
한 팔로 너희들의 삶을 껴안아 주고 싶구나

---

56) 『검은 산 1』, 13-14쪽 참조.
57) 시 「너럭바위 1」 끝에 달린 주석은 다음과 같다.
 "* 토포사(討捕使) : 이조 때의 토벌대장. 무릉계 너럭바위에는 이 토포사의 이름들이 무수히 음각되어 있다."
58) 손은진, 「열린 체계로서의 미학」, 『시와반시』 5호, 시와반시사, 1993, 101쪽.

무심한 구름이 용추다리 건너가는 내 발 밑에 와서
나의 힘 없음을 비웃는구나.
―「용추다리」 전문

왠지 그럴 것 같애
왠지 필요할 것 같애
배낭에 금강경을 넣고 갔었다
왠지 머리 뒤끝 섬뜩섬뜩 서는 것 같애
지은 죄도 많고
지을 죄도 많아
금강경을 읽었는데
금강경을 읽었는데
문득 바람결에
용성 스님의 금강경이
날아가 붙은 바위를 보니
바위에 새긴 글자
범소유상 개시허망
돌 하나 굴러 소리없이 물에 잠긴다.
―「윗용추다리」 전문

  아나키즘 사상의 뿌리는 자연이다. 이러한 자연 개념은 아나키즘의 모든 교의, 즉 권위의 거부, 정부 및 국가에 대한 혐오, 상호부조, 소박성, 분산화, 정치에의 직접참여 등의 원천이자 기초가 되고 있다. 실제 자연에 있어서 일반적인 법칙은 공정 형태의 발전을 이끌고 구조적으로 최대의 효력을 발휘시키려고 하는 균형과 조화의 원리일 것이다.[59] 위의 시 「용추다리」에서 시적 자아가 힘이 없는 자신에 대하여 자탄하는 태도를 보이고 있는 것도 힘의 균형과 조화를 잃었기 때문이다. 힘 있는 자들이 자행한 죽임을 막기 위해 시적 자아는 "호랑가시나무"나 "사자봉 벼락바위"와 같이 힘 있는 사람이 되기를 열망한다. 호랑가시나무는 잎 뾰족한 끝에 붙은 딱딱한 가시가 마치 호랑이 발톱 같다고 해서 붙여진 이름이며, 사자 역시 몸집이 크고 기운이 세어

---

[59] 손은진, 위의 글, 100-101쪽 참조.

'백수百獸의 왕'으로 알려져 있어서, 이 시 속에서는 힘으로 상징되고 있다.

독재에 맞서 민주화 투쟁의 표상이었던 김지하에게 있어서, 이러한 힘은 거대한 권력에 대항하는 힘으로 배치된다. 그래서 시적 자아는 권력 앞에 대적할 수 없어 죽임을 당해야 하는 현실이 고통스러워 "내게 힘이 있다면" 하고 고백한다. 이는 자아가 살아 있는 존재에게서 생명을 박탈당하고 죽음으로 몰아갈 만큼 극한까지 압박당하는 경우를 표현한 것이다. 그러나 시인은 그 고통을 감내하면서 체념에 떨어지지 않고 깨어 있으려는 의식을 고양시키기 위한 노력을 보여준다. 억울한 사람들의 "죽음을 막고", 또한 그들의 "삶을 껴안아 주고 싶구나"하고 절규하는 속에서 올바른 자연적 법칙을 희구하고 있음을 알 수 있다. 아나키즘 사상의 이론적 정립을 꾀했던 크로포트킨 역시 자연적 법칙에 따른 사회구성이 가장 이상적인 사회이며, 이런 사회가 아나키즘 사회라고 밝힌 바 있다. 크로포트킨이 지향하는 사회는 바로 "자연의 생활 자체에 보여 지는 바와 같은" 것으로서, 자연에서 이루어지는 진화와 같이 "끊임없는 전진"60)을 필요로 한다고 볼 수 있다.

「윗용추다리」는 용추폭포의 상탕을 말한다. 시적 자아는 용추 상탕으로 가는 길이 험난함을, "머리 뒤끝 잡아당기는 것"같고, "머리 끝 섬뜩섬뜩 서는 것"같다고 연이어 강조하고 있다. 이렇게 가파른 낭떠러지라면 죽음을 각오해야 한다. 그래서 시인은 "금강경"을 넣고 갔을 것이다. 힘이 필요했기 때문이다. 「용추다리」에서 보여준 힘이 "호랑가시나무"나 "사자봉 벼락바위" 같이 겉으로 드러나는 힘, 즉 권력으로 비유되었다면, 「윗용추다리」에서는 정신적인 힘을 말하고 있다. 그 힘이 바로 "금강경"이다. 「윗용추다리」에서 시적 자아는 자신이 읽은 대승불교 경전인 "금강경"의 번역자가 "용성 스님"61)임을 굳이 밝히고 있다. 민족과 불교계의 지도자인 "용성 스님"의 이름

---

60) 표트르 알렉세예비치 크로포트킨, 하기락 역, 『근대과학과 아나키즘』, 도서출판 신명, 1993, 67쪽.
61) 용성 스님은 법호法號가 용성이다. 본명은 백용성(白龍城, 1864~1940)으로 한말·일제강점기의 승려이다. 1910년 한일합병을 계기로 이제까지의 수행과 참선을 중심으로 한 삶에서 사바세계의 현실로 눈을 돌려, 3·1운동 때 민족대표 33인 중의 한 사람으로 활동하다가 체포되었다. 용성 스님은 1년 6개월을 복역하다가 출옥한 후, 우리 민족이 불법에 귀의하여 민족의 위기상황을 극복해야 한다고 제창하면서 대각사大覺寺를 창건하고 대각교大覺敎를 창설한 인물이기도 하다. 『인명사전』, 민중서원, 1998, 438-439쪽 참조. 『브리태니커 세계 대백과사전』, 한국브리태니커회사, 1997, 149-150쪽 참조.

자를 시 「윗용추다리」에 넣은 것은, "금강경"과 더불어 정신력의 중요함을 각인시키려는 의도라고 볼 수 있다. 특히 "금강경" 제5분에 나오는 "범소유상 개시허망"62)을 부각시키고 있는 것도 같은 맥락으로 짐작된다. 이것은 우리 시대에 자행되고 있는 부당한 힘의 실체를 바로 볼 줄 아는 안목이 필요함을 강조하고 있는 것이다.

이처럼 『검은 산 1』 제2부 '검은 산—무릉계에서'의 시편들에서는 저항의식의 아나키즘적 사고관이 의지와 다짐의 양상으로 드러난다. 그것은 김지하가 두타산을 하나의 관념만으로 시 창작을 한 게 아니라 두타산에 머무르면서 두타산의 소리에 귀 기울였던 장본인이기 때문이다. 그는 파행적인 질곡의 역사에 정면으로 응전하며, 그 극복의 길을 추구해 온 대표적인 시인이다. 두타산에서 죽임의 역사에 정면으로 맞서 극복하고자 한 것도 이와 같은 맥락과 닿아 있다. 이러한 문학세계는 죽임의 세력에 대한 직접적인 응전과 저항의 대립구도에서 죽임의 세력까지도 순치시켜 포괄해내는 보다 근원적이고 본질적인 단계로의 심화·확대로 파악된다.

3. 실존에 내재된 생명성

시에 있어서 공간은 중요하다. 그것은 공간이 시 세계와 시적 자아를 파악하는 형식이기 때문이다. 이는 "인간의 존재성 자체가 근본적으로 공간적임"63)을 시사한다. 공간성은 존재와 인식의 질이자 결(texture)이 됨으로써 존재와 인식의 특정한 양상들을 생산한다. 그러다 보니, 두타산을 소재로 한 김지하의 시편들 속에는 시인이 겪었던 정황과 강박적 체험 등이 사회·역사적 환경과 결부하며 시적 담화를 형성하는 자아64)로 나타난다. 또한 자아와 세

---

62) '범소유상凡所有相 개시허망皆是虛妄 약견제상비상若見諸相非相 즉견여래卽見如來'는 '무릇 있는 바의 상(相)은 모두 다 이것이 허망하니, 만약 모든 상이 상 아님을 보면 곧 여래를 보리라'는 뜻인데, 시적 자아는 이 가르침의 전반부를 인유하고 있다. 형상이 있는 것은 모두 다 허망함을 사람이 사람으로서 그 실상을 제대로 보지 못함을, 그래서 진실을 볼 줄 알아 깨달은 사람들의 안목이야 말로 모든 존재의 실상을 바로 볼 줄 안다는 것을 일컫는다. 여기에서의 실상은 우리 사회에서 자행되는 부당한 힘의 실체를 말하는 듯하다. 법륜, 『금강경 이야기』, 정토출판, 2000, 157-168쪽 참조.

63) 마르틴 하이데거, 이기상 역, 『존재와 시간』, 까치, 2001, 155쪽 참조.

계, 주체와 타자의 관계가 서로 관계를 맺으면서 새로운 세계로 향하고 있다. 이는 시인의 실존이 두타산과 동질성을 이루며, 자신과 하나가 되는 존재감이다. 동시에 역사와 미래와도 하나가 되는 공동체 감각을 가진 존재의 친근감이라 할 수 있다. 시적 자아와 두타산의 특수성이 동궤에 놓여 생명의 연장선에 있기 때문이다.

> 생명은 실체가 아니라 생성입니다. 그것은 한순간도 머무르지 않고 모든 것과의 모든 관계 속에서 변화합니다. 그것은 시공 생성의 원리이며 역易의 원리예요. 따라서 변화의 과학인 역학에 따라 우리는 다음과 같이 정의해 볼 수 있습니다.
> 끝없이 변화한다는 것, 이 세상에 변화하지 않는 것은 없다는 것이 그 첫째 정의일 수 있으며, '변화한다'는 그것은 결코 변치 않는다는 것이 둘째 정의일 수 있습니다.
> 그리고 눈에 보이지 않는 '숨겨진 질서'로서의 생명은 반드시 눈에 보이고 고정되고, 들리는 '드러난 질서'로 즉 갖가지 생활형식으로 물질화하되, 그 물질화된 형식 안에 한순간도 머무르지 않고 변화하는 것, 그러므로 잠정적으로 물질화된 생활형식과 그 형식들의 이러저러한 관계로 미루어推 그 보이지 않는 생성변화를 짐작測할 수밖에 없는데, 이 때 그것을 간략한 수數나 경우나 법칙들로 표시할 수 있다는 것이 아마도 세 번째 정의가 될 듯합니다.65)

김지하에게 있어서 '생명'은 생성이다. '생성'은 반복되는 것이 아니라 새로운 것을 만들어내는 과정이다.66) 『검은 산 2』의 재출간은 김지하가 두타산과의 관계에서 변화를 꾀하기 위한 의도였다. 1981년에 강원도 동해시에 위치한 두타산 무릉계곡에 머무른 김지하는 5년 후67)인 1986년 『검은 산 1』

---

64) 일반적으로, 허구적 자아가 상상력과 창조성을 강조하며 새로운 세계를 향한 전략을 추구한다면, 자전적 자아는 실제 시인과 엄격히 구분할 수 없을 정도로 시인과 동일시되는 화자를 말한다. 그러나 김지하의 자전적 자아는 허구적 자아의 특성까지도 함의하고 있는 듯하다.
65) 김지하, 『생명학 1—생명사상이란 무엇인가』, 화남출판사, 2003, 67~68쪽.
66) 안토니 네그리·마이클 하트, 윤수종 역, 『제국』, 이학사, 2007, 534면.
67) 김지하는 1986년에 출간한 『검은 산 1』의 머리글에서 "5년 전 내가 무릉계에 갔을 때"라고 밝히고 있어서 그가 무릉계곡에 머무른 시점이 1981년임을 알 수 있다. 『검은 산 1』, 6면 참조.

을 출간한 후, "이 시집 이후 7·8년을 환상에 휩쓸려 큰 병"[68]을 앓다가, 『검은 산 2』를 재출간하였다고 고백한다. 그것은 두타산, 즉 '검은 산'에서 들려오는 "영靈의 소리와 찢어진 생명의 한恨의 울림"[69]이 그의 실존에 내재되어 있었기 때문이다. 이 같은 내재성(immanence)은 자신의 긍정과 파괴 속에서 자신의 형성과 발전을 구성하는 가능성 체제일 때 연결된다.[70] 그래서 김지하는 "'내림'이나 초혼招魂"[71]이라도 하고 싶은 심정으로 그 가능성을 열어 보인 것이다.

> 화살은 왜 나에게 떠 오나
> 화살은 왜 나를 향해서 오나
> 화살은 왜
> 화살은 왜 내 가슴에 아프게 박히나
> 화살은 왜 이 개울을 따라서 흘러 오나
> 화살은 왜 물을 따라 흐르나
> 화살은 물을 따라 나에게 오고
> 나는 물을 따라 화살을 거슬러 가고
> 너는 누구냐
> 물.
>
> ―「화살내」 전문

> 번득이는 것이
> 왜 빛뿐일까요
> 번득이는 것이
> 왜 눈뿐일까요
> 번득이는 것이

---

[68] 『검은 산 2』, 3쪽.
[69] 위의 책, 같은 쪽.
[70] 안토니 네그리·마이클 하트, 앞의 책, 476쪽.
"내재성(immanence)은 스피노자의 철학에서 핵심적인 개념이다. 스피노자에 따르면 이 세계를 벗어나서는 어떤 합리성도, 이념도, 권력도, 도덕적 의무도 존재하지 않는다. 모든 것이 이(현실) 세계의 표면 위에 존재한다. 개념, 언어, 이념 등과 관련하여 존재하는 모든 것은 인간들에 의해 구성된 것이다. 외부에서 부과된 것이 아니라 자신들 속에서 구성한다는 의미에서 내재성이라고 한다." 안토니 네그리·마이클 하트, 위의 책, 529-530쪽 참조.
[71] 『검은 산 2』, 3쪽.

왜 절벽에 부딪쳐 부서지는 햇빛뿐일까요
하늘에 가득 찬 총알 총알 총알
그 구리의 빛은
… 중략 …
마지막 보이는
삼화사 쇠 부처님
아 아
물방울.

―「피쏘」부분

　김지하는 『검은 산 1』의 머리글에서 "먼 북쪽 삼척72) 두타산 무릉계는 임진란 때는 수천 수만의 화살이 강물에 떠 흘러 '화살내'를 이루고 숱한 사람의 피는 고여 '피쏘'라는 이름을 만든 곳"73)임을 밝히고 있다. 그 자신 "스물세 살, 스물네 살의 시 안에 생명과 살해, 죽임과 살림과의 주제"74)가 들어 있었음을 고백한 바도 있는데, 이처럼 그가 생명과 죽임에 대한 관심을 가진 것은, 이미 1964년 대일 굴욕외교 반대투쟁에 가담하여 첫 투옥되었을 때부터라고 볼 수 있다.

　김지하는 피 흘린 역사 앞에서 인간 존재의 본질이 진정 무엇이고, 그 존재 조건이 무엇인지에 대해 집착에 가까운 사유를 보여준다. 「화살내」에서 "-오냐"와 「피쏘」에서 "-까요"의 의문형 종결어미를 연거푸 나열하고 있는 데서도 이러한 정황이 드러난다. 이 과정에서 그는 존재의 모순성을 절감하며 이 문제를 어떻게 뛰어넘을 수 있을 것인가 하는 내적 갈등을 일으킨다. 여기에서 '화살'이나 '총알'은 모순된 인간 존재의 알레고리로 나타나 임진왜란과 배치하고 있다. 두타산 무릉계곡의 역사의 흔적이 시적 자아의 "가슴에 아프게 박히"고, "절벽에 부딪쳐 부서지는" 듯한 고통으로 표출되고 있는 것

---

72) 동해시는 1980년에 삼척군 북평읍과 명주군 묵호읍이 합쳐진 도시다. 김지하가 무릉계곡에 머문 때는 이미 행정구역 상 동해시로 편입되어 있었지만, 1980년 이전에는 무릉계곡이 삼척 땅이었기 때문에 착오가 있은 듯하다.
73) 『검은 산 1』, 5-6쪽 참조.
74) 이어서, 그는 "그런데 내가 감옥에서 나와서 숨어 있는 차원의 이면적 주제가 표면적 주제로 떠올랐던 것입니다."라고 밝히고 있다. 김지하, 「시 쓰기 반백 년, 시는 흰 그늘의 길」, 『비단길』, 시학, 2006, 296쪽 참조.

이다.

한편, 「화살내」의 "물.", 「피쏘」의 "물방울."이 결미를 장악하면서 시의 주제를 총체적으로 요약하고 있다. 뿐만 아니라 이러한 양상은 「쇠부처굴」에서는 "물방울 하나."로, 「호랑바우」에서는 "내 신발 끝에 눈물과 함께 떨어지는데."로 나타난다. 여기에서는 시적 자아가 죽음으로 얼룩진 두타산 무릉계곡의 상처를 "물"로 씻고, 나아가 새로운 생명을 부여코자 노력한다는 사실을 확인할 수 있다. 물은 생명을 일깨우는 작용뿐만 아니라 생명변화의 이미지를 제공하는 원소가 된다. 물은 모든 가능성의 원천이기 때문이다. 물은 생명으로 이어지고 생명을 다시 물로 돌아가게 하는 순환의 길을 잃지 않을 때, 자연의 질서는 원활하게 진행된다. 한 개체의 생명이란 단절된 것이 아니라 연속적이기 때문에 어떠한 경우에도 계속성을 가지면서 순환해야 하는 것이다.

요컨대 화자가 진정으로 원하는 것은 죽임에서 끝나는 것이 아니다. 진정한 생명으로 환원하기 위한 현존재는 「화살내」나 「피쏘」 등의 시편들의 결미에서 "물"로 드러내었다고 볼 수 있다. 그러므로 "물"은 피로 바쳐진 두타산 무릉계곡의 역사가 새로운 존재로 전환될 때 겪어야 할 생명의 의식을 상징한다는 점에서 통과제의의 성격을 띤다. 화자는 오늘날 탐욕으로 인해 변질된 인간 존재를 치유하기 위한 하나의 방편으로 통과제의의 상징적 "물"로 생명을 요구하는 것이다. 여기에서 김지하의 존재의식을 유추해 보자면, 시인에게 있어 죽임의 역사는 단순히 인간 세계를 탈피한다는 데에 있지는 않다. 김지하 역시 한 인간으로서 인간 세계를 완전히 초월할 수 없다는 사실을 받아들였을 것이다. 다만 인간 세계를 초월한다는 그 심층적 의미는 인간 존재의 모순성을 제대로 인식하고, 나아가 모순적 존재의 초월을 추구할 때 진정한 존재로 다시 태어날 수 있다는 시인의 언표로 해석된다. 그러므로 "물"은 김지하가 지향하는 생명성의 발현이다. 이런 점에서 그의 의식이 보여주는 것은 인간 존재에 대한 부정이 아니라, 오히려 커다란 관심이며 친근감으로 드러내었음을 확인할 수 있다.

4. 화해의 도정으로서의 생명성

김지하는 1986년 『검은 산 1』을 출간한 즈음인 "80년대 중반부터 민중시인 혹은 저항시인으로서의 위상을 넘어 생명시인 혹은 생명사상가로서 일대 전기를 마련했던 시인이다."75) 그는 "생명, 생명성의 내적 구조인 '내부공생(endosymbiosis)이란 것은 참여자들이 그 개별성(identity)을 완전히 상실하지 않고 이루어지는 융합(fusion)"76)이라고 했다. 여기서 그는 현존재의 본질이 파괴되지 않고 화해를 이루는 삶으로, 영성적인 생명을 지향하고 있는 사회를 요구하고 있음을 알 수 있다.

> 이 물음에 대답할 자는 오직 하나—
> 모든 것을 아우르며 모든 것을 놓아주며 모든 것을 살아 뜀뛰게 하는 활동하는 무無, 신명—
> 지금 여기 죽임당하는 매일매일의 삶 속에서 솟구쳐 출렁거리며 모든 존재를 죽임에서부터 살려내고 인간의 사회적 삶과 내적인 삶, 인간만이 아니라 모든 생물·무생물·물질과 기계까지도 거룩하게 드높이고 서로 친교하고 공생하고 해방하고 동일하여 '한울'로 살게 하는 가없는 저 화엄의 바다, 그 약동하는 생명의 물결뿐이리라.77)

김지하는 모든 존재를 죽임에서부터 살려내는 것은 바로 모든 생명체와 물질, 그리고 기계까지도 "서로 친교하고 공생하고 해방하고 동일"하여야 한다고 강조한다. 또한 "한울"의 세계와 "화엄"의 세계를 이루어야 함을 요구한다. 물론, '한울'은 천도교에서는 '우주의 본체'를 이르는 말이다. 그러나 여기에서는 모든 생명체와 생명체가 아닌 것까지도 모두 품을 수 있는 사람을 뜻한다고 볼 수 있다. 이러한 사람으로 살기 위해 '화엄'의 세계, 즉 만행萬行과 만덕萬德을 닦아 덕과德果를 장엄하게 해야 한다는 것을 그는 강조하고 있다. 이렇게 시인은 두타산의 역사, 나아가 한국의 불행한 역사를 풀어나갈

---

75) 김선태, 「한국 생태시의 현황과 과제」, 『비평문학』 28호, 한국비평문학회, 2008, 19쪽.
76) 김지하, 『생명과 평화의 길』, 문학과지성사, 2005, 138쪽.
77) 『검은 산 1』, 14-15쪽 참조.

숙제에 대해 결론적으론 "생명의 물결"이라는 해답을 얻는다. 이것은 "생명운동이 바로 죽임과 살림의 대결"[78]이라는 그의 지론과도 맞닿아 있다.

> 잔잔한 풀 위에 바람 흔들림이
> 이마 위에 그늘지는 것을
> 알겠는가
> 묻는 나는 모른다
> 잔잔한 풀 위에 바람 흔들림이
> 너의 머리 속에서 파고 있는
> 홈의 뜻을 아는가
> 피는 피를 부르고
> 바람은 낮게 속삭이며
> 물과 함께 먼 길을 가더라
>
> 내 눈에 타는, 밤새 타는
> 이상한 핏발
> 이제 나는 안다
> 돌의 역사를
> 돌의 신음의 역사를.
>
> —「문깐재」 전문

> 고목에 기대 서서
> 고목을 생각하자
> 고목에 기대 서서만
> 고목을 생각하자
> 고목에 기대 설 때만
> 고목을 생각하자
> 불타 죽은 나무
> 나무의 혼을.
>
> —「고사목」 전문

「문깐재」는 산성의 문(門)이 있던 곳이다. 이곳은 왜병을 감시하던 산성 입

---

78) 김지하, 『생명학 1—생명사상이란 무엇인가』, 화남, 2003, 253쪽.

구로 피를 많이 흘렸던 장소이다. 불행한 역사를 지닌 곳이기에 시적 자아의 내면은 "이마 위에 그늘지는" 것을 통해 형상화 된다. 이 시에서 시적 자아의 내면의식의 연원은 '바람, 그늘, 홈, 피, 핏발, 신음' 등의 어휘들을 통해 방향성을 상실하고서 절망하는 불안한 태도를 드러낸다. 그것은 곧 절망적인 현실 상황을 형상화한 것이다. 시적 자아는 "그늘"이 어디에서 오는가에 대해 자문해 본다. 하지만, 시적 자아는 이내 그것이 '원한'에서 온다는 해답을 얻는다. 이는 "너의 머리 속에서 파고 있는/ 홈의 뜻을 아는가/ 피는 피를 부르고"라는 표현에서 알 수 있다. 이어서 시인이 이러한 역사가 영속성을 가지고 있음을, "물과 함께 먼 길을 가더라"고 토로한 부분에서, "이제 나는 안다"라고 외치는 부분에서 드러낸다.

이것은 시인이 "돌의 신음" 소리를 들었기 때문에, 세상에 알리고자 하는 열망에서 오는 외침이다. 사실 '돌'은 '신음' 소리를 낼 수 없는 무생물이다. 「문깐재」에서는 돌이 자연물로만 존재하는 게 아니고, 피 흘린 인간의 역사와 함께 남아 있다. 그러하기에 시인은 「문깐재」의 결미에 와서 '돌'에게 생명을 주고자 한다. 이는 현실에 대한 슬픔과 좌절로 인한 비극적 인식이 자연과의 화해를 통해 극복하려는 시적 자아의 태도일 것이다. 「문깐재」에서 "돌의 신음"에 생명을 부여한 것과 같이 시인은 「고사목」에서도 "나무"에 생명을 주고자 한다. 시적 자아는 생명의 싹을 틔울 수 있는 것은 "고목에 기대 서서", "고목에 기대 서서만", "고목에 기대 설 때만"이라고 강조한다. '기대다'는 것은 서로 힘이 되어 줌을 의미하는데, 이러한 언술은 시인의 체험을 생생하게 전달해 주는 장치로 사용되고 있다. 또한 고사목과 인간의 구원을 향한 영원한 갈망을 적절히 연결시켜 준다.

뿐만 아니라, 「두타산」에서도 이러한 정황이 드러난다. "쓸데없는 소리 말라/ 산이 산을 그리워하던가"하고 화해의 도정을 위한 생명성은 겉으로 드러나는 두타산의 실체가 아님을 토로한다. 그것은 바로 인간 중심, 곧 마음의 실체[79]라는 추측이 가능해진다. "쓸데없는 소리 말라/ 사람만이 사람을 그

---

79) "……검은 어둠 속에서 피어오르는 흰 담배연기 속으로 한 가지 분명한 사실이 떠올랐다. 내가 시인이라는 사실이었다. 그것을 새삼 깨달은 것이다. 시인이 무얼하는 사람인가? 아! 나는 외쳤다. 내가 찾고 있는 해답이 나의 직업 안에 들어 있었다. 내 의문은 바로 이것이었다. 아무리 풀뿌리 지역운동, 생명운동을 하고 변혁운동을 해서 사회를 바꾸어놓는다

리워한다"라는 언술을 보더라도 인간은 두타산이라는 공간 속에서 그 중심에 놓여 있다. 「두타산」에서의 "그리워한다"는 언술이나 「고사목」에서의 "기대 서서"라는 언술에서도 서로 도우며 살아가야 할 화해의 도정이 그려진다. 인간은 육체와 정신을 가진 이원적 존재이다. 육체적 속성은 버리고 초월적인 세계의 자유를 갈망하는 시인은 죽음 체험 이후 '검은 산'을 통해 생명의 의미를 다시금 되새기고 있다. 이런 생명에 대한 자신의 의식은 자신을 돌아보는 것을 넘어서 공동체 운명의 삶에 대해서도 관심을 가진다. "이것은 절대 지상 철학이다/ 나는 이것을 두타산에서 배웠다"고, 고백한 그의 시 「두타산」에서도 확인할 수 있다.

5. 맺음말

김지하의 『검은 산 1』의 제2부 '검은 산—무릉계에서'는 강원도 동해시의 두타산을 지역적 범주로 창작한 시편들이다. 여기에 실린 13편의 시들은 그가 1980년 12월 출옥 후 처음으로 포착된 문학적 공간으로서의 특성을 지니며, 지역문학장의 시편들과는 차별화된 양상을 보여주는 작품이라는 데에 그 의의가 크다. 지역 시인들의 작품 속에서는 두타산 무릉계곡이 신성한 초월적 공간과 심미적 공간, 그리고 안식의 공간으로 간파되거나, 삶의 터전으로서의 개인적인 당면문제만 나타나고 있는데,80) 김지하의 시편들은 두타산 무릉계곡에서 자행된 '죽음'과 '죽임'의 역사에 생명성을 부여하였다.

민주투사의 상징과도 같은 존재로, 실존의 극단을 체험한 김지하는 제2부에서 두타산 무릉계곡의 참혹한 고통과 죽음의 역사를 저항의식의 아나키즘적 사고관으로 접근하였다. 파행적인 질곡의 역사에 정면으로 응전하며, 극복의지와 다짐의 양상을 보여주었는데, 그것은 김지하가 두타산을 하나의 관념만으로 시 창작을 한 게 아니라 두타산의 생명성에 귀 기울였던 장본인이기 때문이다. 김지하에게 있어 죽임의 역사는 단순히 인간 세계를 탈피한다

하더라도 '마음보'가, 정신이, 넋이 바뀌지 않으면 소용없다는 것이었다." 김지하 『흰 그늘의 길 3』, 학고재, 2003, 325쪽.
80) 권석순, 앞의 논문 참조.

는 데에 있지 않았다. 진정한 존재로 다시 태어날 수 있다는 시인의 의지는 여러 시편의 결미에서 시어 "물"로 드러내었다. "물"은 피로 바쳐진 두타산 무릉계곡의 역사가 새로운 존재로 전환될 때 겪어야 할 생명의식을 상징하고 있다. 그러므로 "물"은 김지하가 지향하는 생명성의 발현이다. 생명으로 환원하기 위한 현존재는 두타산 무릉계곡의 역사가 새로운 존재로 전환될 때 겪어야 할 생명의식을 상징하고 있는 것이다. 김지하는 두타산의 역사, 나아가 한국의 불행한 역사를 풀어나가기 위한 답을 "생명의 물결"로 응축하고 있다. 이것은 죽임과 살림의 대결이 생명 운동이라는 그의 지론과도 맞닿아 있다. 초월적인 세계의 자유를 갈망하는 그는 죽음 체험 이후 '검은 산'을 통해 생명의 의미를 다시금 되새기고 있는 것이다. 이런 생명에 대한 의식은 자신을 돌아보는 것을 넘어서 공동체 운명의 삶에 대한 관심이라고 볼 수 있다. 인간은 살아가는 존재이므로, 생명은 소망을 갖고 있고, 또 그 소망을 위해 삶이라는 도정을 거치기 때문이다.

 요컨대, 두타산을 무대로 창작한 김지하의 『검은 산 1』의 제2부 '검은 산—무릉계에서'는 시인의 억눌린 삶의 궤적이 녹아져 있다는 점, 그리고 그 두타산은 우리 시대의 수난기에 포착된 공간이라는 점에서 중요한 가치를 지닌다. 나아가 두타산을 소재로 한 김지하의 시편들은 그가 일관되게 추구하고 있는 생명운동과 맞닿아 있다는 점에서도 유의미하다.

「최생우진기」의 '신선체험' 공간

— 두타산무릉계곡의 명소를 중심으로

I. 머리말

「최생우진기崔生遇眞記」[1])는 신광한(企齋 申光漢, 1484~1555)이 두타산頭陀山의 신비한 경관에 도취되었던 경험을 토대로 창작하였음이 드러나는 고소설이다. 이 소설은 신광한의 작품집『기재기이企齋記異』[2])에 수록된 네 편 가운데 하나이며, 이 작품 속에서는 임영臨瀛[3]) 땅의 최생崔生[4])이라는 주인공이 신선체험을 한 장소가 바로 두타산무릉계곡이다. 특히 최생이 신선체험을 한 장소가 두타산무릉계곡의 명소인 학소대, 용추폭포, 신선봉 등과 일치한다는 점이 주목된다.

여기에서 소설「최생우진기」의 도입 부분을 제시하면 다음과 같다.

진주부眞珠府 서쪽에 두타산이 있는데, 산의 형세가 북쪽으로는 금강산

---

1) 장효현 외,『傳奇小說 : 校勘本 韓國漢文小說 1』, 高麗大學校 民族文化研究院, 2007, 125쪽 -126쪽 참조.
 현전하는「최생우진기」의 이본은 세 가지가 있는데, 본고에서는 고려대 소장의『企齋記異』(晚松文庫本·영인)를 기준본으로 삼는다.「최생우진기」는 고려대 소장의 목판, 규장각奎章閣 소장의 필사본, 일본 천리대天理大 금서용문고今西龍文庫 소장의 필사본이 있는데, 고려대본은 신광한이 작고하기 전(1553년 7월 18일)에 간행된 것으로, 떠돌아다니는 사본을 교정하여 간행하게 되었다는 언급이 있어, 학계에서는 주로 고려대본을 대상으로 연구가 이루어지고 있다.
2)『기재기이企齋記異』는 저자 자신의 신변을 소재로 한 창작집으로, 몽유록계 소설양식과 의인화 기법의 계승인「안빙몽유록安憑夢遊錄」, 가전체 문학의 우의적 기법을 수용한「서재야회록書齋夜會錄」, 액자 구성의 창조적 변용을 보여준「최생우진기崔生遇眞記」, 전기문학의 흥미성과 부활 모티프의 차용이 드러나는「하생기우전何生奇遇傳」이 있다.
3) 강릉의 옛 이름
4)『企齋記異』(晚松文庫本·영인), 51쪽.
 臨瀛有崔生者
 『企齋記異』(晚松文庫本·영인), 60쪽.
 臨瀛崔某

을 당기고 남쪽으로는 태백산으로 이어져 있다. 하늘과 맞닿아 하늘을 가로질러 나누는데, 그 동쪽이 영동嶺東이 된다. 서산西山의 높이는 얼마나 높은지 알 수가 없다. 그 사이에 골짜기가 있고 그 골짜기에 못이 있는데, 그 깊이는 알 수가 없었다. 못 위에는 현학玄鶴의 둥지가 있는데, 언제부터 있었는지 알 수가 없었다. 이곳을 학소동鶴巢洞이라고 부르기도 하고 용추동龍湫洞이라고 부르기도 한다.5)

위의 인용문에서 알 수 있듯이, 소설「최생우진기」는 시작부터 "진주부眞珠府"6) 서쪽에 "두타산"이 있다고, 실제 명칭을 들고 있다. 뿐만 아니라 여기에 나오는 "학소동", "용추동"은 '학소대'를 거쳐서 '용추폭포'로 오르는 계곡으로 오늘날에도 불리고 있는 명칭이다. "그 깊이는 알 수가 없었다"고 제시한 못은 바로 '용추폭포'임이 자명하다.「최생우진기」는 동해시의 두타산 무릉계곡을 배경으로 창작한 최초의 고소설로, 두타산무릉계곡의 장소 명칭을 그대로 드러내었다는 점에서 유의미하다고 하겠다.

더욱이「최생우진기」가 수록된『기재기이』는 한국문학사에서도 중요한 위치를 차지하고 있는 작품집이다. 또한 이 작품들은 전대 서사문학의 양식들을 다채롭게 변용하고 있으면서도, 다음 시기의 전기소설의 변화를 예고하는 특성들이 나타난다는 점에서 소설사적으로 중요한 의의를 지니고 있다.7) 조선 초기『금오신화金鰲新話』는 한국 고소설사에서 최초의 전기소설傳奇小說로 평가받고는 있지만, 작자 김시습(金時習, 1435~1493)의 생존 당시는 물론, 그 후에도 간행되었다는 기록은 문헌에 나타나지 않고 있다. 반면 신광한의『기재기이』는 생존 당시인 1553년 7월 18일에 목판으로 단독 간행되었다는 점

---

5)『企齋記異』, 위의 책 50쪽.
　眞珠府之西 有山曰頭陀 山之勢 北控金剛 南挹太白 其磅礴穹窿中豁天衢者 界爲嶺東 西山之高 不知其幾仞也 其間有洞 洞有湫焉 不知其深幾丈也 湫之上 有玄鶴巢焉 不知其來幾年也 或名鶴巢洞 或名龍湫洞
6) 삼척의 옛 이름. 두타산 무릉계곡은 현재 동해시에 위치하고 있다. 동해시는 1980년에 삼척군 북평읍과 명주군 묵호읍이 합쳐진 도시다.
7) 장효현 외, 앞의 책, 124쪽-125쪽 참조.
　정용수,「조선조 한문소설」,『고소설의 사적전개와 문학적 지향』, 보고사, 2000, 36쪽 참조.
　「최생우진기」는 전기소설의 전통을 이어받고 있다. 또 한편, 흥미 자체를 추구하려는 성향 있는데, 이것은 다음 시기에 나타난 특성이다.

에서도 매우 중요한 의미를 지닌다.8)

하지만 「최생우진기」가 수록된 『기재기이』는 우리 문학사에서 중요한 위치를 차지하면서도 조명을 받지 못하였다. 물론 신광한의 문집이 희귀하여 연구자들이 작품을 접할 기회가 흔치 않았을 뿐만 아니라 그에 관한 기록들이 그리 많지 않았다는 점에서도 소홀했다고 볼 수 있다. 그러나 최근에 와서 신광한의 『기이기재』가 발견되고 검토9)되면서 문학사적 위치를 재조명해 볼 필요성이 요구되고 있는 현재에 이르렀다.

이렇게 신광한의 작품집 『기재기이』에 대하여 학문적 관심이 높아지면서, 이에 따라 「최생우진기」에 대한 연구10)도 점차 이뤄지고는 있지만, 대다수는 작품의 내용과 구조적인 측면만을 조명하고 있다.11) 하지만 「최생우진기」는 두타산무릉계곡을 배경으로 창작한 고소설로서, 동해시의 소중한 문화유산으로 자리매김할 수 있는 소지가 크다. 최근에는 문화가 어떻게 생산되고 소통되는가, 어떤 집단에서 어떤 의미들을 공유하고 이와 같은 상호 작용 속에서 나타나게 되는 현상들은 무엇인가에 관심을 갖기 시작했다.12) 이제 문화는 단순히 삶의 방식뿐만 아니라, 의미의 생산과 순환에 가치를 부여할 시

---

8) 소재영, 『企齋記異硏究』, 고려대학교 민족문화연구소 출판부, 1990, 1쪽.
9) 위의 책, 5쪽.
10) 「최생우진기」의 연구 실적물은 다음과 같다.
    소재영, 「申光漢의 崔生遇眞記 攷」, 『숭실어문』 5, 숭실대학교 숭실어문연구회, 1988.
    소재영, 「崔生遇眞記」, 『企齋記異 硏究』, 고려대학교 민족문화연구소 출판부, 1990.
    문범두, 「崔生遇眞記의 構造와 意味」, 『어문학』 72, 한국어문학회, 2001.
    유정일, 「崔生遇眞記 연구」, 『어문학』 83, 한국어문학회, 2004.
    권석순, 「기재 신광한의 崔生遇眞記에 관한 일고」, 『江原道民俗學』 20, 강원도민속학회, 2006.
    김현화, 「崔生遇眞記의 禪小說的 美學」, 『어문연구』 57, 어문연구학회, 2008.
    최재우, 「崔生遇眞記의 특성 연구」, 『연세학술 논집』 32, 연세대학교대학원총학생회, 2008.
    김현화, 「최생우진기의 배경 묘사 양상과 기능」, 『한국언어문학』 87, 한국언어문학회, 2013, 121-148쪽.
11) 김현화, 「최생우진기의 배경 묘사 양상과 기능」, 위의 논문, 123쪽.
    최근에 발표된 이 논문은 「최생우진기」에 대한 선행 논문을 살펴보면서, 작품의 배경 묘사에 대한 집중적 조명에 대한 연구는 아직 미흡하다고 밝혔다.
12) 주디 자일스 외, 정성희 역, 『문화학습』, 동문선, 2003. 35쪽 참조.
    "문화를 특수한 삶의 방식으로 묘사하는 '사회적' 정의는 예술과 학문 속에서 뿐 아니라 제도와 보통의 행위 속에서도 특수한 의미와 가치를 표현한다.(…중략…) 그 속에서 지적이고 상상력 있는 작품들은 특수한 전통과 사회들의 관계에서 분석된다."

점에 이르렀다.

따라서 본고는 신광한의 「최생우진기」가 현존하는 고소설로서 동해시의 두타산무릉계곡을 배경으로 하고 있는 단 하나의 고소설이라는 점에 주목한다. 특히, "고전문학 중에서도 고소설古小說은 우리 선조들의 생활 모습과 삶의 지혜智慧가 담긴 서사문학敍事文學이다. 누구나 재미있게 이야기하는 가운데 자신도 모르는 사이에 자기의 정체성을 깨닫게 되고, 새로운 삶의 방향을 잡아가게 되며, 새로운 미래의 생활을 설계設計할 수 있기 때문이다."13) 이와 같은 고소설을 현대적 감각으로 재해석하고 그 정신을 계승하는 것이야말로 현대를 살아가는 우리들의 몫이다. 그러므로 「최생우진기」의 주인공 최생이 '신선체험'을 한 장소를 면밀히 검토하여, 두타산무릉계곡의 명소적 가치를 드높이고자 한다.

Ⅱ. 창작 배경

1. 신광한의 삶

고소설 「최생우진기」의 창작 배경이 두타산무릉계곡이라는 데에는 신광한의 삶과 깊은 관계가 있다. 그는 성종 15년(1484)에 출생하여 명종 10년(1555)까지 살다간 문신이다. 26세(1509)에 문과에 급제하여 승문원권지承文院權知에 보임 받았고, 28세(1511)에는 승문원정자承文院正字, 29세(1512)에는 승문원 홍문관弘文館, 30세(1513)에는 승문원박사承文院博士에 선임되는 등 여러 관직을 두루 거쳤다. 35세(1518)에 특명으로 대사성大司成이 되었으나, 이듬해 (중종 24년)에 일어난 기묘사화己卯士禍에 휩쓸리고 만다.

기묘사화는 조광조(靜庵 趙光祖, 1482~1519) 등의 진보적 젊은 선비를 몰아내어 귀향을 보낸 사건인데, 그 당시 조광조와 친하게 지냈던 신광한은 정치 현실에 회의를 느끼고 중종 15년 37세(1520) 때에 모친을 봉양하기 위해서라는 핑계로 삼척부사14)로 부임되어 두타산과 인연을 맺게 된다. 그는 삼척부사

---

13) 우쾌제,『고소설의 탐구』, 국학자료원, 2007. 17-19쪽 참조.
14) 동해문화원,『東海市 史料集』, 도서출판 학연문화사, 2001, 322-323쪽 참조.
　　『중종실록』권 38, 15년(1520) 정월 13일 / 신광한을 삼척부사로 삼다(원전 15집, 612쪽 참조).

시절 관청에 바쁜 일이 없을 때는 거문고를 뜯고 시문을 읊는데 게을리하지 않았다고 한다.15) 그 이듬해 신광한은 기묘사림己卯士林이라는 이유로 삼척부사에서 체직遞職16)되었고, 39세(1522)에는 모친상을 당하고 만다.

그 후 신광한은 시묘 살이 3년을 끝내고, 41세(1524)부터 여주驪州 원형리元亨里에 살면서 15년간 한거閑居한다. 이를 보아, 『기재기이』에 나오는 「최생우진기」도 이 기간에 써진 것으로 보인다. 신광한은 55세(1538)에 다시 성균관 대사성·대사간에 제수되었고, 이후에도 계속 중요한 관직을 역임하였다. 고소설 「최생우진기」가 수록된 『기재기이』는 신광한이 1553년 명종 8년 7월 18일 70세가 되던 해에, 신호(申浩, 1539~1597)와 조완벽(趙完璧, ?)에 의해서 목판으로 출간되었다. 그는 71세(1555)에야 모든 관직을 사임하고, 그해 11월 2일에 세상을 떠나고 만다.

따라서 「최생우진기」는 신광한이 삼척부사 시절을 바탕으로 창작하였음이 드러나는 소설이다. 그가 정치 현실에서 벗어나기 위해 삼척부사의 외직을 원했던 만큼, 자연경관이 수려한 두타산 무릉계곡은 신광한에게 정신적인 영향과 문학적 상상력을 제공한 것으로 보인다. 게다가 신광한이 두타산을 찾은 때는 그 자신 정치 현실을 떨어버리려는 의미 있는 시기로, 두타頭陀라는 용어가 주는 의미와도 부합된다. '두타'는 범어梵語에서 유래한 불교 용어로, '버린다, 닦는다, 떨어버린다, 씻는다' 등의 뜻을 담고 있기 때문이다.17) 이에 따라 두타산 용추 동굴을 통해 동해의 용왕과 신선들을 만나고 다시 현실로 돌아오는 「최생우진기」의 주인공 최생의 삶에서도 작자 신광한의 삶을 엿볼 수 있다.

2. 「용궁부연록」과의 연관성

『기재기이』의 「최생우진기」는 『금오신화金鰲新話』의 「용궁부연록龍宮赴宴錄」과 주인공이 용궁체험을 한다는 점에서 유사하다.18) 김시습이 금오산金鰲山

---

15) 소재영, 앞의 책, 11쪽.
16) 동해문화원,『東海市 史料集』, 앞의 책, 329쪽.
 『중종실록』권 42, 16년(1521) 9월 28일(원전 16집, 64쪽 참조).
17) 동해문화원,『東海市 地名誌』, 도서출판 학연문화사, 2000, 225쪽 참조.
18) 최윤식,『한국 고소설 연구』, 보고사, 1997, 168쪽.
 최윤식, 「고소설의 형성 및 전개 양상」,『고소설의 사적 전개와 문학적 지향』, 보고사,

에서 『금오신화』를 창작한 연대(1465~1470)와 신광한이 『기이기재』를 창작한 연대(1553)[19]를 본다면, 약 80년의 간격이 생긴다. 여기에서 신광한은 『금오신화』를 한 번쯤은 읽었을 것이라는 추측이 가능해진다. 또한 신광한의 조부인 신숙주(申叔舟, 1417~1475)는 김시습(金時習, 1435~1493)과 동시대를 살다간 사람일 뿐만 아니라, 두 가문은 내왕하는 사이[20]였고, 김시습이 신광한에 앞서 강원지역을 편력[21]했다는 점도 무관하지 않을 것이다.

「최생우진기」와 「용궁부연록」에서 주인공의 용궁체험을 비교해 보면 다음과 같다.

구분(내용)	「최생우진기」	「용궁부연록」
주인공	최생(崔生)	한생(韓生)
배경	진주부(眞珠府), 두타산(頭陀山)	송도(松都), 천마산(天磨山)
용왕과의 면담	자청하여 용왕을 만남	초대 받아 용왕을 만남
용궁을 찾아가게 된 동기	진경의 소문을 확인하기 위한 목적	상량문을 지어주기 위한 목적
용궁에서 지은 시(詩)	용궁회진시(龍宮會眞詩)	가회각(佳會閣)의 상량문(上樑文)
용궁에서 만난 신선	동선(洞仙), 도선(島仙), 산선(山仙)	조강신(祖江神), 낙하신(洛河神), 벽란신(碧瀾神)
용왕에게 받은 선물	아무 것도 받지 않음	명주(明珠), 빙초(氷綃)
선계에서 돌아오는 방법	현학(玄鶴)을 타고 옴	사자(使者)에게 업혀 돌아 옴

여기에서 「최생우진기」는 「용궁부연록」과 구조상에서 유사한 점이 드러난다. 두 작품의 종결 부분인 최생의 '其後 生入山採藥 不知所終'과 한생의 '生不以名利爲懷 入名山不知所終'에서도 구조는 거의 같다. 결국 주인공들이 선계에서 돌아왔지만, 현실에 관심을 두지 못한 부분은 유사한 점이라고 할 수 있다.[22] 그러나 「최생우진기」는 "작품의 공간적 배경 그리고 용궁에서의 환대에 이르는 구조적 유사성 외에, 작자가 한때 진주부에 부임했던 경험적 사건과 배경이 상관성을 갖고 있고 증공선사라는 제3자가 개입하고 있다는 점, 귀환 시 연명의 단약을 받아 봉래재회를 약속하는 신선사상이 곁들어 있

2000, 13쪽.
19) 『企齋記異』 간행 발문에는 '時嘉靖紀元之三十二年'으로 명기되어 있다.
20) 소재영, 앞의 책, 62쪽 참조.
21) 장정룡, 「매월당 김시습의 설화적 형상화」, 『강원도 민속연구』, 국학자료원, 2002, 42쪽.
22) 설중환, 『금오신화 연구』, 고려대학교 민족문화연구소 출판부, 1983, 188-189쪽 참조.
  덧붙여 설중환은 「용궁부연록」의 결미에 대하여 "자신을 알아주지 않는 의식세계를 버리고, 자신의 능력을 인정해 주는 무의식세계로 영원히 돌아간 것이다."라고 밝혔다.

다는 점 등의 독창성도 「용궁부연록」보다 발전된 표현 기법을 보여주고 있다."23)

이렇게 볼 때, 「최생우진기」의 창작배경에 「용궁부연록」의 영향을 받았다는 짐작은 가능하다. 두 작품 모두 주인공이 용궁체험을 한다는 점에서 도선사상과의 관련도 유사하다. 그러나 「용궁부연록」의 한생이 용왕의 초대에 의하여 신선체험을 하는 반면, 「최생우진기」에서는 최생이 신선체험을 하기 위해 직접 용궁을 찾아간다. 이 부분에서 작자 신광한의 도선사상에 대한 깊이가 남다르다는 것을 알 수 있다. 무엇보다도 「최생우진기」는 신광한의 생애와 관련하여 두타산 무릉계곡이 '신선체험'의 명소로서, 그 가치를 부여하고 있다고 할 것이다.

Ⅲ. 「최생우진기」의 구조와 전개

작품 「최생우진기」의 구조를 현실세계와 비현실 세계로 나누어 보면 다음과 같다.

구 분	번호	내 용
현실(두타산)	①	최생은 두타산 무주암無住庵에서 지낸다.
	②	증공證空 스님의 인도로 두타동굴의 용추에 갔던 최생은 벼랑 아래로 떨어지고 만다.
	③	혼자 무주암으로 돌아온 증공은 노스님에게, 최생이 세상 풍정을 억제하지 못하고 마을로 내려갔다고 거짓말을 한다.
	④	여러 달 후, 최생은 현학玄鶴을 타고 돌아와 자신의 신선체험을 들려준다.
비현실(용궁)	⑤	벼랑에서 떨어져 동굴을 따라 들어간 최생은 용궁으로 들어가 용왕을 만난다.
	⑥	최생은 연회에 초대되어 온 동선洞仙·도선島仙·산선山仙과 함께 어울려 용궁회진시龍宮會眞詩 30운韻을 써서 화답한다.
	⑦	최생은 동선에게서 목숨을 연장하는 선약仙藥을 받고 10년 후에 봉래도蓬萊島에서 만날 약속을 하고 작별한다.
현실(두타산)	⑧	최생은 현학을 타고 무주암으로 돌아온다.
	⑨	그 후, 최생은 입산하여 약초를 캐며 살았는데, 어떻게 생을 마친 바는 알지 못하고, 증공은 늙도록 무주암에 살면서, 최생의 신선체험을 자주 말했다고 한다.

---

23) 김광순, 『韓國古小說史』, 국학자료원, 2001, 158쪽.

1. 현실: 두타산 무릉계곡에서의 삶

「최생우진기」에서 주인공 최생의 주된 내용은 용궁에서의 연회지만, 용궁과는 직접 관련되지 않는 도입부가 작품 전체의 1/3을 차지한다.[24] 도입부는 두타산 무릉계곡의 산세와 풍광을 묘사하고 있는데, 이는 작자가 두타산 무릉계곡의 수려한 자연을 독자들에게 보여주기 위한 의도라고 볼 수 있다. 작품 속에서의 현실은 표 ①~④, ⑧~⑨에 나타난다.

최생은 강릉사람으로, 산수 유람을 좋아하는 성격의 소유자다. 그는 증공선사證空禪師와 함께 두타산의 무주암無住庵에 우거寓居한다. 하루는 청낭비결靑囊秘訣[25]을 읽던 최생이 증공에게 "내가 이곳에서 태어나고 이곳에서 자라면서 이 산을 아주 익숙히 알 정도로 구경 다녔는데, 꼭 한 군데 가보지 못한 곳이 용추동입니다."[26]라고, 지금껏 못 가본 용추에 함께 가자고 청한다. 그러자 증공은 두타산에 들어온 지 21년이 지난 지금까지, 그 자신도 용추 골짜기를 보려면 벼랑 끝머리의 흔들거리는 반석 하나를 디뎌야 하기 때문에 위태로워서 엄두를 낼 수 없었다고 말린다. 아무리 만류해도 최생이 간곡히 부탁하자, 증공은 그를 벼랑으로 인도한다.

용추동에 이른 최생은 증공이 알려 준 반석 위에 평탄한 길을 밟는 듯 쉽게 올라선다. 반면 증공은 땅에 얼굴을 묻고 식은땀을 흘리며 벌벌 떨고 있는, 최생과는 대조적인 모습을 보여준다. 이는 주인공 최생이 현실 속에서도 비범한 면모를 지닌 인물임을 내비친 작자의 의도라고 볼 수 있다. 한편 손가락을 가리켜 어느 곳에 학소鶴巢가 있고, 어느 곳에 용추龍湫가 있다고 말하던 최생은 순식간에 증공의 눈앞에서 사라진다.

증공은 깜짝 놀라 최생을 부르며 통곡하다가 홀로 무주암에 돌아와서 노승에게 최생이 세상의 풍정風情을 이기지 못하고 산 아랫마을을 오르내렸는데, 창기娼妓에게 이끌려 산 아래로 내려갔을 것이라고 속인다. 증공에게 거

---

24) 신상필, 「기재기이의 성격과 위상」, 『묻혀진 문학사의 복원』, 소명출판, 2007, 242쪽.
25) 신광한, 박헌순 역, 『企齋記異』, 범우사, 1990, 109쪽 참조.
  청낭비결靑囊秘訣은 중국 후한 말기의 화타華陀가 저술한 의서醫書로 오늘날 전하지지 않았다고 한다.
  오행五行, 천문天文, 복서卜筮 등에 대한 비법이 적혀있는 책이다.
26) 『企齋記異』, 51쪽.
  吾生長此地 有此山勢 所不討者 獨龍湫洞

짓말을 하는 부분은 증공이 최생을 죽였을 것이라는 의혹과 함께 이 작품의 긴장감을 증폭시킨다. 이러한 흥미 추구의 서사적 전개는 이전의 전기소설에서는 볼 수 없었던 요소라고 할 것이다.

용궁체험을 한 최생이 현학을 타고 두타산 무릉계곡으로 돌아온 것은 그로부터 몇 달이 지난 후이다. 스님들을 불러 증공에 대한 의심을 풀어주고, 자신의 용궁체험을 증공에게만 술회한다. 그 후, 최생은 입산하여 약초를 캐며 살았는데, 생을 마친 바는 알 수 없다고 한다. 이와 같은 결미에서, 신선체험을 한 최생이 현실에서 살지 못하고, 신선세계를 동경하며 살았을 것이라는 추측이 가능해진다.

2. 비현실: 용궁체험

최생의 신선체험은 ⑤~⑦에서 드러난다. 최생이 벼랑 아래로 떨어져 정신을 차렸을 때는 담요를 펼쳐놓은 것처럼 평평한 나무 위였다. 최생이 나뭇잎을 헤치고 아래로 내려다보니, 그 아래는 온통 푸른 물이었다. 벼랑 쪽을 향해 기어오르던 최생은 절벽 아래에서 용추동굴龍湫洞窟을 발견한다. 굴을 따라 수십 리쯤 가서야 벗어나는데, 최생은 성문城門을 발견하면서, 그때 자신이 인간 세상이 아닌 신선세계에 들어왔다는 걸 깨닫는다.

「최생우진기」에서는 성문을 지키는 두 사람이 이무기 머리에 움푹 들어간 눈을 가졌으며, 등짝은 자라와 같고 몸은 상어와 같은 사람으로 묘사되어 있다. 이는 최생이 용추동굴을 통과하여 용궁에 들어갔음을 나타내는 부분이다. 최생은 용기를 내어, "임영에 사는 최아무가 너희 왕을 만나러 왔으니, 너희는 급히 보고해 아뢰어라."27)고 말한다. 그리하여 조종전朝宗殿의 청령각淸邢閣으로 안내되는데, 그곳에는 이미 동선洞仙·도선島仙·산선山仙의 삼선이 초대되어 있었다.

최생은 그들과 함께 현부玄夫28)와 개사介士29)의 노래와 춤으로 즐겁게 지낸다. 그리고 용왕의 권유로 용궁회진시龍宮會眞詩 30운韻을 써서 화답한다.

---

27) 『企齋記異』, 60쪽.
　　臨瀛崔某 欲謁爾王 爾輩急宣報達
28) 신광한, 박현순 역, 앞의 책, 110쪽. 거북이를 말한다.
29) 위의 책, 같은 쪽. 게나 가재 같은 갑각류를 말한다.

최생은 "신선 땅을 우연히 엿보다가, 천 길 낭떠러지에 떨어져…(중략)…여러 신선이 신령하게 모여"30)있는 자리에 자신도 함께하고 있다는 것을 노래하였는데, 이것은 최생이 용궁체험을 하고 있음을 보여주는 부분이라고 할 수 있다. 최생이 이렇게 용궁에 관심을 보이는 것을 알게 된 동선은 자신도 인세人世에서 왔음을 알리고는, 최생에게 목숨을 연장하는 선약仙藥을 주며 10년 후에 봉래도蓬萊島에서 만나자고 약속을 한 후 작별한다.

최생은 용궁을 나와 학을 타고 인간세계로 돌아온다. 증공을 만난 최생이 "나는 이것이 단지 하루 사이의 일인 줄 알았는데, 벌써 몇 달이나 지났단 말입니까?"31)라고 말하는데, 이것은 신선세계가 갖고 있는 시간의 초월성을 강조한 부분이라고 할 수 있다. 이렇게 최생은 신선체험을 마치고 몇 달 만에 두타산무릉계곡으로 돌아오게 된 것이다.

Ⅳ. 작품 속에 나타난 '신선체험'의 명소

1. 용추폭포·학소대

작품 「최생우진기」에서는 장소의 명칭뿐만 아니라 두타산무릉계곡의 명소가 구체적으로 묘사되고 있다. 본고가 이미 앞에서 밝힌 바와 같이, 「최생우진기」는 도입부부터 두타산의 위치를 알려주고 있다. 두타산은 진주부의 서쪽에 있으며, 북쪽으로는 금강산, 남쪽으로는 태백산으로 이어져 있고, 두타산의 동쪽 지역을 영동嶺東이라고 불린다고 설명하였는데, 이에 덧붙여 용추폭포를 묘사한 부분은 다음과 같다.

> 서산西山의 높이는 얼마나 높은지 알 수가 없다. 그 사이에 골짜기가 있고 그 골짜기에 못이 있는데, 그 깊이는 알 수가 없었다. 못 위에는 현학玄鶴의 둥지가 있는데, 언제부터 있었는지 알 수가 없었다. 이곳을 학소동鶴巢洞이라고 부르기도 하고 용추동龍湫洞이라고 부르기도 한다. 이

---

30) 『企齋記異』, 66쪽.
   眞源偶一窺 飛下千仞岡…(중략)…"群仙作靈會
31) 『企齋記異』, 76-77쪽.
   吾謂比只一日之內也 今己數月乎

세상에서는 이곳을 가리켜 진경眞境이라고 하는데, 그 근원을 찾아본 사람은 아무도 없었다.32)

「최생우진기」에 묘사된 이 장면에서는, 두타산무릉계곡이 인간으로서는 감히 범접할 수 없는, 마치 신선이 노닐 진경임을 드러내었다고 하겠다. 여기에서, "골짜기 속에 못"은 현재의 '용추폭포'를 말한다. "이곳을 가리켜 진경眞境"이라고 한 부분에서는 두타산무릉계곡이 예부터 널리 알려진 명소였다는 것을 알 수 있다. 그리고 또 하나 간과할 수 없는 것은, 작자 신광한이 살았던 500년 전에는 두타산무릉계곡에 학鶴이 많이 서식했다는 점이다. 이것은 지명에서도 드러나는데, 용추폭포 상탕의 신선봉과 마주하고 있는 자리가 '학등鶴嶝'33)고개, '학소대鶴巢臺'34)에서 용추폭포로 이어지는 골짜기가 용추동, 또는 '학소동鶴巢洞'이라고 불리어져 두타산무릉계곡이 학鶴과 관련되어 있음을 알 수 있다. 여기에 대해서는 성암省菴 김효원(金孝元, 1532~1590)의 「두타산일기頭陀山日記」와 허목(許穆, 1592~1682)의 「두타산기頭陀山記」에서도 확인할 수 있다.

① 동석動石이라고 부르는 것은 바위가 만장萬丈이나 되는 높은 낭떠러지에 걸려 있기 때문인데, 두드리니 '등등' '갱갱' 하는 소리가 났으며 학이 그 가운데에 둥지를 틀고 있었다. 우뚝 선 절벽의 틈새가 동석과 서로 마주보고 있는 형상이 마치 권자圈子 같았다.
멀리 바라보니 아득하여 내가 적수笛手에게 바위에 기대어 한 곡조 불게 하였더니 갑자기 학이 구름과 푸른 소나무 숲 사이를 배회하다가 우뚝 멈추는 것을 보았는데, 이를 보고 곧 학이 봉호蓬壺와 낭원閬苑에서 거문고 가락을 듣는데 익숙하여 우리들이 오늘 퉁소를 불자 암암리에 이곳에 와 어울린다는 것을 알았다.35)

---

32) 『企齋記異』, 50쪽.
西山之高 不知其幾仞也 其間有洞 洞有湫焉 不知其深幾丈也 湫之上 有玄鶴巢焉 不知其來幾年也 或名鶴巢洞 或名龍湫洞 世指以爲眞境 莫有尋其源者
33) 동해문화원, 『東海市 地名誌』, 앞의 책, 245쪽 참조.
34) 동해문화원, 『東海市 地名誌』, 위의 책, 238쪽 참조.
학소대(鶴巢臺)는 학이 둥지를 틀고 살았다고 하여 붙여진 이름이다.
35) 배재홍, 『문헌·금석문 자료로 본 두타산 무릉계』, 동해문화인쇄사, 2005, 14쪽 참조.

② 학소대鶴巢臺에서 쉬었다. 이곳에 이르니 산의 기세가 더욱더 우뚝하게 높고 험하여 해가 높이 떠올랐는데도 아직 안개가 걷히지 않고 있었다. 이끼 낀 바위에 앉아 폭포를 구경하였는데 그것을 천주암瀸珠巖이라고 하였다. 앞 산봉우리에는 옛날에 학의 둥지가 있었으나, 지금 학이 날아오지 않는 지가 60년이 되었다고 하였다.36)

①은 김효원이 삼척부사로 재직하던 때인 선조 10년(1577) 음력 3월 20일부터 26일까지 일주일 동안 여러 유생들과 함께 두타산무릉계곡을 유람하고 쓴 「두타산일기」에 있는 내용이다. 그리고 ②는 현종 원년(1660)에 삼척부사로 부임했던 허목이 이듬해인 1661년 6월 3일에 쓴 「두타산기」이다.

여기에서 신광한, 김효원, 허목 세 사람이 두타산무릉계곡을 유람한 체험 연대를 살펴보면 다음과 같다.

신광한의 「최생우진기」…1521년
　　　　　　　　　) 56년
김효원의 「두타산일기」…1577년
　　　　　　　　　) 84년
허목의 「두타산기」　…1661년

신광한이 두타산무릉계곡을 유람한 후, 56년이 지난 다음에 김효원이 유람하였고, 허목은 신광한보다 140년 후에 두타산 무릉계곡을 유람했다. ①과 ②의 글에서는 신광한이 창작한 「최생우진기」와 마찬가지로 두타산무릉계곡의 용추폭포와 학소대의 수려한 산세를 묘사하면서 학의 존재를 드러내고 있다. 다만 1600년대에 와서 학은 사라졌지만, 신광한이 유람했을 당시 두타산무릉계곡을 노닐던 학은, 「최생우진기」 속에 고스란히 남아 있음을 알 수 있다.

그러다 보니 신광한의 소설 「최생우진기」에는 빈번히 출현하는 '현학'이 도선적 분위기를 유지하는 기능을 하고 있는 것이다. 특히 최생이 용궁에서 하직 인사를 나누고 돌아선 순간, 현학 한 쌍이 너울너울 춤을 추며 기다리는

---

36) 배재홍, 위의 책, 25쪽 참조.

장면이라든가, 최생이 두타산무릉계곡으로 돌아왔을 때 현학 한 마리가 빙 돌아서 날아가고 있는 장면은, 두타산무릉계곡을 선경의 공간으로 극대화한다. 최생이 용궁에서의 용궁회진시龍宮會眞詩 30운의 마지막에 "피리 불며 학을 타고서 대낮에 옥황상제를 뵈오리"[37]라고 읊은 것과도 무관하지 않다. 이렇게 학은 용추폭포와 학소대를 '신선체험'의 장소로서, 그 가치를 드높이는 요소로 작용하고 있음을 알 수 있다.

2. 신선봉

「최생우진기」에서 주인공 최생의 신선체험은 용추폭포 위에 있는 벼랑의 바위를 밟고 떨어지면서 시작된다. 그 바위가 있던 자리를 오늘날 '신선봉神仙峰'[38]이라고 부른다. '신선봉'이라는 명칭이 김효원의 「두타산일기」나 허목의 「두타산기」에도 나타나지 않은 걸 보면, 그 이후에 붙여진 이름인 듯하다. 임진왜란 때 의병들의 '파수대把守臺'였던 신선봉은 오늘 날, 두타산무릉계곡의 전경을 조망할 수 있는 명소로 자리 잡고 있는데, 이곳을 「최생우진기」에서는 증공의 말을 빌어서 묘사하고 있다.

> 다만, 그 골짜기의 북동쪽에 벼랑 사이로 약간 틈이 있기에 기어 올라가 보니, 벼랑 끝머리에 반석盤石이 하나 있는데, 몇 사람이 앉을 만한 것이었습니다. 발을 올리기만 하면 기우뚱거려서, 비록 아슬아슬한 바위 위에 올라서기를 잘하는 백혼무인佰昏無人과 같은 사람이라고 할지라도 올라서기 어려운 바위였습니다. 이 바위에 올라서는 사람은 이 골짝을 엿볼 수 있습니다.[39]

증공의 말에도 불구하고 최생은 용추 골짜기의 진경을 보기 위해 기우뚱거리는 바위를 딛고 올라섰다가 추락하면서, 용궁으로 들어가게 된다. 여기

---

[37] 『企齋記異』, 67쪽.
　　笙簫擁鶴馭　白日朝玉皇
[38] 동해문화원, 『東海市 地名誌』, 앞의 책, 243쪽 참조.
　　용추폭포 위에 있는 암벽으로 된 해발 438m의 봉우리이다.
[39] 『企齋記異』, 52쪽.
　　但洞之艮方 兩崖微凹 翠綠而上 則崖盡前頭 有盤石可坐數人 步輒傾搖 難能履危石如佰昏者 赤難履此 能履此石者 可窺此洞

에서 「최생우진기」의 작자 신광한은 자신이 살았던 당시에 실제로 있었던 동석을 묘사하였는데, 이 바위가 바로 주인공 최생이 용궁체험을 하기 위해 디뎠던 바위이다. 용추폭포 위의 신선봉 자리에 그 바위가 있었다는 사실은 김효원의 「두타산일기」와 허목의 「두타산기」에서도 살펴볼 수 있다.

① 성문城門40)을 돌아서 동석動石: 흔들바위)에 가니 전후좌우로 철벽鐵壁이 종횡으로 늘어서 있고 맑은 물 흐르는 듯한 백석白石이 띠 모양으로 동쪽과 서쪽으로 둘러싸고 있었다.41)

② 또 그 서쪽 세 개의 석봉石峯은 웅덩이 위의 석봉과 나란히 우뚝 솟아 있었으며 그 가운데 가장 서쪽에 있는 석봉 최정상에는 바위가 움푹 파인 곳이 있었는데 해묵은 이끼가 끼어 있었고 물은 맑았으며 한 자 정도의 노송老松이 서 있었다. 이 세 석봉 모두를 종종 걸음으로 올랐지만 특히 아래를 내려다볼 수가 없었고 또한 발을 나란히 해 서 있을 수 없었다.
그중 가운데 봉우리는 높은 바위가 세 겹으로 되어 있었는데 한 발만 올려도 흔들리기 때문에 동석動石이라 한다고 하였다. 그 아래는 용추龍湫인데 바위가 넘어진 항아리 같았고 그 크기는 골짜기를 뒤덮을 정도였으며 그 속에 고인 물은 매우 검푸르러 고개를 들여다볼 수가 없었다.42)

①은 김효원의 「두타산일기」, 그리고 ②는 허목이 「두타산기」에서 동석을 설명하는 부분이다. 그러나 이 동석은 숙종 7년(1681)에 일어난 지진으로 굴러떨어지고 말았다. 뿐만 아니라 이 지진으로 능파대凌波臺43)의 10여 장丈 되는 촛대바위 하나도 부러졌다는 기록이 『숙종실록』에 있다.44) 원래 이곳은 '용추龍湫'로 불리어졌었는데, 한명회(韓明澮, 1415~1487)가 이곳을 지나다가

---

40) 동해문화원, 『東海市 地名誌』, 앞의 책, 243-244쪽 참조.
　　성문(城門)은 용추 뒤에 있는 '문깐재'를 일컫는다. 이곳에 산성의 문이 있어서 생긴 이름이다. 동석(動石)에 있는 산성이라 하여 일명 동석산성(動石山城)이라고도 한다.
41) 배재홍, 앞의 책, 14쪽에서 인용.
42) 배재홍, 앞의 책, 25-26쪽에서 인용.
43) 추암湫岩해변의 또 다른 이름이다.
44) 동해문화원, 『東海市 史料集』, 앞의 책, 511쪽.
　　『숙종실록』 권 11, 7년(1681) 5월 11일(원전 38집, 529쪽 참조).

'능파대'라는 이름을 지었다고 한다.45)
   이렇게 신선봉에서 용추 골짜기로 추락한 최생은 깎아지른 벼랑의 동굴을 통하여 용궁으로 들어가게 된다. 최생이 찾아간 용궁이 동해에 있다는 사실은, 최생이 용궁에서 읊은 시에서 확인할 수 있다. 다음은 용궁회진시龍宮會眞詩의 부분이다.

> 물은 하늘의 첫째요
> 용은 만물의 왕이로다
>
> 영험한 위엄이 사해에 빛나니
> 동해는 본래 넘실넘실하여라
>
> 천만 세계를 떠 노닐며
> 바다가 **상전벽해**를 보았네46)

   최생은 만물의 왕이 용왕이라는 것을 찬양하면서, 그 위엄이 '동해'에 달함을 노래하고 있다. 또한 '상전벽해'는 중국 진晉나라의 도교 연구가 갈홍(葛洪, 284~363)의 저서인 『신선전神仙傳』의 '왕원王遠' 조항에 "이미 동해가 세 번 뽕밭이 되는 걸 보았다(己見東海三爲桑田)"47)는 데서 나온 말로 '동해'를 지칭한다.
   여기에서는 「최생우진기」의 작자 신광한이 최생의 신선체험 무대를 두타산무릉계곡에서 동해로까지 확대하고 있음을 알 수 있다. 물론 숙종 7년 (1681)에 일어난 지진은 신광한이 두타산무릉계곡을 유람한 해(1521)로부터 120년이 지난 후의 일이지만, '용추' 위의 동석과 추암 촛대바위가 지진으로 함께 떨어졌다는 것은, 「최생우진기」의 주인공인 최생의 행적과 연결고리를 갖는다. 동석은 두타산무릉계곡에 있던 바위였고, 촛대바위는 동해에 있던 바위로, 최생은 두타산무릉계곡의 용추를 통하여 동해의 용왕을 만났기 때문

---

45) 동해문화원, 『東海市 地名誌』, 앞의 책, 347쪽.
46) 『企齋記異』, 65-67쪽.
   水是天之一／ 龍爲物中王// 靈威赫四海／ 東極本洋洋// 浮遊十千界／ 眼見波成桑
47) 신광한, 박현순 역, 앞의 책, 113쪽.

이다. 뿐만 아니라 두타산 정상에서 발원한 물줄기가 '용오름 길'48)을 따라 동해시의 전천箭川으로 유입되어 동해로 흐르고 있으며, 주인공 최생이 용궁체험을 하기 위해 신선봉의 동석에서 떨어져 내린 용추폭포가 근래 부각되고 있는 또 하나의 명소 '용오름 길'의 정점이라는 것도 개연성을 갖고 있다고 하겠다. 이렇게 볼 때 '신선봉'은 주인공 최생이 '용추'의 진경을 보기 위해 찾아갔던 자리로, 최생이 신선체험을 하기 위한 단초를 제공한 장소로서 그 가치를 높였다고 하겠다.

V. 맺음말: 현재로서의 명소적 가치

이상과 같이 본고는 신광한의 「최생우진기」가 동해시의 두타산무릉계곡을 배경으로 한 고소설이라는 점에 주목하였다. 더욱이 「최생우진기」에서는 이 지역의 장소 명칭을 고스란히 드러내놓았는데, 여기에 수려한 산수山水를 찾아다니는 주인공을 내세워서 두타산무릉계곡의 명소적 가치를 드높이고 있다.

소설 「최생우진기」에서는 '학소대', '용추폭포', '신선봉'과 함께 '학'의 출현이 빈번하다는 점도 특이하다. 최생은 용왕을 만난 후에, 두타산무릉계곡으로 돌아올 때도 '현학玄鶴'을 이용한다. 이에 따라 현학은 「최생우진기」에서 두타산무릉계곡의 명소와 동해를 연결하는 매개물로서의 역할을 담당하고 있다고 볼 수 있다.

특히 주인공 최생이 두타산무릉계곡의 진경眞境인 '학소동' 또는 '용추동'을 보기 위해 '신선봉'의 '동석動石'을 밟았다가 용추로 떨어져 용궁체험을 한다는 데에서는, 자연스럽게 '동해'와 연결고리를 갖는다. 비록 작자 신광한이 두타산무릉계곡을 유람한 후의 일이기는 하지만, 소설 속의 주인공 최생이 용궁체험을 하기 위해 밟았던 신선봉의 동석과 동해의 촛대바위 하나가 함께 지진으로 떨어져 버린 것은 무관하지 않기 때문이다.

물론 본고에서 고소설 「최생우진기」에 나타난 장소에 주목하다 보니 두타

---

48) 두타산무릉계곡 반석교 입구의 안내판에는 "용오름 길은 삼화동 초입부터 시작하여 용추폭포에 이르는 길이 6km 무릉계곡을 말한다."고 설명하고 있다.

산무릉계곡의 명소 모두를 대상으로 삼기에 한계가 있었던 것은 사실이다. 이번에 검토하지 못한 명소들은 다음 기회로 남겨두고자 한다. 따라서 본고는 고소설 「최생우진기」를 통하여 두타산무릉계곡의 '용추폭포', '학소대', '신선봉'이 '신선체험'을 할 수 있는, 천혜의 조건을 갖춘 명소로서 한층 더 부각되기를 기대해 본다. 나아가 '동해東海'가 두타산무릉계곡과 연계하여 '신선체험'의 명소로 자리매김할 수 있는 가능성을 열어, 그 가치를 드높일 수 있는 계기가 마련되기를 전망해 본다.

강원문학의 현주소와
문학적 상상력

3부

1. 문학작품에 나타난 '묵호항'의 현주소 … 121

2. 지역문학과 정치적 상상력 …………………… 137
   - 동해·삼척 지역문학을 중심으로

3. 동해지역 '바다시'의 현재와 과거 ………… 155
   - 『동해문학』을 중심으로

강원문학의 현주소와
문학적 상상력

문학작품에 나타난 '묵호항'의 현주소

1. 들어가는 말

동해시 지역문학장에서는 묵호항1)을 소재로 한 작품들이 비중 있게 다루어지고 있다.2) 그 이유는 '동해東海'라는 상징적인 명칭을 달고 탄생한 동해시3)가 지리적으로 바다와 인접하고 있다는 데서 출발한다. 이는 지역문학을 말하는 많은 이들이 공감하는 바가 바로 지역문학이 구체적인 것4)을 그 출발점으로 하고 있기 때문이다.

바다를 중심에 둔 '해양문학'5)은 인간의 삶이 주요 모티프이다.6) 뿐만 아니라 '바다'는 가치 있는 체험에 의해 재해석되고 재창조되어지는 요소로 작용한다. "그것은 원초적인 생명력 죽음 충동과 맞물려 있는 시공간임을 표현하는 것이고, 비동일성의 구조 속에서 동일성을 꿈꾸는 모순된 주체를 문학

---

1) 묵호항은 예전에는 어항이었으나 1931년에 축항을 하고, 1936년부터 삼척 일대의 무연탄을 실어내면서부터 크게 팽창하였다. 1941년 8월에 묵호항으로 개항하였으며 1964년에 무역항이 되었다. 그러나 현재 묵호항은 어항의 구실만 하고 있고, 동해항(북평항을 준설하여 개칭한 항구)이 무역항이다.
2) 권석순, 「동해지역문학의 바다시 연구」, 『어문연구』 제56집, 어문연구학회, 2008, 354쪽 참조.
3) 1980년 4월 1일 명주군 묵호읍과 삼척군 북평읍이 합쳐서 시로 승격한 신생도시다.
4) 구모룡, 『지역문학과 주변부적 시각』, 신생, 2005, 21쪽.
5) 이 글에서는 '해양문학'이라는 명칭을 사용하기로 한다. 왜냐하면 학계에서는 '바다문학'보다 '해양문학'으로 통용되고 있고, 더욱이 동해지역성을 담보하는 문학적 모티프가 '바다'보다는 '해양'이라고 하는 것이 보다 객관적이기 때문이다.
6) 이 글에서는 인간의 삶을 주요 모티프로 한 해양작품을 살펴보려고 한다. 최양호는 '바다시'에 대하여 '바다체험은 물론, 어촌, 섬 등 바다를 중심으로 하는 인간의 삶이 주요 모티프가 되는 시'(최양호, 「한국문학 속에서 해양문학이 갖는 위상」, 『해양문학을 찾아서』, 집문당, 1994, 11-53쪽 참조.)라고 했으며, 양왕용은 '바다가 가지고 있는 속성에서 유추된 정서·사상·관념으로 창작된 시까지 포함'(양왕용, 「한국 현대시와 현해탄·대양·연근해 체험-부산지역을 중심으로」, 『문학도시』, 부산문인협회, 2004, 19쪽.)하여 추상적인 범주까지 넓혔는데, 이것이 일반적인 견해이기 때문이다.

으로 형상화하는 과정 속에서 해양의 의미는 더욱 부각"[7]되기 때문이다. 그러다 보니 동해에 삶의 뿌리를 내린 문인들은 바다가 그들의 삶을 담는 그릇으로서의 언어를 표상화하고 있다.

이같이 지역문학은 창작 주체뿐만 아니라 갈래 체계도 일반문학 작품과 다르다. 일반문학 작품의 경우는 작품 자체의 내적 질서에 따라 구분하지만 지역문학 작품은 창작 주체와 언어매체 및 그 제재에 따라 세분화되는데 이것이 일반문학과 다른 지역문학의 특성이라고 할 수 있다.[8] 이것은 지역성을 담보하는 문학적 내적 기제가 바다를 주제로 한 표현방식, 그리고 의미와의 관련성 차원에서 지역문학의 내용 층위를 이룬다. 해양문학의 내용에 따라 지역의 고유한 향토색, 지역적 서정, 지역적 삶의 내면적 승화 등이 이와 관련된 요소라고 할 수 있다.[9]

동해 지역문인들의 주 발표지는 개인 창작집, 그리고 동해지역을 대표하는 문예지인 『동해문학』[10]과 『동해여성문학』[11]이다. 뿐만 아니라 『동안』[12]도 동해·삼척지역에 뿌리를 둔 회원들 주축으로 작품활동을 하고 있다. 여기에 발표한 작품들 속에 나타나는 '바다'는 지역성이 창작의 근간을 이루는데, 이것은 해당 문인들이 이 지역에서 현재 삶을 살고 있거나 과거에 살았다는 근거에서 비롯된다.[13] 이처럼 실존적으로 형식의 층위를 이룬 것은 지역문학을 규정하는 조건이 된다.

그러므로 이 글에서는 지역문학장에서 '묵호항'과 그 주변에 존재하는 장소로서, 사회적·시대적 변화에 따라 '역사적 공간으로서의 묵호항'를 노래한 작품을 살펴보려고 한다. "지역문학은 지역의 진실과 역사를 자기화시켜 이

---

[7] 김남영, 「해양문학, 그 차이와 반복」, 『동안』 제14집, 도서출판 그늘빛, 2016, 58쪽.
[8] 안동준, 「지역문학의 뜻새김과 갈래 체계」, 『배달말 교육』 제27집, 배달말 교육학회, 2006, 1-2쪽.
[9] 남기택, 「지역에 의한, 지역을 위한」, 『경계와 소통, 지역문학의 현장』, 국학자료원, 2007, 56쪽.
[10] 『동해문학』은 1988년에 창간호를 낸 후, 2022년에 12월에 제34집을 냈다.
[11] 『동해여성문학』은 1998년에 창간호를 낸 후, 2023년 6월에 제24집을 냈다.
[12] 『동안』은 계간지로서 2007년에 창간호를 시작으로 2023년 여름호로 제40집을 냈으며, 전국적으로 회원들이 분포되어 있다.
[13] 『동해문인협회』와 『동해여성문학회』의 약력을 살펴보면 현재 동해시에 거주하거나 과거에 동해시에 거주했던 사람들로 구성되어 있다.

해하면서 작품으로 형상화한 결과이며, 문학 담당층이 갖는 개별성과 문학이 구현하는 보편성을 다 같이 표출하는 구체적인 장"14)이기 때문이다. 또한, 묵호항과 관련하여 지역민들의 삶과 직결되면서 어부들의 개인적인 삶의 질곡이 토로되는 '실존적 공간으로서의 묵호'를 검토하는 작업을 하겠다. 예컨대 항구, 동해, 대양 등 직접적인 것과, 또는 바다를 떠나서는 현실적으로 존재할 수밖에 없는 배, 어부, 파도, 수평선, 생선 등이 논의의 대상이다. 한편 바다와 관련되어 자연·인조물의 명칭을 제목으로 한 작품으로서 '묵호항'이라는 공간과 맞닿아 나타나는 '서사적 공간으로서의 묵호등대와 논골담길'을 논의의 대상으로 주목한다. 공간은 대상으로서 주어지는 장소에 비해, 시점에 따라 상대적인 양상을 띠는가 하면 기획을 통해 다각의 양상이 빚어지는 구성체이기도 하다.15)

이에 따라 지역문학장에 나타나는 '묵호항'을 지역적 정서16)의 특수성 위에서 논의함으로써 이 지역의 정체성이 문학작품 속에 어떻게 투영되고 있는지를 밝힐 것이다. 지역문학이란 그 지역의 삶의 모습, 그 지역 사람들이 살아왔던 역사와 그 속에 숨 쉬고 있는 정신을 바탕에 깔고 있어야 한다.17) 이와 같은 "지역문학 텍스트의 고유한 가치를 발견해가는 노력은 문학장 내부는 물론 한국사회를 발전시키는 견인차가 될 수 있다."18)는 가능성을 전제로 한다. 더불어 이 글은 '묵호항'을 중심으로 창작한 지역문인들의 작품이 지역성을 자각하고 지역의 삶에 관심을 환기시키는 문학으로 자리매김하는 단초가 되리라 본다.

---

14) 김현정, 「지역문학에 대한 소고-소수자 문학과 관련하여」, 남기택 외, 『경계와 소통, 지역문학의 현장』, 국학자료원, 2007, 50-51쪽.
15) 장일구, 「서사적 공간의 상징적 기획」, 『한국언어문학』 제58집, 한국언어문학회, 2006, 361쪽.
16) 지역의 정서를 양영길은, "그 지역의 생태 환경, 세계관, 질서 원리, 정념 등을 비롯하여 역사적 배경, 사건·사고, 사회구조, 지역 심리, 사상적 배경과 그 구조, 시대정신, 정치·경제 구조, 상권(商權)과 그 변천, 사유 방식, 상상의 구조, 각종 통계 등이 중앙과 별개의 것이면서 다른 지역과 차별화된 것"이 그 지역의 정서라고 규정하면서, 이러한 문제들에 대한 해법 등 그 문제를 쟁점화할 수 있는 지역 공동체의 모든 것이 지역문학의 대상이 됨을 지적하였다.(양영길, 『지역문학과 문학사 인식』, 국학자료원, 2006, 87-88쪽.)
17) 양영길, 앞의 책, 60쪽.
18) 남기택, 「지역, 현실, 문학 - 대전충남지역 시문학을 중심으로」, 『지역과 현실, 현실주의 문학-제9회 문학심포지엄』, 민족문학작가회의 대전·충남지회, 2007, 12쪽.

2. 역사적 공간으로서의 '묵호항'

　　동해 지역문학장의 작품 속에서는 발표자들이 동해시에 연고를 둔 문인들이다 보니 지역의 장소 또는 공간의 명칭이 자연스럽게 녹아져 있다. 한국문학에 나타나는 대부분의 장소 또는 공간은 지역을 배경으로 삼고 있는데,19) 이는 지역문학이 "그 지역을 섬기는 이, 그 지역에 깊은 친밀·경험과 장소 사랑을 실천한 이들이 엮어내는 문학"20)이기 때문이다. 동해 지역문인들의 작품에서는 바다와 관련된 장소와 공간이 북부권21)에 편중되어 나타난다. 이는 북부권인 묵호22)가 동해시에서 바다와 인접지역으로 역사적·사회적 사상事象과 맞물려 있기 때문이다. 장소와 공간은 정감어린 기록의 저장고이며 현재에 영감을 준다.23) 문학과 같이 주체-객체의 관계에 의해서 성립된 이런 경우엔, 그 본질과 핵심에 접근하기 위해서는 역사적인 고찰이 요구된다.24) 그러므로 문학이 시대와 사회와 개인의 특수한 사정에 따라 어떻게 사회적 삶을 반영하고 있는지를 살펴보기 위해 먼저 '묵호'와 '묵호항'을 표제로 사용한 작품을 제시한다.

---

19) 강영기는 지역문학에서 장소 또는 공간과 관련한 작품을 문학 지리학적 관점으로 크게 둘로 나누었다. 즉, 작품화된 지역에서 태어나거나 일정 기간 그 지역에 거주한 작가가 창작한 작품을 '고향 문학'으로, 그리고 지역 이외의 작가가 지역을 돌아보고 그 감회를 형상화한 작품을 '순례문학'이라고 하였다. (강영기, 「시에 나타난 '제주시'의 문학적 공간 의미」, 『현대문학이론연구』 제31집, 현대문학이론연구학회, 2007, 34쪽 참조.)
20) 박태일, 「지역시의 발견과 해석-경남·부산 지역의 경험을 중심으로」, 『한국 지역문학의 논리』, 청동거울, 2004, 52쪽.
21) 북부권이란 바다와 인접한 묵호지역을 일컫는다.
22) 묵호는 1942년 10월 1일 자로 당시 강릉군 망상면이 읍으로 승격되면서 묵호진 항구의 이름을 따서 묵호읍으로 이름을 바꾸었다. 묵호지역에 인구밀도가 급격히 높아진 시기는 일제강점기인 1930년대이다. 1931년에 묵호지역에 축항이 시작되었을 뿐만 아니라, 1936년부터는 인근의 삼척 및 태백지역에서 생산된 무연탄을 비롯한 지하자원을 기차로 수송하여 선적함으로써 1941년 8월 11일자로 묵호항이 개항하기에 이르렀다. 1980년에 동해시로 통합될 당시에 명주군 묵호읍의 인구는 1979년 12월 1일자로 57,522명이었으나, 2000년 3월 현재는 약 36,000명으로 오히려 인구가 감소하는 현상을 보였다. 이것은 동해시의 새로운 중심 시가지로 부상한 천곡동 일대로 인구가 이동하고 증가하는 추세와 관련이 있다.(박성종 편, 『동해시 지명지』, 동해문화원, 2000, 13쪽 참조.) 필자의 견해를 덧붙이자면, 묵호지역의 인구 감소는 중심 시가지로 상권이 이동한 원인이 있지만, 어항의 고갈과 무연탄 수요 감소에 따른 원인 또한 크다고 판단된다.
23) 이-푸 투안, 구동회·심승희 역, 『공간과 장소』, 도서출판 대윤, 2007, 247쪽.
24) 최유찬·오성호, 『문학과 사회』, 실천문학사, 1994, 25쪽.

그 화려했던 묵호가 처자식까지 다 떠나버린 쓸쓸한 노인네 같은 모습으로 변하기 시작한 이유는 무엇일까. 아이러니하게도 1980년의 '동해시' 탄생이 전주곡이고, '동해항' 개항, 석탄합리화사업과 동해안의 어황부진이 주요 이유다. 그러나 더 큰 이유는 '묵호는 돈 벌고 떠나면 그만이다.'라는 토박이 정신의 결여 때문이다. 깍지로 돈을 끌 듯이 큰돈을 번 사람들은 묵호에 재투자는커녕 자식들을 서울로 유학을 보내고, 정작 본인도 미련 없이 묵호를 떠나버렸다. 묵호는 그렇게 잠시 머물다 떠날 만큼 정이 없는 도시는 아니었음에도 시류에 밝은 사람들은 미련 없이 떠나버렸다. 그러나 대다수 사람들은 '동해시'라는 생소한 이름에 친화하면서 묵호를 지키려고 최선을 다했다.
… 중략 …
　　1963년 봄이었다. 초등학교 3학년 10살 때였다. 묵호역에 내려 처음 본 거리 모습은 놀라움 그 자체였다. 수많은 사람들이 거리에 복작거렸고, 오징어를 가득 실은 리어카가 혼잡한 차도로 줄지어 지나가고, …(중략)…무얼 파는지 모를 상점들이 양 길에 끝없이 이어지고, 걸음을 옮길 때마다 검은 먼지가 길에서 풀썩 솟고, 하늘도 연탄가루가 까맣게 날려 태양마저 검붉게 보였다.

— 홍구보, 「묵호 이야기」[25] 부분

　　커다란 눈을 꿈벅이며
　　영국까지 갔다 온
　　파도는
　　벌써 신이나 있었다.
　　일만 톤 무게를 들어 올리고
　　조심조심 항구로 들어와
　　부둣가에서
　　다리를 쉬면
　　트럭이 자꾸 짐을 받는다.
　　… 중략 …
　　시커먼 석탄이 흩날리는 저탄장엔
　　삽을 든
　　수염 텁수룩한 아저씨

[25) 홍구보, 「묵호이야기-추억이 되어버린 그 화려했던 시절의 묵호 여행」, 『동안』 제3호, 2009, 230-231쪽.

어둠 내리는 하늘을 쳐다보다
두고 온 꼬마를 생각하고

― 박종해, 「묵호 항구」26) 부분

위에 인용한 작품들에서는 '묵호항'이 영동남부 지역의 명실상부한 무역항이었음을 밝히고 있다. 한때 묵호항은 묵호역을 통해 수산물을 여러 지역에까지 실어 옮겼고, 태백과 삼척 등지에서 산출된 무연탄을 수송하는 거점으로 자리 잡았다. 그러나 1980년대 석탄합리화 정책에 따라 줄줄이 폐광으로 이어졌고, 어족자원마저 고갈되자 경제공동화는 심화될 수밖에 없었다. 그러다 보니 묵호항과 묵호역에서 수송되던 물동량은 줄어들고 말았다. 묵호지역이 호황을 누렸을 때 묵호항은 사람들로 붐볐고, 삶의 애증마저 극명하게 드러났던 공간이었다. 이에 홍구보는 수필 「묵호이야기」에서 '묵호항'이 묵호지역의 번영과 쇠퇴의 역사 속에 존재하고 있음을 드러내고 있다. 화자는 "연탄가루가 까맣게" 날리던 묵호지역을 회상하면서, "그 화려했던 묵호가 처자식까지 다 떠나버린 쓸쓸한 노인네 같은 모습으로 변하기 시작한 이유는 무엇일까." 하고 일갈한다. 여기에는 "석탄합리화사업과 동해안의 어황 부진"이 주요 원인 중의 하나임을 토로하면서 "대다수 사람들은 '동해시'라는 생소한 이름에 친화하면서 묵호를 지키려고 최선을 다했다."고 강조한다. 이처럼 지역민들은 '묵호항'의 번영과 쇠퇴의 역사를 함께하면서 바다에 순응하는 삶을 영위하고 있음을 알 수 있다.

박종해의 동시 「묵호 항구」에서는 바다를 터전으로 살아가는 묵호지역의 삶을 원체험으로 노래한다. 외적으로 보이는 바다에는 "일만 톤 무게를 들어" 올릴 정도로 거대한 무역선이 들락거리고, 묵호항 부둣가에는 트럭이 분주하게 오가는 모습이다. 한편 석탄가루 흩날리는 묵호항 저탄장에서 밤늦도록 일하던 인부가 삽을 든 채 "어둠 내리는 하늘을" 쳐다보며 집에 있는 어린 자녀를 떠올리는 부분에서는, 지역민들의 삶이 그리 녹록하지 않고 피폐한 상황에 놓여 있음을 내비친다. 이러한 양상은 심상대의 소설 「묵호를 아는가」27)에서도 드러난다. 화자는 묵호를 "파르스름한 바다. 그 바다가 있는 곳.

---

26) 박종해, 「묵호 항구」, 『생일 선물』, 문원출판사, 1989, 48-53쪽.
27) 심상대, 「묵호를 아는가」, 『묵호를 아는가』, 민음사, 1990, 96-97쪽.

묵호. 그렇다. 묵호는 술과 바람의 도시다."라고 단언한다. 그러고는 "그곳에서 사람들은 서둘러 몸을 적시고,…(중략)…부두의 저탄장에서 날아오르는 탄분처럼 휘날려, 어떤 이는 바다로, 어떤 이는 울렁울렁하고 니글니글한 지구에게 욕설을 퍼부으며 멀리 무덤 속으로 떠나갔다."고 토로한다. 이처럼 "저탄장에서" "탄분"이 날리는 '묵호항'은 지역문인들의 작품 속에서 소재가 된 장소로서 역사적 맥락으로 의미화되고 있다. 특히 해양의 공간을 넘어 무연탄 수송지로서의 역할을 담당했던 '묵호항'을 묵호지역까지 구체적으로 확장하여 형상화하였음을 알 수 있다.28)

뿐만 아니라, 지역문학장 속에서는 산업화사회가 되면서 무연탄을 수송하는 무역항으로 팽창했던 '묵호항'이 역사 속에 묻히고, 다시 어항으로만 존재했던 시절로 되돌아갔음을 자각하고 있다. 산업구조의 변모로 인하여 생계마저 위협을 느끼게 된 지역민들은 묵호를 떠날 수밖에 없는 상황에 놓였음을 김용묵의 시 「저녁 바다가 있는 풍경」29)에서도 읽어낼 수 있다. 이는 "날이 밝으면 말라붙은 눈물 한 방울/ 허연 뼈마디의 소금으로 씹히고/ 이빨 빠진 모래톱을 바라보면서 그렇게 듬성듬성 이웃들은 짐을 꾸렸다"고 노래한 부분이다. 또한, 최효열은 「내 친구는 뱃사람」30)에서 '어부'를 대물림하고 있는 현실을 드러내고 있다. 시적 자아는 "눈곱도 채 떨어지지 않은 묵호항이 어수선해지고/ 오징어 먹물이 번진 그의 얼굴에 하루가 지면…(중략)…그 아버지의 바다를 대물림한/ 바다를 떠나 살 수 없는 친구"라고 어부의 힘든 삶을 고발하면서 묵호항을 지키려는 지역민들의 의지를 내비친다. '묵호항'은 객관 현실과 창작 주체인 지역문인들의 접촉이 이루어지는 장소로서 문학적 창조를 위해 반드시 거쳐야 하는 관문으로 존재하고 있다. 이처럼 '묵호항'을 구체적인 공간으로 이미지화한 작품들 속에서는 한때 호황을 누렸던 묵호항을 추억하면서, 산업화사회와 어족고갈로 이어진 지역민들의 가난을 역사적으로 의미화하였음을 알 수 있다.

---

28) 권석순, 「동해지역문학의 바다시 연구」, 『어문연구』 제56집, 어문연구학회, 2008, 26-27쪽 참조.
29) 김용묵, 「저녁바다가 있는 풍경」, 『동해문학』 제2집, 1990, 115쪽.
30) 최효열, 「내 친구는 뱃사람」, 『동해문학』 제24집, 2012, 143쪽.

3. 실존적 공간으로서의 '묵호'

지역문학장에서 '묵호항'의 역사가 '무연탄'과 관련된다면, 실존적 공간으로서의 묵호에서는 개인적 삶에 초점을 둔다. 바다는 개인적·사회적 삶이 구체화되는 현장이기 때문이다. 지역문인들의 작품 속에서는 바닷가 사람들의 삶을 주체자 혹은 관찰자의 입장에서 바라보면서 구체화하고 있다. 대체로 바닷가 사람들의 삶의 모습을 주관적으로 이해하지 않고, 보이는 그대로의 현실을 객관적인 입장에서 정직하게 그려내고 있다. 여기에는 묵호지역민들이 어족고갈로 그들의 고단한 노동에 비해 충분히 보상받지 못하는 바다를 원망하면서도 묵호지역을 벗어날 수 없음을 토로하는 양태이다. 뿐만 아니라 지역문인들은 작품 속에서 바닷가 사람들의 힘든 삶을 내비치면서도 가난한 군상들을 따뜻한 시선으로 포착해낸다. 이처럼 바다를 자신의 몸처럼 생각하는 묵호지역민들의 삶이 고스란히 녹아져 있는 작품을 아래에 제시한다.

> 뱃머리에서
> 집으로 돌아오는 길은
> 너나없이 발걸음이 무거웁다
> 소금물로 밥을 끓이고 소금이 반찬이겠지
> 뱃전을 잡고 용변을 보다가 놓치지는 않을는지
> 방파제에 부딪히는 파도야 보기는 좋다마는
> 바다 위의 나날은 사생을 넘나드는 전쟁인데
> 고기떼 따라 다니다 어로경계선에선 제대로 멈출는지
> 고기가 없다고 빈속에 소주만 마시지는 않을는지
>
> 궁기 도는 가족 걱정일랑 붙잡아 매슈
> 산 입에 거미줄이야 치겠소
> 술눈을 맞춰서라도 먹여 살릴 수 있소
> 새끼들과의 기다림은 언제나 푸르름이요
>
> — 류재만, 「出漁期」31) 부분

---

31) 류재만, 「出漁期」, 『어달리 바다』, 시와사람, 1999, 15쪽.

오기찬 오징어 항변에
그래, 너로 인해 이 땟국물 절은 어판장에서
나의 하루 열리고 나의 하루 저무는구나

할복하는 아줌마 손목에
퍼렇게 힘줄 돋아나
시름 섞여 주절거려도
목청은 여전히 창창하다
　　　　　　　　　　— 이정숙, 「묵호 어판장에서」32) 부분

　류재만의 시 「出漁期」에서는 거친 바다에서 살아가는 어부들의 삶을, 시적 화자의 육성을 통해 대변하고 있다. 시적 화자가 어부의 아내라고 추측할 수 있는데, 이 부분은 "사내를 배웅하고/ 집으로 돌아오는 길"이라든가 "가족 걱정", "새끼들과의 기다림"이라는 시어들 속에서 확인할 수 있다. 이 시는 "이야기체의 형식"33)으로, 바다로 떠나는 남편을 배웅한 아내가, 이후 선상에서 벌어질 어부들의 삶을 밀착하여 독백체로 호흡을 풀어내고 있다. "소금물"로 밥을 하고 소금 반찬으로 끼니를 때우며, 삶과 죽음의 경계를 넘나드는 바다에서의 삶을 푸념 삼아 일상적인 걱정거리로 늘어놓는다. 그러나 시의 결미에서 "새끼들과의 기다림은 언제나 푸르름이요"라는 언술을 통해 묵호지역민들이 지향하는 희망을 엿볼 수 있다. 이처럼 감정의 변화가 추상적이지 않다. 결코 감상의 나열로 풀어내지 않고, 거침없이 쏟아내는 목소리는 바다와 관련된 구체적인 시어들이다. 그것들은 시적 언어의 특징인 비유나 상징이 개입될 여지를 주지 않는다. 또한 감상적인 감정을 극복하고 삶의 모습을 구체적이고 생생하게 재현하면서 현실에 대한 이해와 현실 인식을 유도하였다고 할 수 있다.34)

---

32) 이정숙, 「묵호 어판장에서」, 『까치집-동해여성문학 동인 사화집①』, 해돋이, 2000, 43-44쪽.
33) 신원철은 삼척의 『두타문학』을 중심으로 한 영동남부지역의 문학을 살펴보는 가운데, 『해양문학』에 발표된 류재만의 시 「석준이네 택태기」를 언급하면서, 그의 시적 특성이 "구수하고 유머러스한 토속성에 있다"고 밝혔다.(신원철, 「강원도 영동남부지역의 해양문학」, 『해양과 문학』 제8집, 해양문학가협회, 2007, 28쪽.)
34) 권석순, 「동해지역문학의 바다시 연구」, 『어문연구』 제 56집, 어문연구학회, 2008, 358쪽 참조.

이렇게 고단한 어부 가족들의 육성이 전체적인 정조를 이루는 가운데, 이정숙은 시「묵호 어판장에서」라는 작품을 통해 어판장에서 구체적으로 소통되는 "할복하는 아줌마"라는 언어를 재현하여 생생한 현실감을 살리고 있다. 화자는 바닷가에 사는 여인들이 어부를 만나 가정을 꾸리고 자식을 낳아 살아가면서도 생계를 위해 어판장에서 생선을 할복해야만 하는 현실을 토로하고 있다. 바닷가에서 사는 인과적 필연성을 들어, "나의 하루 열리고 나의 하루 저무는구나"라고 충족되지 않는 현실마저도 거부하지 않는다. 여기에서는 순응의 의미를 내포하면서 묵호지역민들이 바다를 등지고는 살아갈 수 없음을 담담한 어조로 토로한다. 이것은 묵호지역에서의 삶을 영위하기 위해 호객하는 목소리가 "여전히 쨍쨍"하다는 언술에서도 엿볼 수 있다.

이외에도 지역문학장에서는 오징어로 흥청대던 묵호를 그리워하는 작품들이 다수로 나타난다. 전경애는 수필「묵호항으로 떠내려간 고무신 배」35)에서 "오징어가 풍성했던 그해"는 "오징어가 공중에 매달린 곡예사처럼 펄럭펄럭 바람에 몸을 맡기며 한들한들 춤을 추곤 했다."고 추억한다. 권석순은 수필「묵호항, 그곳에는」36)에서 "학교에서는 오징어 말리는 일손 도우라고 어번기를 했다. '어번기'라는 말은 농촌에서 살다 온 나에겐 낯선 단어였"다고 고백한다. 이어서, "집어등으로 꽃띠 두른 수평선, 꽃밭 같았던 묵호항은 꿈속에서나 만날 수 있을지…." 하고 묵호지역이 오징어 풍어로 흥청대었던 때가 도래하기를 염원하는 자세를 취한다. 또한 김시래는「해녀」37)에서 "격랑과 시련을 넘어/ 바다 속 으슥한 곳에/ 삶의 명줄을 찾고"라고 지역민들이 바다를 등지고는 살아갈 수 없음을 담담한 어조로 토로하고 있다. 이처럼 묵호지역민들은 앞날의 희망을 위해 절망을 삭히며, 바다를 고향과도 같이 따뜻하게 받아들이면서 삶을 영위하고 있는데, 이는 강세환의 시「어부들을 위하여」38)에서도 엿볼 수 있다. "생선 비린내나는 바닷가에서/…(중략)…나는 가리라/ 나도 뱃놈이 되어 가리라"고 어부를 얕잡아 부르는 '뱃놈'39)까지 지

---

35) 전경애,『묵호항으로 떠내려간 고무신 배』,『東海文化』제17호, 동해문화원, 2020, 265쪽.
36) 권석순,『묵호항, 그곳에는』,『동해 항포구와 어시장 사람들-동해해양문학제 기념 수필집』, 동해시·강원도민일보·동해시축제추진위원회, 2013, 16-22쪽.
37) 김시래,「해녀」,『동해문학』제15집, 2003, 85쪽.
38) 강세환,「어부들을 위하여」,『동해문학』제3집, 1991, 119쪽.

칭하며, 그들이 힘든 환경 속에서 살아가면서도 결코 바다를 버릴 수 없음을 고백한다. 이렇게 지역문학장에서는 묵호지역민들의 고단한 육성을 달래기 위해 동참하는 자세로 체험의 주체가 되고자 한다.

4. 서사적 공간으로서의 '묵호등대'와 '논골담길'

지역문학장에서는 바다와 관련되어 자연·인조물의 명칭이 제목으로 사용된 경우도 있다. 이들 또한 묵호항의 서사적 공간과 맞닿아 있는 「묵호등대」와 「논골담길」이다. '묵호등대'[40]는 동해시 묵호진동 산중턱의 해발고도 67m에 위치한다. 특히 등대의 나선형 계단을 올라가면 탁 트인 동해 바다를 조망할 수 있어서 많은 관광객이 붐비는 공간이다. 아울러 묵호지역민들의 파란만장한 삶을 담은 '논골담길'[41]은 과거를 엿볼 수 있는 유일한 곳이다. 동해 바다가 한눈에 바라다보이는 묵호 등대마을에 새로운 벽화의 길로 재탄생된 논골담길은 한때 활기를 띠었던 묵호항을 배경으로 살아온 묵호지역민들의 삶이 곳곳에서 묻어나고 있다. 이처럼 바람을 등지고 묵호등대를 오르내리는 논골담길이 '묵호의 재발견'이라는 수식어가 어울리듯 강원 동해안의 대표적인 관광지로 다시 한번 기지개를 켜고 있다. 이에 '묵호등대'와 '논골담길'이 묵호를 꿋꿋하게 지키고 있음을 지역문인들의 작품에서도 살펴볼 수 있다.

나이가 들면서 항구는 나에게 새로운 의미로 다가왔다.
산기슭에 붙어사는 사람들의 고단한 삶이 출발하고 되돌아오는 항구

---

39) 현실의 삶에서 구체적으로 소통되는 '뱃놈'이라는 시어가 사용된 시편들을 살펴보면, 강세환은 「어부들을 위하여」에서 "뱃놈이 되어 가리라"고 진술하였고, 홍성화는 「뱃놈」에서 "살기 위해 뱃놈이 되었다"(홍성화, 「뱃놈」, 『빈곤의 불을 밝히고』, 해돋이, 2000, 81쪽.)고 진술하였다. 뿐만 아니라 류재만은 「미역 품앗이」에서 "농사짓는 사람들도 품 팔러 온답니다/ 우리 보고 뭐라 부르는지 아시나요/ 뱃놈이라고 그래요 뱃놈/ 시집도 보내지 않아요"(류재만, 「미역 품앗이」, 『파도를 재우다』, 우리글, 2006, 29쪽.)라고 어부들이 상대적으로 소홀히 대접받고 있음을 고발하고 있다.
40) '묵호등대'는 1963년 6월 8일 건립되었다.
41) '논골담길'은 묵호항에서 묵호등대를 오르는 길이다. 문화체육관광부와 한국문화원연합회가 실시한 '지방문화 어르신문화프로그램'의 일환으로 동해문화원이 2010년 공모사업을 통해 '논골담길 프로젝트'를 추진하였다.

는 방파제의 두 팔로 보호되어 거센 파도를 막아주는 따뜻한 공간이었다. 마치 어머니의 품과 같은 모습을 하면서. 등대는 어두운 밤길을 걸어 돌아오는 자식을 맞으려고 손전등을 켜고 종종 마을 어귀를 살피던 부모의 모습과 같다. 옹기종기 모여 사는 산동네의 삶은 항구와 등대의 따뜻한 보살핌 속에서 비롯된다.

… 중략 …

걸어가야만 만날 수 있었던 묵호등대는 승용차를 타고 가서 쉽게 닿을 수 있는 곳이 되었다. 산동네는 등대가 구경거리가 되어 관광지로 변해갔다.

도로변에서 등대로 오르는 길은 세 군데가 남아 있다. 이른바 논골담길이다. 좁은 집들의 담과 벽에 그림을 그려 옛 정취를 자아내게 하여 벽화 마을로 불리운다.

— 박종해, 「묵호등대」[42] 부분

때때로 깊은 밤이면 갯바람이
어린아이처럼 잠에서 깨어 살그머니
논골담길을 따라 더듬거리며
… 중략 …
그것을 언덕 위에 세운 것은 이 가난한 마을이
그들의 안전을 등대가 내려다보며
지켜 주었으면 했기 때문이다
그러나 바다가 그것을 더 높이 세울 수 있다

— 권정수, 「그 작은 등대마을에 가면」[43] 부분

박종해(1952~2021)는 수필 「묵호등대」에서 '묵호항'을 따뜻한 "어머니의 품"으로, '묵호등대'를 어두운 밤에 집으로 돌아오는 자식을 안전하게 맞아들이는 부모의 "손전등"으로 비유했다. 그러므로 "옹기종기 모여 사는 산동네의 삶은 항구와 등대의 따뜻한 보살핌 속에서 비롯된다."라고 토로한다. 묵

---

42) 박종해, 「묵호등대」, 『동해 항포구와 어시장 사람들-동해해양문학제 기념 수필집』, 동해시·강원도민일보·동해시축제추진위원회, 2013, 91-93쪽.
43) 권정수, 「그 작은 등대마을에 가면」, 『하늘까지 뻗은 나뭇가지』, 시와문화, 2017, 70-71쪽.

호등대의 프리즘렌즈 회전식 대형등명기는 2003년 10월에 설치하였는데, 42km에서도 식별이 가능할 정도로 불빛이 밝다. 그러다 보니 작품 속에서도 자식들의 먼 장래에까지 비추어 주는 '부모'에 비견되고 있다. 나아가 산동네는 묵호등대와 아울러 최근에 형성된 논골담길이 관광지로 변모해 가고 있음을 밝히고 있다. 논골담길은 "도로변에서 등대로 오르는 길이 세 군데"라고 언급하면서 "좁은 집들의 담과 벽에 그림을 그려 옛 정취를 자아내게 하여 벽화 마을로 불리운다."고 덧붙였다.

이와 같이 묵호등대와 논골담길을 바라보는 지역문인들의 따스한 시선을 권정수 시「그 작은 등대마을에 가면」에서도 찾아볼 수 있다. "때때로 깊은 밤이면 갯바람이/ 어린아이처럼 잠에서 깨어 살그머니/ 논골담길을 따라 더듬거리"더라도 묵호등대는 어머니와 같은 마음으로 보살펴 주는 양상이다. 어린아이뿐만이 아니다. "가난한 마을"의 안전까지 묵호등대는 지켜 준다. 나아가 묵호등대는 묵호지역민들의 희망이며 빛으로 존재하는 것이다. 사실 묵호등대는 '바닷길'의 안전을 지키는 것이 주 임무이다. 울릉도를 운항하는 국내선뿐만 아니라 고기잡이 어선들이 안전하게 묵호항으로 들어올 수 있도록 길잡이 역할을 하고 있다. 그래서 시적 화자는 "바다가 그것을 더 높이 세울 수 있다"고, 묵호등대는 생명을 지키는 빛으로 톡톡히 그 역할을 하고 있음을 내비치는 것이다.

뿐만 아니라, 묵호항과 등대는 심지향의 시「묵호 논골담길에 가면」[44])에서 평화로운 관계를 유지한다. 이러한 정황은 "하얗게 씻긴 등대가/ 호수처럼 잔잔한 묵호 바다와/ 눈 맞춤하는"이라고 표현한 부분에서 엿볼 수 있다. 그래서 "해풍"도 "엄마 손처럼" 부드러워서, "살갑게 머리를 쓰다듬는/ 바람의 언덕에서 시름을" 날릴 수 있다고 고백한다. 그리고 "골목마다 쏟아놓는 이야기에/ 아스라이 잃어버렸던/ 내 유년의 스위치가 반짝" 켜지듯이 논골담길이 추억을 되살릴 수 있는 공간임을 드러내기도 한다. 최효열은 시「묵호등대에서」[45]) "지워진 수평선으로/ 서둘러 길을 내는 등대의 눈빛이 맑다"라고, 또한 이애리는 시「묵호항 선착장」[46])에서 "방파제 끝자락에 서 있는

---

44) 심지향,「묵호 논골담길에 가면」『동해문학』제31집, 2019, 14쪽.
45) 최효열,「묵호등대에서」,『동해문학』제32집, 2020, 118쪽.

무인등대는 이름도 없이/ 등 떠밀기도 하면서" 산다고, 등대를 안쓰러운 시선으로 바라본다. 이와 같이 '묵호등대'와 '논골담길'는 지역문인들의 따스한 시선과 맞닿아 서사적 공간으로서의 맥을 함께하고 있음을 알 수 있다.

5. 나오는 말

이 글은 동해시 지역문학장의 문학적 내적 기제가 '바다'로 나타나는 데 주목하였다. 이에 동해시에 연고를 둔 문인들을 대상으로 하여 그들이 발표한 작품 중에서 '묵호항'과 그 주변 공간을 중심으로 살펴보았다. 지역성이 바로 그 지역에 사는 사람들의 삶과도 연관성이 있다 보니, 해양문학의 무대는 바다를 끼고 형성된 묵호지역에 편중되어 나타났다.

지역성의 맥락이 의미화되는 장소에 주목해 보면 '묵호항'은 묵호지역의 역사성과 뗄 수 없는 관계를 형성하고 있음이 드러난다. '묵호항'과 관련된 명칭을 차용한 작품 속에서는 한때 성황을 이루었던 묵호지역이 쇠락의 길에 들어선 현실을 고발하는 양상으로 나타나는데, 이는 1980년대 석탄합리화정책으로 경제공동화가 심화된 데에서 온 것이다.

이런 연유로 바닷가 사람들의 어려운 현실적 삶이 반영되었는데, 이는 바다가 지역민들의 삶의 현장이기 때문이다. 이러한 삶의 비극성은 어족고갈로 인하여 '묵호항' 인근 지역민들의 피폐된 삶을 드러낸 부분이라고 볼 수 있다. 특히 경제적으로 어려운 현실 앞에서 온 힘을 다하여 버티어내는 지역민들의 삶의 의지가 지역문학장에서는 '묵호'라는 지명으로 드러내었다.

뿐만 아니라, 최근에 관광객들의 발길이 이어지는 '묵호등대'와 '논골담길'은 묵호지역의 활력소가 되고 있음이 드러난다. 그러다 보니 지역문인들의 따스한 시선 속에서 '묵호등대'와 '논골담길'은 '묵호항'과 관련된 서사적 공간으로서의 역할을 톡톡히 하고 있음을 알 수 있다.

요컨대 지역문학장에서 '묵호항'이 지역의 역사와 맥을 함께하고 있음을 드러낸 한편으로는, 지역민들의 삶의 터전인 '바다'가 어족고갈이라는 당면

---

46) 이애리, 「묵호항 선착장」, 『아름다운 동행-동해여성문학 동인 사화집⑱』, 해돋이, 2010, 63쪽.

문제의 심각성을 낳고 있음이 확인되었다. 이것은 오늘날 지역에 대한 관심과 더불어 지역문학에 관련된 다양한 접근을 시도해야 할 필요성을 대변한 사례라고 볼 수 있다. 따라서 이 글이 지역성을 자각한 데서 끝나는 게 아니라, 보다 다양한 관점에서 실질적이고 구체적으로 지역의 삶에 관심을 환기시키는 계기가 되기를 기대한다.

지역문학과 정치적 상상력

— 동해·삼척 지역문학을 중심으로

1. 머리말

문학을 둘러싼 오랜 질문 가운데 하나가 문학과 정치의 관계일 것이다. 문학과 정치의 개념을 대입해 본다면, 서로 무관하게 느끼는 바가 없지 않다. 그러나 우리 인간은 '정치적 존재(Political presence)', 즉 '사회적 동물(Homo sapiens)'이다.[47] 문학은 정치와 사회 속에서 진행되어 왔다고 할 수 있다. 그러다 보니, 현재 우리 문학계에서 활발히 논의되고 있는 화두는 '문학과 정치' 내지 '문학의 정치'이다. "'문학의 정치'라는 표현은 문학이 그 자체로 정치행위를 수행하는 것을 함축한다. 따라서 이 표현은 '작가가 정치적 참여를 해야 하느냐' 또는 '예술의 순수성에 전념해야 하느냐' 하는 문제로 제기되지 않는다. 이 순수성 자체도 사실 정치와 무관한 것이 아니기 때문이다. 문학의 정치는 특정한 집단적 실천형태로서의 정치와 글쓰기 기교로 규정된 실천으로서의 문학, 이 양자 간에 어떤 본질적 관계가 있음을 전제로 한다."[48]

정치가 세상을 지금보다 낫게 만드는 행동 가치에 중점을 둔다면, 문학은 사는 의미에 가치를 부여하는 행위라고 할 수 있다. 즉, 문학은 언어를 통해 바람직한 정치정의가 구현되도록 방향성을 제시하고 정치권력이 빗나가는

---

[47] '사회'를 지칭하는 영어 'society'는 '자발적인 동의에 의해 형성된 집단 혹은 결사체'를 의미하는 라틴어 'societas'에서 유래한 것인데, 그것은 희랍어의 koinimia에 상응한다는 점에서 본래 시민적 삶과 통합된 정치적 공동체 전체라는 의미에 그 뿌리를 두고 있다.(이화여대 한국문화연구원 편, 『근대계몽기 지식 개념의 수용과 그 변용』, 소명, 2004, 143쪽 참조.)
[48] 자크 랑시에르, 유재홍 옮김, 『문학의 정치』, 인간사랑, 2011, 9쪽.
　자크 랑시에르의 말을 덧붙이자면, 다음과 같다.
　"문학의 정치는 작가의 정치가 아니다. 그것은 작가가 자신이 사는 시대에서 정치적 또는 사회적 투쟁을 몸소 실천하는 참여를 의미하지 않는다. 그렇다고 작가가 저술을 통해 사회구조, 정치적 운동들, 또는 다양한 정체성들을 표상하는 방식을 의미하는 것도 아니다."

것을 감시, 인도하는 일이 본령일 것이다. 문학은 비판정신을 표출해야 하는 시대정신의 산물이다. 이처럼 우리 문학은 역사와 사회현실에 대한 저항과 비판의 목소리로 정치참여의 한 줄기를 형성해왔다. 여기에는 강원영동남부지역의 문학도 예외가 아니다. 특히 강원도의 영동남부지역에 위치한 동해·삼척지역은 동해바다를 접하고 있다 보니 공통된 지역성을 기반으로 하고 있다. 지역성을 담보하는 문학적 내적 기제가 환경을 주제로 한 표현방식, 그리고 의미와의 관련성 차원에서 지역문학의 내용 층위를 이루고 있다. 지역의 고유한 향토색, 지역적 서정, 지역적 삶의 내면적 승화 등이 이와 관련된 요소라고 할 수 있다.[49]

동해·삼척지역문학을 탐색함에 있어 정치와의 가능성을 고찰하는 작업은 유의미한 일이라고 생각한다. '현실 인식'에 바탕을 둔, '주체'와 '객체'의 관계 통합에 집중한 작품세계를 통해 지역의 정치성향을 살펴볼 수 있기 때문이다. 이들 작품들은 미시적인 감각보다는 사회적 연대와 공동체적 삶의 경험을 통해 타인의 고통과 화응하는 문학세계를 드러낸다. 현실 저항의 기백이나 잠언을 넘어, 약자의 편에서 현실을 탐색하고 변방의 주체에서 발견되는 문학의 언어도 소중하다. 언어는 소통하면서 상품을 생산하지만, 또한 주체성을 생산하고 주체성을 관계 짓고 주체성을 질서 짓는다. 소통 산업은 상상적인 것과 상징적인 것을 권력에 봉사하게 함으로써 뿐만 아니라 실제로 바로 권력의 기능 작용에 통합함으로써 생체 정치적 직조 안에 그것들을 통합한다."[50] 타자성의 언어는 자기의식을 수반하여 자기성찰의 조건으로 확인될 수 있으며, 자연스럽게 자기 존재와 세상과의 관계를 설정하는 방식으로 놓여있다고 할 수 있다.

따라서 본고는 동해·삼척지역문학의 정치적 상상력을 지역적 정서[51]의 특

---

49) 남기택, 「지역에 의한, 지역을 위한」, 『경계와 소통, 지역문학의 현장』, 국학자료원, 2007, 56쪽.
50) 안토니오 네그리·마이클 하트, 윤수종 옮김, 『제국』, 이학사, 2007, 67쪽.
51) 지역의 정서를 양영길은, "그 지역의 생태 환경, 세계관, 질서 원리, 정념 등을 비롯하여 역사적 배경, 사건·사고, 사회구조, 지역 심리, 사상적 배경과 그 구조, 시대정신, 정치·경제 구조, 상권商權과 그 변천, 사유 방식, 상상의 구조, 각종 통계 등이 중앙과 별개의 것이면서 다른 지역과 차별화된 것"이 그 지역의 정서라고 규정하면서, 이러한 문제들에 대한 해법 등 그 문제를 쟁점화할 수 있는 지역 공동체의 모든 것이 지역문학의 대상이 됨을 지적하였다.(양영길, 『지역문학과 문학사 인식』, 국학자료원, 2006, 87-88쪽.)

수성 위에서 논의함으로써 이 지역의 정치적 성향이 문학 작품 속에 어떻게 투영되고 있는지를 밝힐 것이다. 지역문학이란 그 지역의 삶의 모습, 그 지역 사람들이 살아왔던 역사와 그 속에 숨 쉬고 있는 정신을 바탕에 깔고 있어야 한다.[52] 이와 같은 "지역문학 텍스트의 고유한 가치를 발견해가는 노력은 문학장 내부는 물론 한국사회를 발전시키는 견인차가 될 수 있다."[53]는 가능성을 전제로 한다. 더불어 이 연구는 동해·삼척의 지역문학이 지역성을 자각하고 지역의 삶에 대하여 정치·사회적 관심을 환기시키는 문학으로 자리매김하고 있음을 살펴보는 계기가 될 것이다.

2. 사회현상 변모와 해양문학

동해바다와 접하고 있는 동해시와 삼척시에는 크고 작은 어항들이 있다. 그 중 지역문인들이 문학의 장소로 차용하는 대표적인 어항은 동해시의 묵호항墨湖港[54]과 삼척시의 정라진항汀羅津港이다. '바다'를 소재로 한 동해·삼척 지역 문인들의 작품들 중, 현실성이 농후한 작품은 대체적으로 어자원의 고갈에 초점을 맞추고 있다. 무분별한 남획이 어자원 고갈의 원인이 되기도 하지만, 그보다는 북한 수역에 입어하고 있는 중국 어선 선단 규모가 매년 증가하여 '싹쓸이' 조업을 하는 바람에 그 피해가 심화되고 있다.[55] 더욱이 어업인들의 유류비의 고충과 부담도 어자원의 고갈에 한몫을 한다. 그러다 보니, 바다를 터전으로 하는 어민들의 피폐한 삶은 동해·삼척지역 문인들의 작품에 자연스럽게 녹아져 있다.

---

52) 양영길, 『지역문학과 문학사 인식』, 국학자료원, 2006, 60쪽.
53) 남기택, 「지역, 현실, 문학 —대전충남지역 시문학을 중심으로」, 『지역과 현실, 현실주의 문학—제9회 문학심포지움』, 민족문학작가회의 대전·충남지회, 2007, 12쪽.
54) 묵호항은 예전에는 어항이었으나 1931년에 축항을 하고, 1936년부터 삼척 일대의 무연탄을 실어내면서부터 크게 팽창하였다. 1941년 8월에 묵호항으로 개항하였으며 1964년에 무역항이 되었다. 그러나 현재 동해항(북평항을 준설하여 개칭한 항구)이 무역항의 자리를 내어주고, 묵호항은 어항의 구실만 하고 있다.
55) 『강원도민일보』 2012년 9월 13일 참조.
2004년부터 북한 수역에 입어하고 있는 중국 어선 선단 규모가 매년 증가해 2012년에는 모두 1,192척(100~300t급)이 조업에 나서면서 오징어 등 회유성 어종의 어자원 고갈이 심화되었다. 중국 어선들의 무차별 남획으로 지난 2009년 2만 4,921t에 달하던 강원도 동해안 오징어 어획량이 2011년에는 1만 4,141t으로 44%나 감소했다.

안녕하세요?
결빙된 어촌 풍경에게 건네는 인사는
겨울 산처럼 허기가 지고
어촌의 투박한 마음들
파도에 깎여 골만 깊어 가는 해변
안녕 못함!

해가 진다
바다를 마신 고대의 노을과
멀리서 들려오는 대숲의 음악과
바람이 바람 속에 파고드는 어둠과
추위에 얼어 왜소해진 바다

삼척 정라진에는
추운 사람들이
허기진 고기를 꿈꾸듯 먹는다.

— 윤종영, 「정라진에서」56) 부분

검은 바다 묵호항을 아는가

벗이여

검은 멍이 들도록 제 몸을 채찍질하여
얼마나 힘겨운 뱃길을 들락거리며
스스로 푸르러졌는지를

내 쓸쓸한 벗이여

속이 탄다고 오징어 다리로 슬픈 소주를
들이 마시며

---

56) 윤종영, 「정라진에서」, 정연휘 편저, 『三陟文學通史』, 삼척문학통사발간위·삼척문인협회, 2011, 308쪽.(이하 『통사』로 표기) 『통사』는 단순한 문학사가 아닌 이 지역 근현대문학장의 성립과 주요 자료를 집대성한 사료집에 가깝다.

세월을 원망하며
처음처럼 가난을 원망하며 산다
— 최호길, 「묵호항의 어부」57) 부분

눈곱도 채 떨어지지 않은 묵호항이 어수선해지고
오징어 먹물이 번진 그의 얼굴에 하루가 지면
쓰디쓴 소주 한 병으로 피로를 어루만진다

바다가 길을 잃고 등대가 몹시 울던 어린 적
돛단배에 몸을 싣고 떠나간 아버지
그 아버지의 바다를 대물림한
바다를 떠나 살 수 없는 친구
소금기에 절은 몸에서 다디단 냄새가 폴폴 난다
— 최효열, 「내 친구는 뱃사람」58) 부분

위의 시 「정라진에서」는 정라진항의 피폐한 풍경을 고발하고 있다. "안녕하세요?"라는 물음에 "안녕 못 함!"이라고 단호하게 답을 한다. 물음표와 느낌표에서 오는 어감에서도 감지할 수 있지만, 시어 또한 피폐한 어촌의 현실을 내포하고 있다. 정라항을 바라보는 시적 자아는 "결빙", "겨울", "허기", "노을", "어둠", "추위", "왜소", "추운" 등과 같은 시어를 계속 나열하면서 결핍된 현실을 증폭시키고 있다. 이렇듯, '문학의 정치'는 문학이 시간들과 공간들, 말과 소음, 가시적인 것과 비가시적인 것 등의 구획 안에 문학으로서 개입하는 것을 의미하기 때문이다. 문학의 정치는 실천들, 가시성 형태들, 하나 또는 여러 공동 세계를 구획하는 말의 양태들 간의 관계 속에 개입한다.59)

「묵호항의 어부」에서 시적 자아는 동해 바다를 "검은 바다"60)로 인식한

---

57) 최호길, 「묵호항의 어부」, 『동해문학』 제11집, 1999, 189쪽.
58) 최효열, 「내 친구는 뱃사람」, 『동해문학』 제24집, 2012, 143쪽.
59) 자크 랑시에르, 유재홍 옮김, 『문학의 정치』, 인간사랑, 2011, 11-12쪽.
60) '묵호항'을 '검은 바다'라고 인식하는 이유는 '묵호'의 옛 이름이 '먹호'였기 때문이라고 할 수 있다. '먹호'라는 지명은 수송하기 위해 항구에 쌓아놓은 무연탄이 개를 검게 하여 생긴 이름(동해시 편, 『東海市史』, 도서출판 학연문화사, 2000, 53쪽 참조)이라고 보는 경우와, 또 하나는 '먹호'라는 명칭이 『조선지자료』에서 한자 지명 '墨湖津'에 대한 우리말

다. 또한 "묵호항을 아는가"하고 소리를 높인다. 시어에서도 날을 세우고 있음을 알 수 있는데, 이것은 "검은 명"이라든가, "제 몸을 채찍질"한다는 표현, 그리고 "힘겨운 뱃길"과 같은 데에서 드러난다. 심지어 가난을 들먹이며 원망을 퍼붓기까지 한다. "처음처럼 가난"이라는 표현에서 나타나듯, 이 지역의 어민들의 삶이 가난을 대물림하고 있음을 「묵호항의 어부」로 드러내 보이고 있다.61)

한편, 「내 친구는 뱃사람」에서는 '어부'를 대물림 하고 있는 현실을 드러내고 있다. 시적 자아는 "돛단배"와 같은 작은 배에 몸을 싣고 고기잡이를 나갔던 아버지를 삼킨 바다를 떠나지 못하고 소금기에 절어 사는 친구를 바라만 보아야 하는 현실을 고발하고 있다. 이것은 어민들이 바다를 떠나려 해도, 배운 게 고기 잡는 일밖에 없다 보니, 쉽게 이 지역을 벗어나지 못하고 있음을 토로하는 부분이라고 하겠다.

이밖에도 「카프리 찻집에서」62)는 시적 자아가 "오징어 따라간 아버지의 가난에 오열하던/ 그 어머니 손에 끌려 뒷걸음으로 떠난 동무의 푸른 눈"을, 애증의 눈으로 바라보고 있다. 그리고 「폐선」63)은 "수시로 쳐들어와 소금기를 뿌려놓고 가는/ 해안가에서 조금씩 늙어가는 집"을, 「정라항」64)은 "파도 베고 누운 낡은 어선들/ 작은 바람에도 가슴 졸이며/ 먼 바다만 바라보는 정라항"을 고발하는 양태를 보이고 있다. 이처럼 동해·삼척지역 문인들이 '바다'를 소재로 창작한 작품 속에서는 어자원고갈로 인한 피폐한 어촌의 삶이 시대정신으로 나타나고 있음을 알 수 있다.

이름을 '먹호진'으로 표기한 만큼 이미 100년 전에 사용된 명칭으로 보면서 '墨'을 그 음으로 읽지 않고 훈으로 새겨 '먹'으로 읽은 데서 연유한 것(박성종 편, 앞의 책, 95쪽 참조)이라는 경우이다.
61) 권석순, 「동해지역문학의 '바다시' 연구」, 『어문연구』 56호, 어문연구학회, 2008, 351쪽 참조.
62) 최효열, 「카프리 찻집에서」, 『동해문학』 제24집, 2012, 139쪽.
63) 강동수, 「폐선」, 『통사』, 223쪽.
64) 김일두, 「정라항」, 『두타문학』, 제34집, 두타문학회, 2011, 121쪽. (『통사』, 248쪽.)

3. 기간산업 쇠락과 탄광문학

한국전쟁 이후 역사적 전개에 비추어 볼 때 강원지역에서 현대사의 획기적 사건은 그다지 많지 않아 보인다. 이 역시 한국사회 내의 이중적 소외에 비견되는 지정학적 현실이라 하겠다. 이러한 실정 속에서 탄광의 존재는 지역적 정체성과 관련하여 주요한 역사적 범주를 형성하고 있다. 일제에 의한 석탄산업의 활성화와 함께 이미 1930년대에 맹아적 형태를 보이는 탄광문학은 1960년대에 이르러 강원영동지역을 중심으로 본격화된다.65)

동해·삼척지역 문인들의 현실에 대한 관심은 석탄산업에 닿아 있다. 한국 근대사회의 발전 과정에서 석탄산업의 명암은 뚜렷이 구분된다. 식민지시대로부터 비롯된 석탄산업은 개발독재를 거치며 활황을 맞았다. 그러나 산업구조의 변모와 함께 쇠락의 길로 접어들어 오늘에 이른다. 그 명멸의 역사가 영동남부지역 문인들의 작품의 배경이 된다. 그곳에서의 구체적 체험이 전제되기에 화자는 떠나고자 몸부림치면서도 목메어 그리워질 수밖에 없는 애증의 공간이 된다.66)

> 가슴에는 더욱 더 탄탄한 적賊을 숨겨두었다
> 밤낮이 혼돈되는 갱坑안
> 어머니의 걱정스런 안부, 막내둥이 재롱소리도
> 더 이상 기억할 수 없었던 단절된 언어
> 부지런히 가슴속에 쌓여질 탄맥炭脈을
> 연신 쪼아 깊고 깊은 독방을 만들어 간다
>
> 가르릉거리는 가슴패기 들여다 볼 수 있었던 그날
> 하얀 시트를 들추어내며 이제야 푸른 하늘을
> 볼 수 있다며 처음으로 미소를 짓던 모습은
> 결코 폐광廢鑛처럼 닫히지 않을 아버지의 마지막 절규
> 덜커덩거리며 터널을 빠져나가는 기적소리가
> 목 놓아 우는 통곡처럼 병동病棟을 울리고 있었다.

---

65) 남기택, 『강원영동지역문학의 정체와 전망』, 청운, 2013, 72쪽.
66) 남기택, 「김태수, 『사람의 길』,—일상의 시학」, 『통사』, 272쪽.

— 정석교,「도계道溪」67) 부분

싸늘한 낮달처럼 폐광에 바람이 스산하다.
밤낮으로 오가던 운반 트럭 보이지 않고
불도저로 밀어내던 저탄장은 양돈장으로 변했다.
흑인 얼굴 흡사한 적재부들
쉴 새 없이 삽질하던 근육들
간혹 객차에 손 흔들어 주던 익살도 있었지.
막장으로 향하기 전에 갱목에 걸터앉아
담배 피워 물던 광부들의 무표정들
그들은 감독지시에 일사분란했던 순응자들이었다.
석탄의 전성기엔 벌집처럼 붐볐지.
그 순응자들은 상한 폐를 안고 뿔뿔이 흩어져 지금은
어느 길을 가며 무슨 익명으로 말라가고 있을 것이다.
— 정일남,「탄광촌을 지나며」68) 부분

숲속을 바람처럼 흘러 햇빛은
한낮이 되자, 언덕 허리로 난 철길을 타고 내려와
파도의 어깨 죽지에 신나게 갈기를 달아주고 있었고
언덕 끝 저탄장 그러나 햇빛 몇 조각
웅크린 탄 더미 속으로 막막한 化石이 되어가는 줄
아무도 눈치 채지 못했다.
오늘은 남아 무엇을 할 것인가.
— 용묵,「墨湖驛에서」69) 부분

'도계道溪'70)는 삼척시의 탄전지역으로 읍 소재지다. 태백을 비롯하여 정선 고한·사북, 삼척 도계, 영월 상동 등 강원남부권 폐광지역은 1980년대까지 '단일산업에 의한 단일도시'의 특성이 매우 강했다. 이 같은 단순하고 독

---

67) 정석교,「도계道溪」,『통사』, 353쪽.
68) 정일남,「탄광촌을 지나며」,『월간문학』, 497호, 한국문인협회, 2010, p. 32.(『통사』, 379쪽.)
69) 김용묵,「墨湖驛에서」,『동해문학』제2집, 1990, 109쪽.
70) 도계道溪는 강원도 삼척시 중부에 있는 읍이다. 삼척탄전지대의 중심지대이며, 대표적인 광업소로 도계·경동 광업소를 들 수 있다.

특한 산업구조는 1930년대 일제강점기부터 50여 년간 의존해 온 터라 석탄산업의 위기는 곧 탄광촌의 붕괴로 이어졌다. 실제 1989년 석탄산업합리화 정책 시행 이후 불과 2~3년 만에 탄광촌 지역경제는 파산위기를 맞았다. 이런 상황에서 폐광지로 추락한 탄광촌이 위의 시 「도계道溪」와 「탄광촌을 지나며」에서 드러나고 있다.

「도계道溪」에서 시적 자아는 진폐를 앓던 아버지의 "가슴에는 더욱 더 탄탄한 적賊을 숨겨두었다"고 토로하고 있다. 진폐塵肺는 폐에 미세먼지가 쌓여 돌처럼 굳어버리는 질병으로, 일반적인 환경에서는 거의 발생하지 않으며, 특수한 환경에서 발생하는 직업병이다. 진폐환자인 광부는 "가슴속에 쌓여질 탄맥炭脈"으로 "가르릉거리"다가 결국은 죽음을 맞이하고 만다. "아버지"의 죽음 앞에서도 "폐광廢鑛처럼 닫히지 않을 아버지의 마지막 절규"라고 표현한 것은 폐광은 되었다 할지라도 진폐를 앓는 광부들은 아직도 병상에서 고통스러워하고 있음을 강조한 부분이라고 할 수 있다.

「탄광촌을 지나며」에서는 시적 자아가 폐광으로 인하여 "싸늘한 낮달"처럼 변한 탄광촌을 들여다보고 있다. 활황을 누릴 때는 밤낮으로 분주하게 석탄을 실어 나르던 운반차량이 보이지 않고, 석탄을 산더미처럼 쌓아두었던 저탄장마저 "양돈장"으로 변해버린 탄광촌에서 과거를 더듬어보는 시적 자아는 "벌집처럼" 붐비던 "석탄의 전성기"를 꿈꾸어 본다. 그러나 막장에서도 일사분란하게 움직이던 "순응자"인 광부들은 폐광으로 인하여 뿔뿔이 흩어져서 "상한 폐를 안고" 살아가는 비참한 현실을 시적 자아는 "익명으로 말라가고" 있다고 극대화하고 있다.

「墨湖驛에서」에서 제목으로 차용한 '묵호墨湖'[71] 지역은 1980년 동해시로 통합되기 전엔 '명주군 묵호읍'[72] 이었다. 묵호지역이 산업사회로 이동을 한

---

[71] 묵호墨湖는 강원도 동해시의 북부권에 있는 지역이다.
[72] 묵호읍은 1942년 10월 1일자로 당시 강릉군 망상면이 읍으로 승격되면서 묵호진 항구의 이름을 따서 묵호읍으로 이름을 바꾸었다. 묵호지역에 인구밀도가 급격히 높아진 시기는 일제강점기인 1930년대이다. 1931년에 묵호지역에 축항이 시작되었을뿐만 아니라, 1936년부터는 인근의 삼척 및 태백 지역에서 생산된 무연탄을 비롯한 지하자원을 기차로 수송하여 선적함으로써 1941년 8월 11일자로 묵호항이 개항하기에 이르렀다. 1980년에 동해시로 통합될 당시에 명주군 묵호읍의 인구는 1979년 12월 1일자로 57,522명이었으나, 2000년 3월 현재는 약 36,000명으로 오히려 인구가 감소하는 현상을 보였다. 이것은 동해시의 새로운 중심시가지로 부상한 천곡동 일대로 인구가 이동하고 증가하는 추세

것은 일제가 개발정책을 앞세워 묵호에 '삼척개발회사'를 두고 산업기지화를 한 데서 비롯되었다. 삼척개발은 산하에 삼척탄광을 두어 도계·철암·장성지구에 무진장으로 매장된 무연탄을 생산하고 묵호와 철암간의 철도를 부설하여 무연탄을 수송하고 묵호항을 통해 반출했다. 이러한 이유로 한때, 묵호항은 영동남부 지역의 명실상부한 무역항이었다. 뿐만 아니라 묵호항에서 어획한 수산물은 묵호역을 통하여 타 지역으로 수송되었고, 인근 삼척·태백지역에서 생산한 무연탄을 수송해 오는 거점이 되었다. 그러나 어자원이 고갈되고 1980년대 석탄합리화 정책에 따른 폐광으로 경제공동화가 심화되면서 묵호항과 묵호역을 통과하는 물동량은 줄고 말았다.

묵호지역이 팽창했을 땐, 묵호역은 사람들이 가장 많이 붐볐던 장소로, 삶의 애증이 극명하게 노정되었던 공간이었다. 실제 지역민들의 삶은 탄 더미 속의 "化石"처럼 피폐한 상황에 놓여 있음을 토로하고 있다. "오늘은 남아 무엇을 할 것인가."하고 번민하는 이유도 산업구조의 변모로 인하여 생계마저 위협을 느끼게 되자, 묵호지역을 떠날 수밖에 없는 상황에 놓였음을 의미한다.[73]

이밖에도 「도계에 가면」[74]에서는 석탄지역인 도계를 "어머니의 자궁 속 같은 막장/ 너나없이/ 빈 가슴에 눈물만 가득 채워 와/ 떠날 때는 남김없이 쏟아놓는 곳"으로 표현하고 있다. 「아내의 비밀」[75]은 "내 배꼽(배꼽)에/ 탄가루가 끼인 것은/ 아내만 안다.// 내 작업복/ 실밥 간 곳마다/ 절어 붙은 탄가루도/ 아내만 안다."고 탄가루로 인한 피해를 고발하는 양상이다. 또한 「붉은색 발전소가 있던 자리」[76]에서는 "검은 탄炭 나르던 철길에/ 붉은 녹물이 흘러내리고/ 언제부터 사라졌는지", 석탄산업이 팽창했던 시절을 먼 시간으로 기억해내고 있다. 지역주민의 일터가 되고 삼척에서 생산되는 무연탄을 이용하여 전기를 생산하던 화력발전소도 현재의 시간에서 밀려나 있다. "창조적인 사회적 활동의 성격은, 오늘날 생산이 점점 언어적인 수행들과 공

와 관련이 있다.(박성종 편, 『동해시 지명지』, 동해문화원, 2000, 13쪽 참조)
73) 권석순, 「동해지역문학의 '바다시' 연구」, 350-351쪽 참조.
74) 김태수, 「도계에 가면」, 『그대는 나더러 눈송이처럼 살라지만』, 도서출판 두타, 1997, 76쪽.(『통사』, 272쪽)
75) 진인탁, 「아내의 비밀」, 『통사』, 672쪽.
76) 강동수, 「붉은색 발전소가 있던 자리」, 『통사』, 224쪽.

동체에 의존한다는 사실로 인해 더욱 강조되고 심화된다."77) 이렇게 지역문인들의 문학의 원천이 된 석탄산업의 쇠락은 정치와 사회현실의 주체로서 인간 삶의 애환으로 추동되고 있다.

4. 역사적 장소와 지역성

정치와 역사는 불가분의 관계라고 할 수 있다. 정치는 역사를 반영하고 역사의 발전이 정치의 발전을 가져올 수 있기 때문이다. 또한 정치는 역사를 통해서 더 앞으로 나아갈 수 있다. 한 국가의 정치문화가 형성되기까지 역사, 상징, 지리적 위치, 문화, 경제 등 다양한 요소가 영향을 준다. 그러므로 정치는 역사의 유물적 요소를 가지고 있다고 할 수 있다. 역사는 현재를 살고 있는 사람과 시대의 특징적 가치의 영향을 받기도 한다. 동해·삼척 지역문학도 역사와 맞닿아 정치적 가능성을 보여주고 있음을 그들의 작품에서 읽어낼 수 있다.

> 일행이 임해정에서 쉬는
> 실직悉直의 자줏빛 바다
> 해룡이 홀연히 나타나
> 수로부인을 해중으로 끌고 갔었다.
> 계책없이 허둥대는 순정공
>
> — 연휘, 「수로부인·2」78) 부분

> 푸른 바다를 흠뻑 마시며 선
> 制海護國의 돌이여,
> 우리의 所望은
> 東海를 世界에 심는 것
>
> 노일전쟁 때

---

77) 안토니오 네그리·마이클 하트, 조정환·정남현·서창현 옮김, 『다중』, 세종서적, 2008, 171쪽.
78) 정연휘, 「수로부인·2」, 『해문 밖에서』, 혜화당, 1992, 24쪽.(『통사』, 365쪽.)

日本海軍이 발틱함대에 승리한 後
世界의 지도에서 東海는 사라지고
日本海로 바뀌었다는 애끓는 슬픔

헹굴 수 없는 짜디짠 눈물
세월을 忍耐하며
東海는 가슴을 앓는다.

이름 잃은 이의 심장에
수만 번 刻字된 응어리는
化石이 되어 全身을 드러내고
望夫石인양 갈증과 싸우고 있다.
― 박종해, 「制海護國의 돌」[79] 전문

길게 산중턱을 휘감아
세월을 지키는 천 년의 산성
그저 유적이라고 부르지 마오.
녹슨 훈장이라 하리라
역사에 밀려 뒷전에 누워
맡은 일 잃은 채
긴 세월 비바람 맞으면서
지금은 허물어져 퇴락한 산성.

하늘을 지키고 있다.
사백 년 전 임진왜란 때의 무용담일랑
가슴에 쌓아둔 채
받아 보지 못한 메마른 사랑.
― 김시래, 「두타산성」[80] 부분

위에 인용한 「수로부인·2」는 '해가사'[81]의 내용을 담고 있다. 수로부인水路夫人의 이야기는 '삼국유사' 기이편에 유래가 실려 전한다. 신라 성덕왕(聖德王,

---

79) 박종해, 「制海護國의 돌」, 『동해문학』 창간호, 1985, 83쪽.
80) 김시래, 「두타산성」, 『돌이고 싶어라』, 문원, 1988, 55쪽.
81) '해가사터'는 강원 삼척시 증산해변(증산동 30~23번지)에 조성되어 있다.

702~737) 때 순정공純貞公이 강릉태수江陵太守로 부임하던 길에 갑자기 해룡海龍이 나타나 그의 아내 수로부인을 바다로 끌고 들어가고, 순정공은 "계책없이 허둥"댄다. 그러자 백성들이 모여들어 막대기로 땅을 치며 노래를 부르니 해룡이 수로부인을 내어놓았다고 한다. 이 부분에서 '여러 사람의 입은 쇠를 단련시킨다.'는 중구삭금衆口鍊金이라는 말이 나온다. 여론이 무섭다는 최초의 어원이다. 여기에서 해룡은 권력자로서 백성의 입이 무서워 수로부인을 내어놓은데, 이는 백성의 승리를 암시하는 역사적 사건이라고 할 수 있다.82) 시적 자아는「수로부인·2」에서 역사적 전거를 바탕으로 현실지향의 존재론적 공간을 획득하고 있다.

'制海護國의 돌'은 동해 함대 사령부 경내에서 바다를 바라보며 세워져 있는 조형물이다. 일본이 '동해'를 '일본해'로 바꾼 사건83)에 대하여 시적 화자는 "애끓는 슬픔"을 느낀다고 토로하고 있다. 뿐만 아니라 세월이 흐르면 흐를수록 갈등이 더욱 증폭되어가는 양상을 "東海는 가슴을 앓는다."고 빗대어 표현하였다. 일본에 의해 잃어버린 '동해'라는 이름을 되찾기 위한 바람은 화자 혼자만의 것이 아님이 극명하게 드러난다. "우리의 所望은/ 東海를 世界에 심는 것"이기에, 이와 같은 바람은 죽어 화석이 된 "望夫石"처럼 절실한 것이다.84) 여기에서「制海護國의 돌」은 바로 이 지역 공동체의 기원, 성장, 비대, 분화, 분열, 해체, 재구성 등과 관련시켜 중층·다원적 구조 위에서 인식되고 있다. 이러한 중층적·다원적 구조 속에서 지역 정서의 심층과 문제들이 숨 쉬고 있는 것이다.85) 이 시는 특정 지역에 위치한 인조물의 명칭을 제목으로 내세웠지만, 시적 의미는 지역에 한정하지 않고 있다. 지역의 염원을 넘어서 시대적 명제임을 환기하는 데까지 이르고 있음을 알 수 있다.

한편「두타산성」에 와서는 살아 숨 쉬는 두타산의 역사가 "퇴락한 산성"으로 형상화된다. '두타산성'은 신라 파사왕 23년(102)에 처음 쌓은 성이다. 조선조 태종 14년(1414)에 삼척부사 김맹손(金孟孫, 1478~1502)이 다시 축조하

---

82) 채수영,「살아 있는 정서의 편린들-정연휘의 시세계」,『통사』, 366쪽 참조.
83) 러·일 전쟁 당시 러시아의 3대 함대의 하나였던 발틱함대가 일본원정의 임무를 띠고 1904년 10월 15일 리예파야항港을 출항하였다가 1905년 5월 27일~28일, 일본함대와의 전투에서 전멸하였다. 이후 일본은 '동해'를 '일본해'로 바꿨다.
84) 권석순,「동해지역문학의 '바다시' 연구」, 353쪽 참조.
85) 양영길, 앞의 책, 95쪽.

였는데, 임진왜란 때는 함경도 안변에서 후퇴한 왜병의 주력부대와 치열한 전투를 벌였던 곳이다. 이처럼 두타산성은 두타산 정상 아래쪽에 있는 산성으로 산을 지키는 동시에 이 지역의 역사를 지켜왔다. 이 시에서는 두타산에 대한 지역민들의 관심이 현실적으로 점점 퇴색되어 가고 있음을, 시적 주체는 "메마른 사랑"으로 전경화하였다.[86]

이렇게 지역시인들이 추구하는 현실반영은 단순한 모사模寫가 아니라 역사적 공간에서 그 요소들을 응축하고 있다. 이러한 요소들은 인간의 사회적 세계와 그에 대한 인간의 적응, 그리고 사회를 변화시키려는 인간의 욕구 등과 관련되어 나타난다. 다시 말하면, 예술로서의 문학은 사회적 삶의 표피를 뚫고 들어가 사람들이 사회에 대해 느끼는 방식을 보여줌으로써 단순한 묘사나 객관적·과학적 분석을 넘어선다. 이와 같이 지역시인들의 시 속에서의 역사적 공간은 그들의 경험 속에서 재구성되고 재결합된 감각적 사고로 현실을 반영하고 있음을 알 수 있다.

5. 시대적 상황과 내면의 응전

강원영동남부지역 문인들은 사회·역사적 현실로서 실재했던 한국전쟁을 문학생산의 원천으로 삼고 있다. 특히 지역 문인들에게서 나타나는 이러한 의식은 산문 글쓰기에서 나타나고 있는데, 이는 한국전쟁의 체험이 녹아있는 글쓰기는 민족상잔이라는 비극을 풀어내기에 호흡이 짧은 시보다 산문이 더 적절하기 때문이다. 수필이나 소설은 자유로운 시제의 전개 또는 시간의 넘나듦이 가능하다. 더 나아가 보면 시는 인과론에 얽매여 있지 않으나 소설이나 수필은 시보다는 원인과 결과의 매듭이 분명하고 사건 중심의 작가의 의도가 보다 명확하게 제시되어 있다. 이처럼 "체험은 작가의 생애와 관련되며 그것은 전기傳記로 나타난다. 작가도 역시 시대의식을 지니고 주어진 상황에서 살아가며 희로애락 속에서 이 세상의 잡다한 사건들을 체험한다."[87]

---

86) 권석순, 「두타산의 공간화 전략」, 『비평문학』, 32호, 한국비평문학회, 2009, 37쪽 참조.
87) 구인환, 『소설론』, 삼지원, 2000, 163쪽.

이런 평화로운 고장에 6·25전쟁은 무서운 시련과 악몽같은 추억을 안겨주었다.

어느 날 갑자기 인민군이 나타나서 우리는 학교도 포기하고 어린 마음에도 슬슬 눈치를 보면서 하루 종일 냇물에 가서 미역도 감고 고기도 잡고 씨름도 하며 지냈다.

그럴 때 정오가 지나 한창 여름 볕이 따가울 쯤 난데없이 비행기 두 대가 쌩쌩하고 쏜살같이 나타나더니 우리의 놀이터 사대 벌판에 따따 땅 기관포를 마구 쏘아대는 것이다. 평생 처음 당하는 일이라 우리는 모두 얼이 빠져 어쩔 줄 모르는데 폭격기는 우리 머리 위를 비호처럼 종횡무진 날아다니며 날벼락을 퍼붓고 탄피는 물위로 뚜뚜뚝 떨어지는데 조종사가 또렷하게 보이니 더 겁이 나고 저승사자 같아서 정말 혼이 달아날 지경이었다.

— 김원우,「폭격맞은 물놀이 형제들」88) 부분

참, 말이 났으니 말이지. 육이오 때 인민군들이 마을을 덮쳐 지나 갈 때 놈들이 고샅으로 질척질척 흘리고 간 된장덩이처럼 젊은 목숨들을 이 밭이랑 저 밭둑에 처박아 놓고 간 날도 까마귀들은 목에서 생피라도 뽑아내듯 극성맞게 울었고, 삼대독자로 노인의 가슴에 불씨처럼 묻어 왔던 아들 칠덕七德이가 뱀골에 허무하게 죽음을 고했던 날도 그 까만 것들은 시루봉을 갈라놓을 듯 감나무 이 가지 저 가지로 옮겨 날며 온 종일 울부짖었던 것이다.

— 김익하,「부황浮黃의 땅」89) 부분

이번의 태풍 '루사'는 단순히 한반도의 8월 말 수온이 높아서 일어나는 기상현상이라기보다는 어떻게 보면 침묵하는 자연을 얕보고 방자하게 굴어온 인류에게 따끔한 맛을 보여주는 의도적인 응징인 것만 같다. 무더위가 가고 초가을의 즐거운 주말. 특히 영동일대는 마음 푹 놓고 잠자리에 들려는 순간에 맞추어 태풍이 절정에 이른 것은 피해의 극대화를 위해 의도적으로 일요일 새벽을 택하여 기습해온 6·25남침 수법과 다를 바 없고 추석명절의 기쁨에 한창 들떠있는 순간을 노려 849명의 목숨을 앗아간 '사라호' 태풍과도 그 수법이 비슷하지 않은가.

… 중략 …

---

88) 김원우,「폭격맞은 물놀이 형제들」,『통사』, 448쪽.
89) 김익하,「부황浮黃의 땅」,『현대문학』311권, 1980, 239쪽.(『통사』, 504쪽.)

곳곳의 하수도 맨홀에서 치솟는 물줄기는 마치 원자폭탄의 버섯구름 같고 도로변에 세워둔 수많은 자동차는 임종을 고하는 숨결처럼 잠깐 전조등을 깜빡이다가 마치 밑창 뚫린 배가 서서히 잠기듯 일제히 물에 잠기고 있었다.

— 주종덕, 「태풍 '루사'가 할퀴고 간 자리」[90] 부분

수필 「폭격맞은 물놀이 형제들」에서는 한국전쟁이 어린 화자에게 "악몽 같은" 시대적 상황이었음을 폭로하고 있다. 학교에도 못가고 무더위를 피해서 물가에 간 아이들의 머리 위로 "난데없이" 폭격기가 나타나 기관포를 마구 쏘아대자, 어린 화자는 "평생 처음 당하는 일이라 우리는 모두 얼이 빠져 어쩔 줄" 몰랐다고 한국전쟁의 무차별적인 침략행위를 고발한다. 더욱이 폭격기에서 아이들을 향해 기관포를 쏘아대는 조종사가 "저승사자"로 비유하고 있다. 이것은 한국전쟁은 바로 우리 사회를 죽음으로 몰아간 시대적 상황이었음을 토로한 부분이라고 할 것이다.

소설 「부황浮黃의 땅」에서 한국전쟁 때 "인민군들"에 의하여 자행되었던 죽임의 역사를 포착하고 있다. 작가는 여기에서 부당한 권력에 의해 '죽임'과 '죽음'이라는 실존의 극단을 체험한다. 이 땅을 지키기 위해 "인민군"과 맞섰던 젊은이들의 피가 "질척"거리는 "이 밭이랑 저 밭둑"이 바로 이 지역의 참혹한 현장이다. 이 소설 속에서는 심지어 "생피라도 뽑아내듯 극성맞게" 울어대는 까마귀를 출현시켜 죽음의 상황을 극대화하고 있다. 이것은 소설 「부황浮黃의 땅」에서 한국전쟁 때 "삼대독자로 노인의 가슴에 불씨처럼 묻어왔던 아들 칠덕七德이"와 같은 아까운 목숨들도 "죽음"을 피할 수 없는 시대적 상황이었음을 고발하고 있다.

이러한 상황은 수필 「태풍 '루사'가 할퀴고 간 자리」에서도 나타난다. 이 작품 속에서는 태풍 '루사'의 악몽을 한국전쟁으로 빗대어 서술하고 있다. 영동지방에 집중되었던 태풍 '루사'의 절정도 "일요일 새벽을 택하여 기습해온 6·25남침 수법"처럼 "마음 푹 놓고 잠자리에 들려는 순간"이었다고 표현한다. "곳곳의 하수도 맨홀에서 치솟는 물줄기는 마치 원자폭탄의 버섯구름 같

---

90) 주종덕, 「태풍 '루사'가 할퀴고 간 자리」, 『통사』, 486쪽.

고, 도로변에 세워둔 수많은 자동차는 임종을 고하는 숨결"같았다고 토로한다. 여기에서도 전쟁은 '죽음'과 직결되고 있음을 할 수 있다.

'죽음'으로 내모는 시대적 상황은 '실직'문제로도 대두된다. 소설「두타산이 준 생일선물」91)에서 이러한 정황이 나타난다. 이 소설에 나오는 'ㄱ씨'는 명예퇴직자로, 재취업을 앞두고 두타산 7부 능선에서 시신을 발견한다. 시신의 주인공은 이 지역의 산업 전사였다. 여기에 대하여 이 소설은 "폐광으로 실직을 당하고, 더욱이 규폐라는 직업병까지 얻어 결국 탈진하여 죽고 말았다."고 서술하고 있다. 우리나라에서의 명예퇴직은 IMF 구제금융사태 직후인 1998년 금융권 구조조정이 첫 시발이다. 명예퇴직은 회사가 인위적으로 인력 구조조정을 하는 수단으로 보면 되는데, 대부분 이를 거스르기는 어려웠다. 명예퇴직을 이끌어내기 위해 명예퇴직금과 특별 위로금으로 허탈감을 일부나마 보상해 주는 것이 일반퇴직과 다르다고 볼 수 있다. 간혹 명예퇴직을 하고 더 잘된 사람도 있지만, 대부분은 명예퇴직 이전보다 더 좋지 않은 곤궁한 상태로 전락하는 경우가 허다했다.

이와 같이 지역문인들에게 부딪치는 시대적 상황들의 다양성이 이성으로뿐만 아니라 감각적인 경험으로 감수성을 낳기도 한다. 즉 감각을 통해 세계를 인식하고 표현하면서 의식을 고착화하는 것이다. 동해·삼척지역 문인들의 작품 속에서의 한국전쟁이나 태풍, 그리고 실직문제는 삶의 기반상실과 전통적 가치관의 붕괴 등에서 기인된 인간심리의 쓰라린 요소로 작용한다. 이러한 시대적 상황들이 '죽음'과 다를 바 없는 참혹한 현실을 낳고 있음을 작품 속에서 보여주고 있다고 하겠다. 이처럼 지역문인들은 불의와 모순에 찬 시대 상황을 외면하지 않고, 안정과 평화가 깃든 세계로 변화시키고자 노력하고 있음을 알 수 있다.

6. 맺음말

본고는 동해·삼척지역문학에서 정치적 상상력에 주목하였다. 지역문학의

---

91) 홍구보,「두타산이 준 생일선물」,『조통장 난봉기』, 도서출판 청옥, 2006.

발전과 진화를 위해 정치의 가능성을 탐색해보는 일은 시대적 흐름에 좇는 일이기 때문이다. 특히 영동남부지역인 동해시와 삼척시의 지역민들은 바다와 두타산을 모산母山으로 삶을 살아간다는 지리적 조건을 함유하고 있다.

동해바다와 접하고 있는 동해시와 삼척시에서 지역문인들이 문학의 장소로 차용하는 대표적인 어항은 동해시의 '묵호항'과 삼척시의 '정라진항'이다. '바다'를 소재로 한 동해·삼척지역 문인들의 작품들 중, 현실성이 농후한 작품은 대체적으로 어자원고갈로 인한 피폐한 어촌의 삶이 시대정신으로 나타나고 있음을 알 수 있다.

한국 근대사회의 발전 과정에서 석탄산업의 명암은 뚜렷이 구분된다. 식민지시대로부터 비롯된 석탄산업은 개발독재를 거치며 활황을 맞았다. 그러나 산업구조의 변모와 함께 쇠락의 길로 접어들어 오늘에 이른 명멸의 역사가 영동남부지역 문인들의 작품의 배경이 되고 있다. 나아가 지역문인들의 문학의 원천이 된 석탄산업의 쇠락은 정치와 사회 현실의 주체로서 인간 삶의 애환으로 추동되고 있다.

역사는 현재를 살고 있는 사람과 시대의 특징적 가치의 영향을 받기도 한다. 동해·삼척 지역문학도 역사와 맞닿아 정치적 가능성을 보여주고 있음을 지역문인들의 작품에서 읽어낼 수 있다. 또한 한국전쟁이나 태풍, 그리고 실직문제와 같은 시대적 상황들이 '죽음'과 다를 바 없는 참혹한 현실을 낳고 있음을 작품 속에서 보여주고 있다. 이는 지역문인들이 불의와 모순에 찬 시대 상황을 외면하지 않고, 안정과 평화가 깃든 세계로 변화시키고자 하는 노력이라고 할 것이다.

지금까지 동해·삼척지역문학은 대체적으로 낭만이나 실존에 치우쳐 온 것이 사실이다. 이 시대 우리 문학이 나아가야 할 지표는 서정성의 일변도에서 벗어나 다양성을 추구하는 일이다. 앞으로 지역문인들도 현실상황과 정치의식, 사회의식을 담아내며 시대정신과 바람직한 방향성을 제시하는 일에 적극적인 관심과 자세가 필요하다고 하겠다. 따라서 이 연구는 동해·삼척지역문학과 정치적 상관성을 구명하기 위한 기초 단계로서, 지역문학 발전뿐만 아니라 이를 통해 한국문학장 속에서 차지하는 위상과 가치를 구명하는 일 계기가 되리라 본다.

동해지역 '바다시'의 현재와 과거

- 『동해문학』을 중심으로

1. 머리말

동해시는 '동해東海'라는 상징적인 명칭을 달고 탄생한 도시[1]이다. 지리적으로 바다와 인접하고 있다 보니, 동해시 문인들의 작품 속에는 '바다'를 소재로 한 시가 비중있게 다루어지고 있다. 이는 지역문학을 말하는 많은 이들이 공감하는 바가 바로 지역문학이 구체적인 것[2]을 그 출발점으로 하고 있기 때문이다.

'바다시'[3]는 바다를 중심으로 하는 인간의 삶이 주요 모티프로 작용한다.[4] 뿐만 아니라 문학에서의 '바다'는 시인의 가치 있는 체험에 의해 재해석되고 재창조되어지는 요소이다. 그러다 보니 동해에 삶의 뿌리를 내린 시인들은 바다가 그들의 삶을 담는 그릇으로서의 언어를 표상화하고 있다. 이와 같이 지역문학은 창작 주체뿐만 아니라 갈래 체계도 일반문학 작품과 다르다. 일반 문학 작품의 경우는 작품 자체의 내적 질서에 따라 구분하지만 지역문학 작품은 창작 주체와 언어매체 및 그 제재에 따라 세분화되는데 이것

---

[1] 1980년 4월 1일 명주군 묵호읍과 삼척군 북평읍이 합쳐서 시로 승격한 신생도시다.
[2] 구모룡, 『지역문학과 주변부적 시각』, 신생, 2005, 21쪽.
[3] '바다시'는 '해양시'로도 불린다. 그러나 '해양'은 넓고 큰 바다를 의미하므로 본고에서는 '바다시'라는 명칭을 쓰기로 한다. 왜냐하면, 동해지역성을 담보하는 문학적 모티프가 '해양'보다는 '바다'라 하는 것이 보다 객관적이기 때문이다.
[4] '바다시'에 대해 최양호는 '바다체험은 물론, 어촌, 섬 등 바다를 중심으로 하는 인간의 삶이 주요 모티프가 되는 시'(최양호, 「한국문학 속에서 해양문학이 갖는 위상」, 『해양문학을 찾아서』, 집문당, 1994, 11-53쪽 참조.)라고 했으며, 양왕용은 '바다가 가지고 있는 속성에서 유추된 정서·사상·관념으로 창작된 시까지 포함'(양왕용, 「한국 현대시와 현해탄·대양·연근해 체험-부산지역을 중심으로」, 『문학도시』, 부산문인협회, 2004, 19쪽.)하여 추상적인 범주까지 넓히고 있다.

이 일반문학과 다른 지역문학의 특성이라고 할 수 있다.[5] 이것은 동해지역성을 담보하는 문학적 내적 기제가 바다를 주제로 한 표현방식, 그리고 의미와의 관련성 차원에서 지역문학의 내용 층위를 이룬다. 바다시의 내용에 따라 동해지역의 고유한 향토색, 지역적 서정, 지역적 삶의 내면적 승화 등이 이와 관련된 요소라고 할 수 있다.[6]

한편, 동해 시인들의 주 발표지는 동해시 지역의 대표적인 문예지인 『동해문학』[7]이다. 여기에 발표한 시편들 속에 나타나는 '바다'는 지역문학에 있어서 창작의 근간을 이루고 있는 데, 이것은 해당 시인들이 이 지역에서 삶을 살았거나 살고 있다는 근거에서 비롯된다.[8] 이는 지역문학을 규정하는 조건으로 실존적 조건인 형식의 층위를 이룬다. 지역문학이 그 형식을 지니기 위해서는 외형적으로 해당 지역과의 관련성이라는 조건이 필요하기 때문이다.

그런 만큼 이 글에서는 『동해문학』 창간호부터 제19집까지에 실린 시 중에서 바다를 소재로 한 작품 92편[9]을 대상으로 한다. 먼저 『동해문학』에 실린 시 중에서 지명을 제목으로 사용한 작품이 많은 점에 주목하였다. 여기에는 동해시에 존재하는 지역의 명칭이나 장소, 그리고 자연물과 인조물을 대상으로, 사회적·시대적 변화에 따라 '역사적 장으로서 노래한 바다시'를 의미한다. "지역문학은 지역의 진실과 역사를 자기화시켜 이해하면서 작품으로 형상화한 결과이면서, 문학 담당층이 갖는 개별성과 문학이 구현하는 보편성을 다같이 표출하는 구체적인 장"[10]이기 때문이다. 또한 바다를 정점으로 삼고 바다와 관련된 것, 예컨대 항구, 동해, 대양 등 직접적인 것과, 또는 바다를 떠나서는 현실적으로 존재할 수 없는 배, 어부, 등대, 파도, 수평선, 생선

---

5) 안동준, 「지역문학의 뜻새김과 갈래 체계」, 『배달말 교육』 제27집, 배달말 교육학회, 2006, 1-2쪽.
6) 남기택, 「지역에 의한, 지역을 위한」, 『경계와 소통, 지역문학의 현장』, 국학자료원, 2007, 56쪽.
7) 『동해문학』은 동해문인협회에서 발행하는 지역문학지로서 1988년에 창간호를 낸 후, 2007년에 19집을 냈다.
8) 현재 동해시에 살고 있거나 동해시에 거주했던 사람들로 구성되어 있음을 약력에서 확인할 수 있다.
9) 창간호부터 제19집까지에 실린 시는 총 편수가 621편이다. 이 중에서 '바다'를 소재로 쓴 시는 92편으로 15%를 차지하고 있다.
10) 김현정, 「지역문학에 대한 소고-소수자 문학과 관련하여」, 남기택 외, 『경계와 소통, 지역문학의 현장』, 국학자료원, 2007, 50-51쪽.

등을 논의의 대상에 놓고자 한다. 이는 개인적인 삶의 질곡이 토로되는 '삶의 터전으로서의 바다'를 검토하는 작업이라 하겠다. 마지막으로 갖가지 감정의 토로와 더불어 심미적인 공간으로 바라보는 바다, 즉 '관조적 대상으로서의 바다'를 검토하고자 한다. 바다시를 논한다는 것은 지역시의 개념이 지닌 차별성만을 드러내는 것이 아니며, 시가 지닌 구조와 의미뿐만 아니라, 미학적 성취 또한 지역시를 논하는 요소로 작용하기 때문이다.[11]

따라서『동해문학』의 바다시를 지역적 정서[12]의 특수성 위에서 논의함으로써 이 지역의 정체성이 문학 작품 속에 어떻게 투영되고 있는지를 밝힐 것이다. 지역문학이란 그 지역의 삶의 모습, 그 지역 사람들이 살아왔던 역사와 그 속에 숨 쉬고 있는 정신을 바탕에 깔고 있어야 한다.[13] 이와 같은 "지역문학 텍스트의 고유한 가치를 발견해가는 노력은 문학장 내부는 물론 한국사회를 발전시키는 견인차가 될 수 있다."[14]는 가능성을 전제로 한다. 더불어 이 연구는『동해문학』이 지역성을 자각하고 지역의 삶에 대하여 관심을 환기시키는 문학으로 자리매김하고 있음을 살펴보는 계기가 될 것이다.

2. 역사적 장으로서의 바다

한국문학에 나타나는 대부분의 장소 또는 공간은 지역을 배경으로 삼고 있다.[15] 장소와 공간은 정감어린 기록의 저장고이며 현재에 영감을 주기 때

---

11) 남기택,「지역에 의한, 지역을 위한」, 앞의 책, 60쪽.
12) 지역의 정서를 양영길은, "그 지역의 생태 환경, 세계관, 질서 원리, 정념 등을 비롯하여 역사적 배경, 사건·사고, 사회구조, 지역 심리, 사상적 배경과 그 구조, 시대정신, 정치·경제 구조, 상권(商權)과 그 변천, 사유 방식, 상상의 구조, 각종 통계 등이 중앙과 별개의 것이면서 다른 지역과 차별화된 것"이 그 지역의 정서라고 규정하면서, 이러한 문제들에 대한 해법 등 그 문제를 쟁점화할 수 있는 지역 공동체의 모든 것이 지역문학의 대상이 됨을 지적하였다.(양영길,『지역문학과 문학사 인식』, 국학자료원, 2006, 87-88쪽.)
13) 양영길, 앞의 책, 60쪽.
14) 남기택,「지역, 현실, 문학 - 대전충남지역 시문학을 중심으로」,『지역과 현실, 현실주의 문학-제9회 문학심포지움』, 민족문학작가회의 대전·충남지회, 2007, 12쪽.
15) 강영기는 지역문학에서 장소 또는 공간과 관련한 작품을 문학 지리학적 관점으로 크게 둘로 나누었다. 즉, 작품화된 지역에서 태어나거나 일정 기간 그 지역에 거주한 작가가 창작한 작품을 '고향 문학'으로, 그리고 지역 이외의 작가가 지역을 돌아보고 그 감회를 형상화한 작품을 '순례문학'이라고 하였다. (강영기,「시에 나타난 '제주시'의 문학적 공간 의미」,『현대문학이론연구』제31집, 현대문학이론연구학회, 2007, 34쪽 참조.)

문이다.16) 『동해문학』의 작품 발표자 역시 동해시에 연고를 둔 문인들이다 보니 지역의 장소 또는 공간의 명칭이 시편들 속에 자연스럽게 녹아져 있다. 이는 지역문학이 "그 지역을 섬기는 이, 그 지역에 깊은 친밀·경험과 장소 사랑을 실천한 이들이 엮어내는 문학"17)이기 때문이다. 『동해문학』에서 바다시 92편 중 장소와 공간의 명칭을 그대로 제목으로 단 작품은 24편(26%)이나 된다. 뿐만 아니라 시인들이 선호하는 제목은 '묵호항', '묵호 등대', 그리고 '망상해변' 등 동해시의 북부권에 편중18)되어 나타난다. 이러한 이유는 북부권이 동해시에서 바다와 인접지역으로 역사적·사회적 사상事象과 맞물려 있기 때문이다. 문학과 같이 주체-객체의 관계에 의해서 성립된 이런 경우엔, 그 본질과 핵심에 접근하기 위해서는 역사적인 고찰이 요구된다.19) 그러므로 먼저 북부권의 지명을 드러낸 작품을 제시한 후, 문학이 시대와 사회와 개인의 특수한 사정에 따라 어떻게 사회적 삶을 반영하고 있는지를 살펴보기로 한다.

> 숲속을 바람처럼 흘러 햇빛은
> 한낮이 되자, 언덕 허리로 난 철길을 타고 내려와
> 파도의 어깨 죽지에 신나게 갈기를 달아주고 있었고
> 언덕 끝 저탄장 그러나 햇빛 몇 조각
> 웅크린 탄 더미 속으로 막막한 化石이 되어가는 줄
> 아무도 눈치 채지 못했다.
> 오늘은 남아 무엇을 할 것인가.
>
> ― 김용묵, 「墨湖驛에서」20) 부분

---

16) 이-푸 투안, 구동회·심승희 역, 『공간과 장소』, 도서출판 대윤, 2007, 247쪽.
17) 박태일, 「지역시의 발견과 해석-경남·부산 지역의 경험을 중심으로」, 『한국 지역문학의 논리』, 청동거울, 2004, 52쪽.
18) 북부권이란 바다와 인접한 묵호지역을 일컫는다. 지명이나 장소를 제목으로 하고 있는 시 24편 중 북부권 12편('묵호항' 5편, '묵호 등대' 2편, '망상해변' 2편, 어달리 바다 1편, 묵호역 1편, 까막바위 1편) 남부권 4편(추암 1편, 능파대 1편, 동해항 1편, 할미바위 1편)이다. 이 외의 작품은 북부권과 남부권을 아우르고 있는 '동해'라는 지명을 제목으로 사용하고 있다.
19) 최유찬·오성호, 『문학과 사회』, 실천문학사, 1994, 25쪽.
20) 김용묵, 「墨湖驛에서」, 『동해문학』 제2집, 1990, 109쪽.

검은 바다 묵호항을 아는가

벗이여

검은 멍이 들도록 제 몸을 채찍질하여
얼마나 힘겨운 뱃길을 들락거리며
스스로 푸르러졌는지를

내 쓸쓸한 벗이여

속이 탄다고 오징어 다리로 슬픈 소주를
들이 마시며
세월을 원망하며
처음처럼 가난을 원망하며 산다

― 최호길, 「묵호항의 어부」21) 부분

위의 시 2편에서 제목으로 차용한 '묵호'지역은 1980년 동해시로 통합되기 전엔 '명주군 묵호읍'22)이었다. 묵호지역이 산업사회로 이동을 한 것은 일제가 개발정책을 앞세워 묵호에 '삼척개발회사'를 두고 산업기지화를 한데서 비롯되었다. 삼척개발은 산하에 삼척탄광을 두어 도계·철암·장성지구에 무진장으로 매장된 무연탄을 생산하고 묵호와 철암간의 철도를 부설하여 무연탄을 수송하고 묵호항23)을 통해 반출했다. 이러한 이유로 묵호항은 영

---

21) 최호길, 「묵호항의 어부」, 『동해문학』 제11집, 1999, 189쪽.
22) 묵호읍은 1942년 10월 1일자로 당시 강릉군 망상면이 읍으로 승격되면서 묵호진 항구의 이름을 따서 묵호읍으로 이름을 바꾸었다. 묵호지역에 인구밀도가 급격히 높아진 시기는 일제강점기인 1930년대이다. 1931년에 묵호지역에 축항이 시작되었을뿐만 아니라, 1936부터는 인근의 삼척 및 태백지역에서 생산된 무연탄을 비롯한 지하자원을 기차로 수송하여 선적함으로써 1941년 8월 11일자로 묵호항이 개항하기에 이르렀다. 1980년에 동해시로 통합될 당시에 명주군 묵호읍의 인구는 1979년 12월 1일자로 57,522명이었으나, 2000년 3월 현재는 약 36,000명으로 오히려 인구가 감소하는 현상을 보였다. 이것은 동해시의 새로운 중심시가지로 부상한 천곡동 일대로 인구가 이동하고 증가하는 추세와 관련이 있다.(박성종 편, 『동해시 지명지』, 동해문화원, 2000, 13쪽 참조.) 필자의 견해를 덧붙이자면, 묵호지역의 인구 감소는 중심시가지로 상권이 이동한 원인이 있지만, 어항의 고갈과 무연탄 수요 감소에 따른 원인 또한 크다고 판단된다.
23) 묵호항은 예전에는 어항이었으나 1931년에 축항을 하고, 1936년부터 삼척 일대의 무연탄을 실어내면서부터 크게 팽창하였다. 1941년 8월에 묵호항으로 개항하였으며 1964년

동남부 지역의 명실상부한 무역항이었다. 뿐만 아니라 묵호항에서 어획한 수산물은 묵호역을 통하여 타 지역으로 수송되었고, 인근 삼척·태백지역에서 생산한 무연탄을 수송해 오는 거점이 되었다. 그러나 어자원이 고갈되고 1980년대 석탄합리화 정책에 따른 폐광으로 경제공동화가 심화되면서 묵호항과 묵호역을 통과하는 물동량은 줄고 말았다.

묵호지역이 팽창했을 땐, 묵호항과 묵호역은 사람들이 가장 많이 붐볐던 장소로, 삶의 애증이 극명하게 노정되었던 공간이었다. 위의 시 「墨湖驛에서」는 화자가 바다를 터전으로 살아가는 묵호지역을 삶의 원체험으로 노래하고 있다. 외적으로 보이는 바다는 여전히 "파도의 어깨 죽지에 신나게 갈기"를 단 것처럼 보일지라도, 실제 지역민들의 삶은 탄더미 속의 "化石"처럼 피폐한 상황에 놓여 있음을 토로하고 있다. "오늘은 남아 무엇을 할 것인가."하고 번민하는 이유도 산업구조의 변모로 인하여 생계마저 위협을 느끼게 되자, 묵호지역을 떠날 수밖에 없는 상황에 놓였음을 의미한다. 여기에 대해서는 김용묵이 그의 시 「저녁 바다가 있는 풍경」24)에서 "날이 밝으면 말라붙은 눈물 한 방울/ 허연 뼈마디의 소금으로 씹히고/ 이빨 빠진 모래톱을 바라보면서 그렇게 듬성듬성 이웃들은 짐을 꾸렸다"고 노래한 부분에서도 살펴볼 수 있다. 화자는 이런 상황을 '이웃'의 발견으로 극대화한 것이다.

한편, 김용묵은 '묵호역' 뿐만 아니라 '묵호항'도 묵호지역의 번영과 쇠퇴의 역사 속에 존재하고 있음을 「묵호항 추억」25)으로 드러내고 있다. 그는 "아침이면 항구는 눈부신 비늘을 흘리며/ 금빛 투망으로 싱싱하게 건져 올렸다/……/통리재를 돌아 내려 온 밤기차가/ 비로소 항구에 닿아 허리를 꺾으면/……/항구는 하루 온종일 힘줄 퍼렇게 살아서/ 슬퍼할 겨를도 없이 절망 같은 건 아예 表記하지 않았다"고 한때 흥청거렸던 묵호항을 추억하기도 했다. 이렇게 문학의 원천이 된 시인의 '묵호항'은 객관 현실과 창작 주체인 시인의 접촉이 이루어지는 장소로서 문학적 창조를 위해 반드시 거쳐야 하는 관문으로 존재하고 있다.

에 무역항이 되었다. 그러나 현재 묵호항은 어항의 구실만 하고 있고, 동해항(북평항을 준설하여 개칭한 항구)이 무역항이다.
24) 김용묵, 「저녁바다가 있는 풍경」, 『동해문학』 제2집, 1990, 115쪽.
25) 김용묵, 「묵호항 추억」, 『동해문학』 제3집, 1991, 135쪽.

한편, 「묵호항 어부」에서 시적 화자는 동해 바다를 "검은 바다"[26]로 인식한다. 여기에서도 묵호항이 무연탄과 관련이 있음을 알 수 있다. 그러나 최호길은 김용묵의 조용한 어조와는 다르게 "묵호항을 아는가"하고 소리를 높인다. 시어에서도 날을 세우고 있음을 알 수 있는데, "검은 멍"이라든가, "제 몸을 채찍질"한다는 표현, 그리고 "힘겨운 뱃길"과 같은 데에서 드러난다. 심지어 가난을 들먹이며 원망을 퍼붓기까지 한다. 산업화사회가 되면서 무연탄을 수송하는 무역항으로 팽창했던 묵호항이 역사 속에 묻히고, 다시 어항으로만 존재했던 시절로 되돌아갔음을 자각하고 있다. "처음처럼 가난"이라는 표현에서 나타나듯 묵호지역의 어부들의 삶이 어항시절에 겪었던 가난과 조금도 다를 바 없음을 「묵호항의 어부」로 드러내 보이고 있다. 이처럼 작품 속에서 소재로 사용한 장소는 역사적 맥락으로 의미화되고 있는데, 특히 『동해문학』에서 나타나는 바다시는 무연탄 수송지로서의 역할을 담당했던 묵호지역을 구체적으로 형상화하였음을 알 수 있다.

뿐만 아니라 바다와 관련된 자연·인조물의 명칭도 제목으로 나타나는 경우가 있다. 「까막바위」, 「할미바위」, 「묵호등대」, 「制海護國의 돌」 등인데, 이들 또한 동해지역의 역사와 맞닿아 있다. 다음은 인조물을 제목으로 붙인 시 1편을 제시해 본다.

> 푸른 바다를 흠뻑 마시며 선
> 制海護國의 돌이여,
> 우리의 所望은
> 東海를 世界에 심는 것
>
> 노일전쟁 때
> 日本海軍이 발틱함대에 승리한 後

---

[26] '묵호항'을 '검은 바다'라고 인식하는 이유는 '묵호'의 옛 이름이 '먹호'였기 때문이라고 할 수 있다. '먹호'라는 지명은 수송하기 위해 항구에 쌓아놓은 무연탄이 개를 검게 하여 생긴 이름(동해시 편, 『東海市史』, 도서출판 학연문화사, 2000, 53쪽 참조.)이라고 보는 경우와, 또 하나는 '먹호'라는 명칭이 『조선지자료』에서 한자 지명 '墨湖津'에 대한 우리말 이름을 '묵호진'으로 표기한 만큼 이미 100년 전에 사용된 명칭으로 보면서 '墨'을 그 음으로 읽지 않고 훈으로 새겨 '먹'으로 읽은 데서 연유한 것(박성종 편, 앞의 책, 95쪽 참조.)이라는 경우이다.

世界의 지도에서 東海는 사라지고
日本海로 바뀌었다는 애끓는 슬픔

헹굴 수 없는 짜디짠 눈물
세월을 忍耐하며
東海는 가슴을 앓는다.

이름 잃은 이의 심장에
수만 번 刻字된 응어리는
化石이 되어 全身을 드러내고
望夫石인양 갈증과 싸우고 있다.

— 박종해,「制海護國의 돌」27) 전문

위에 인용한 '制海護國의 돌'은 동해 함대 사령부 경내에서 바다를 바라보며 세워져 있는 인조물이다. 일본이 '동해'를 '일본해'로 바꾼 사건28)에 대하여 시적 화자는 "애끓는 슬픔"을 느낀다고 토로하고 있다. 뿐만 아니라 세월이 흐르면 흐를수록 갈등이 더욱 증폭되어가는 양상을 "東海는 가슴을 앓는다."고 빗대어 표현하였다. 일본에 의해 잃어버린 '동해'라는 이름을 되찾기 위한 바람은 화자 혼자만의 것이 아님이 극명하게 드러난다. "우리의 所望은 / 東海를 世界에 심는 것"이기에, 이와 같은 바람은 죽어 화석이 된 "望夫石"처럼 절실한 것이다. 여기에서 「制海護國의 돌」은 바로 이 지역 공동체의 기원, 성장, 비대, 분화, 분열, 해체, 재구성 등과 관련시켜 중층적·다원적 구조 위에서 인식되고 있다. 이러한 중층적·다원적 구조 속에서 지역 정서의 심층과 문제들이 숨쉬고 있는 것이다.29) 이 시는 특정 지역에 위치한 인조물의 명칭을 제목으로 내세웠지만, 시적 의미는 동해지역에 한정하지 않고 있다. 지역의 염원을 넘어서 시대적 명제임을 환기하는 데까지 이르고 있음을 알 수 있다.

---

27) 박종해,「制海護國의 돌」,『동해문학』창간호, 1985, 83쪽.
28) 러·일 전쟁 당시 러시아의 3대 함대의 하나였던 발틱함대가 일본원정의 임무를 띠고 1904년 10월 15일 리예파야港을 출항하였다가 1905년 5월 27일~28일, 일본함대와의 전투에서 전멸하였다. 이후 일본은 '동해'를 '일본해'로 바꾸었다.
29) 양영길, 앞의 책, 95쪽.

이와 같이 특정 지명이나 자연물·인조물을 제목으로 내세운 시편들은 동해시의 바다와 관련된 지역의 역사와 맥을 함께 하고 있다. 지명에 있어서는 동해지역 중에서도 구체적인 장소를 이미지화하였는데, 특히 무연탄을 수송하던 무역항으로 한때 호황을 누렸던 '묵호항'을 가장 많이 선호하고 있음을 알 수 있다. 반면에 남부권의 '동해항'을 제목으로 차용한 시는 「동해항의 뱃길」[30]뿐이다. 동해항은 1979년에 개항하여, 1998년 11월 18일 금강산 관광선 취항으로 그 이름이 전 세계에 알려졌던 항구이다. 그러나 동해항은 금강산 뱃길을 턴 첫 출항지로서의 소임을 다 했을 뿐, 지금은 무역항으로서만 존재할 뿐이다. 이렇게 '동해항'은 동해지역 내부의 문학장에서조차 시적 공간을 차지하지 못하였다. 시적 직관과 맞물려 역사적으로 확장되지 못한 점, 그리고 역사적으로 의미화되지 못한 점은 아쉬운 부분이라고 할 수 있다.

3. 개인적 삶으로서의 바다

바다는 개인적·사회적 삶이 구체화되는 현장이다. 동해지역의 바다시에 나타나는 사회적 삶은 '무연탄'과 관련되어 사회현상에 편승하였다면, 현재의 장은 개인적 삶의 모습에만 초점을 맞추고 있다. 그러다 보니 『동해문학』의 바다시에서는 바닷가 사람들의 삶이 직접·간접으로 나타나고 있으며, 주체자 혹은 관찰자의 입장에서 구체화되고 있다. 대부분 바닷가 사람들의 삶을 바라보며 자신의 주관적인 이해보다는 보이는 대로 정직하게 현실을 그려내고 있다. 바닷가에 살면서 그들에게 충족을 주지 않는 바다를 원망하며 사는 사람들, 그러나 바다를 떠날 수 없는 사람들, 바다를 자신의 몸처럼 생각하는 사람들의 삶이 시편들 속에 녹아 있다.

  어판장에서 어부들을 볼 때마다
  돌을 집어 바다에 던지고 싶었다

---

30) 최호길, 「동해항의 뱃길」, 『동해문학』 제11집, 1999, 190쪽.
  "가슴 설레며 갔다네/……/집에 올 땐/ 그리움만/ 덧붙여 왔네// 울면서 왔다네"라는 시적 표현에서 그 당시 뱃길을 이용하여 금강산에 다녀온 직후 창작된 시라는 것을 짐작할 수 있다.

푼돈 같은 어부들의 인생살이를
저들의 쓰라린 가슴을
누가 감히 다스리겠는가

생선 비린내나는 바닷가에서
그물같은 영혼으로
살아 있기에 모질게도 살아가는
사람들

저들을 위하여
힘 빠지고 맥빠진 어부들을 위하여
거친 노를 삐걱이며
나는 가리라
나도 뱃놈이 되어 가리라

― 강세환, 「어부들을 위하여」31) 부분

먹고 살기 위해
평생을 바다에서 살았다
배우고 가진 것 없어
하루 배 채우며 살기 바빴다
살기 위해 뱃놈이 되었다
바다 여인 만나
바다에서 자식도 얻었다

― 홍성화, 「뱃놈」32) 부분

위에 인용한 시 「어부들을 위하여」에서는 화자가 사건이나 상황에 대한 경험자의 입장과 관찰자로서의 입장을 모두 지니고 있다. 현실의 삶에서 구체적으로 소통되는 '뱃놈'이라는 언어를 재현하면서 생생한 현실감을 살리고 있다. 화자는 어부들의 "푼돈같은" 인생살이를 알기 위해서 기꺼이 '뱃놈'이 되고자 한다. "험난하게 살아가는" 삶일지라도 결코 바다를 버릴 수 없음

---

31) 강세환, 「어부들을 위하여」, 『동해문학』 제3집, 1991, 119쪽.
32) 홍성화, 「뱃놈」, 『동해문학』 제9집, 1997, 160쪽.

을 고백하고 있다. '바다'는 시인에게 있어서 '고향'이나 다를 바 없다. 그래서 어부들의 아픔이 바로 자신의 아픔으로 와 닿아 "어판장에서 돌을 집어 바다에 던지고 싶"었던 것이다. 이와 같은 어부들의 체념과 절망은 어업에 종사하면서 겪게 되는 소외감과 경제적 어려움에 대한 한탄이다. 강세환은 「오징어를 위하여」[33]에서도 "그곳에 가면 오징어와 함께 허허로이 웃고 살아요/ 오징어 때문에 신세 조진 놈도 많지요/ 오징어가 나야 이 바닥에서 먹고 사는데"라고 어자원 고갈로 인한 바닷가 사람들의 힘든 삶을 드러내 보였다. 이렇게 바닷가 사람들의 현실에 대한 고단한 육성을 달래주기 위해 시인은 어부들과의 동참을 꿈꾸며 체험의 주체가 되려고 한다.

그리고 「뱃놈」에서는 바로 화자가 발화의 주체이면서 체험의 주체로 나서고 있다. 화자는 어부의 이력을 거침없이 내뱉는다. "배우고 가진 것 없"다 보니 어부가 되었고, 어부의 생활이란 하루 끼니도 때우기 힘든 상황임을 고백한다. 즉, 보고 배운 게 뱃놈의 일밖에 없다는 진술로 이 지역 사람으로 살아가는 이유를 밝히고 있다. 이어서 바닷가에 사는 여인을 만나 가정을 꾸리고 자식을 낳아 살아가는 어부들의 가족사까지 밝혀 놓았다. 바닷가에서 태어났다는 인과적 필연성을 들어, 충족되지 않는 현실마저도 거부하지 않는다는 순응의 의미를 내포하고 있는 것이다. 또한 이것은 어부들이 바다를 삶의 터전으로 삼고 사는 이유가 극히 자연스럽다는 것을 드러낸 부분이라고 할 수 있다. 이렇게 고단한 육성이 전체적인 정조를 이루는 가운데, 다음 작품은 바닷가 사람들의 따뜻한 목소리를 찾아내고 있다.

    물속을 뒤집는 해일이 밀려올 때면
    한 마리도 보이지 않아
    가자미 뒤진다고
    멋도 모르고 나갔다가
    다친 사람 한둘이 아니야
    옛날에 무슨 물총이 있었냐
    잠수복은 또 얼마나 부실했는지
    바닥을 넘치게 헤집어야

---

[33] 강세환, 「오징어를 위하여」, 『동해문학』 제17집, 2005, 202쪽.

한두 마리 잡히는데
　　　쥐새끼 닮지 않았겠냐
　　　잘 잡히지도 않지만
　　　뒤져 보면 다 거기 모여 있으니
　　　마음만 먹으면 잡을 수도 있었지
　　　모래 속을 뒤질 때
　　　모래알 같은 알이 보이지 않았냐
　　　쥐새끼 꼴로 모양까지 바꾸고
　　　그 깊은 데서
　　　얼마나 숨쉬기 곤란하겠냐
　　　그래서 많이 잡지 않았어
　　　잡아서 난도질해 먹지고 않았고
　　　잘 말려두었다가
　　　제사 때 쓰고 그랬지

　　　　　　　　　　　— 류재만,「쥐가자미」34) 부분

　류재만의 대부분 시가 "이야기체의 형식"35)이 듯, 위에 인용한「쥐가자미」역시 8연으로 구성된 장시이다. 이 시는 바닷가의 모습을 밀착하여 긴 호흡으로 풀어내고 있다. 그러나 감정의 변화를 추상적인 심정의 토로나 감상의 나열로 풀어내지 않았다. 바다와 관련된 구체적인 명사들 가령, '해일', '잠수복', '모래' 등을 거침없이 쏟아내고 있으며, 그것들은 비유나 상징이라는 시적 언어의 특성이 개입될 여지를 주지 않는다. 이러한 독백체형 산문체 사용은 바닷가 사람들의 모습을 감상적이거나 단편적으로 나타내지 않고 서사적 상황을 통해 구체적인 형상으로 비쳐지게 만들고 있다. 또한 감상적인 감정을 극복하고 삶의 모습을 구체적이고 생생하게 재현하는 독백체의 사용을 통해 현실에 대한 이해와 현실 인식을 유도하였다고 할 수 있다. 특히「쥐가자미」는 평이하고 직접적인 일상의 언어로 꾸려져 객관성과 현실성을 담보

---

34) 류재만,「쥐가자미」,『동해문학』제15집, 2003, 109-110쪽.
35) 신원철은 삼척의 두타문학을 중심으로 한 영동남부지역의 문학을 살펴보는 가운데,『해양문학』에 발표된 류재만의 시「석준이네 택태기」를 언급하면서, 그의 시적 특성이 "구수하고 유머러스한 토속성에 있다"고 밝혔다.(신원철,「강원도 영동남부지역의 해양문학」,『해양과 문학』제8집, 해양문학가협회, 2007, 28쪽.)

하는 산문정신과 연결된다. 화자는 독백을 통해 뱃사람들의 마음을 읽어내면서 하찮은 쥐가자미에게 연민을 느끼고 있음을 알 수 있다. 가자미가 "쥐새끼 꼴로 모양까지 바꾸고/ 그 깊은 데서/ 얼마나 숨쉬기 곤란하겠냐"고 걱정을 하면서, "그래서 많이 잡지 않았"고, "잡아서 난도질해 먹지고 않았"다고 고백한다. 단지 "잘 말려두었다가/ 제사 때 쓰고 그랬"다는 진술에서도 화자는 바다의 생물에까지 애정을 갖고 있음이 확인된다.

이렇게 『동해문학』의 시편들은 어자원의 고갈로 힘든 삶을 토로하면서도 바다에 사는 가난하고 쓸쓸한 군상들을 따뜻한 시선으로 포착해낸다. 최승익은 「달빛 밟기」36)에서 "여명의 빈 바다를 잠재우고/ 달빛 가득 밟으며 오는/ 산 아래쪽 마을에서는/ 겉절이된 가난 쫓는 이들/ 어둠을 밀어내고 한 걸음/ 눈 비비며 문을 연다"고 노래하였다. 또한 김시래의 <해녀>37)에서도 이와 같은 양상을 찾아볼 수 있는데, "격랑과 시련을 넘어/ 바다 속 으슥한 곳에/ 삶의 명줄을 찾고/ 가슴이 뜨거울 때면/ 물 위에 떠서 하늘을 쳐다본다"라고 표현한 데서 확연히 드러난다. 이처럼 바닷가 사람들은 바다를 등지고는 살아갈 수 없음을 담담한 어조로 토로하고 있다. 앞날의 희망을 위해 절망을 삭히며, 고향과도 같은 따뜻함으로 바다에서의 삶을 영위하고 있는 것이다.

그러나 『동해문학』의 바다시 속에는 현재의 삶이 개인적인 문제로 국한되어 나타날 뿐, 그것을 사회문제로까진 끌어내지 못하고 있다. 오늘날, 바다생활에서 오는 위기는 어자원 고갈뿐만 아니라 환경문제에서 오는 위기 또한 심각한 편이다. 그러다 보니 '해양문학'에 대한 논의도 바다가 더 이상 무궁무진한 보고가 아니라 환경오염으로 인한 황폐한 삶의 현장이라는 점을 부각하고 있다. 이 시대의 환경문제는 개인문제가 아니라, 사회문제를 넘어 지구촌의 당면문제로 인식되어 가고 있기 때문이다. 물론 『동해문학』에서 환경시가 보이지 않는 이유 중의 하나가 동해가 청정수역이라는 데 있겠지만, 우리의 삶과 직결되는 당면과제인 환경문제를 외면할 수는 없을 것이다. 그러므로 동해지역 문학도 바다에 대한 인식 전환이 필요할 때이다. 환경문

---

36) 최승익, 「달빛 밟기」, 『동해문학』 제2집, 1990, 107쪽.
37) 김시래, 「해녀」, 『동해문학』 제15집, 2003, 85쪽.

제를 문학적 대상으로 삼는 것은 인류 전체의 생존에 관한 문제이기에 시적인 상상력, 시적인 세계관으로 시적 다양성을 펴나가야 할 것이다. 이것이 바로 오늘 날, 바다를 끼고 사는 동해의 시인들이 수용해야 할 지향점이 되리라 여겨진다.

4. 관조적 대상으로서의 바다

『동해문학』에 발표된 미적 공간으로서의 바다시는 타 지역의 시인들이 빚어낸 바다시의 특성과 맥락에 별로 다르지는 않다. 바다시에 나타나는 기법들, 관념들은 다른 시에서도 발견할 수 있는 것들이다. 그러나 지역시의 개념이 지닌 차별성만을 내세우다 보면 문학의 본령인 미학적 성취를 놓칠 수 있기 때문에 이 장에서는 동해 바다를 관조적 자세로 바라보는 시편들에 주목하고자 한다. 동해 바다는 지역 시인들에게 있어서 맑은 물과 평화로움, 그리고 다양한 모습으로 내면화되어 섬세한 언어적 상상력을 불러일으키는 동력이 된다. 바다를 통해 다양한 세상을 만나게 되고, 다양한 편린들을 시에 재생하거나 재창조한다. 시인들이 심미적으로 바라보는 바다는 대부분 경관이 아름다운 해변으로 '망상해변'과 '추암해변'이다.

   동해는
   시 한 수
   잉크로 쓰라 하네

   청정한 속살 찍어 올릴 때마다
   동해의 품에 안겨보라 하네

   하루에도 몇 번씩
   표정이 바뀌는 바다
   잔잔하다가도
   격랑 이는
   우리들 인생

           — 박종해,「望祥海邊」[38] 부분

> 태양이 뜨거워서가 아니라
> 눈부시도록 그 찬란함이란
> 수평선 멀리까지 닿는 이 절실한 햇살
> 살아 있었던가, 적요한지 오래라 믿었는데
> 이렇게 꿈틀대고 있단 말인가
> 목구멍이 타 들어가는 듯 애면글면
> 심장 박동 소리가 점점 커지고 있다.
> ― 이애리, 「추암 일출」39) 부분

위의 시 「망상해변」은 '망상해욕장'을 일컫는다. 강릉시와 경계를 이루고 있는 해안으로, 백사장과 해안으로부터 100미터에 이르기까지 깊이 1.5미터의 맑고 얕은 수심을 자랑하는 해수욕장이다. 동해 바다가 청정수역이듯, 망상해변 역시 청정수역이다. 그러다 보니 「망상해변」에서도 '망상해변'을 '동해 바다' 전체로 확장하여 드러내고 있다. 시심詩心을 불러일으키는 선명한 푸른 빛깔을 잉크색으로 제시하고, 바다를 "청정한 속살"로 내밀화하고 있다. 이러한 미적 상상력은 험한 인생살이마저도 희망으로 바꾸는 요인으로 작용한다. 바다를 감상함에 필수적으로 관조하는 미적 태도는 예술작품의 미적 가치를 제대로 향수하기 위한 마음 상태이다. 이는 미적 거리(aesthetic distance)로써 시간적·공간적 거리가 아니라 어디까지나 심리적 거리다.40) 심리적 거리는 또한 내면적 거리이기도 하다.

'추암'은 '추암해수욕장'을 일컫는다. 망상해수욕장이 강릉시와 경계를 이루는 것과는 달리 추암해수욕장은 삼척시와 경계를 이루는 해변이다. 애국가의 첫소절에 나오는 배경장면이 추암일출인 만큼 이 해수욕장은 일출 장면으로 각광받고 있는 명소이기도 하다. 그러다 보니 위의 시 「추암 일출」에서는 최초의 인식이 "절실한 햇살"로 관찰(observation)41)되면서 이내 미적대상으로 간파(prehension)되고 있다. 이는 시적 자아가 태양이 빨리 떠오르기를

---

38) 박종해, 「망상해변」, 『동해문학』 제2집, 1990, 8쪽.
39) 이애리, 「추암 일출」, 『동해문학』 제17집, 2005, 229쪽.
40) 김준오, 『詩論』, 삼지원, 2005, 328-329쪽.
41) 관찰(observation)은 대상을 물리적인 것으로서, 즉 단순한 사물로 바라보는 것을 말한다.

바라는 마음이 "꿈틀대고 있단 말인가"로 대치되는 양상에서도 드러난다. 뿐만 아니라 "목구멍이 타들어가는 듯", "심장 박동 소리가 점점 커지고 있다."는 진술에서는 미적 거리가 가깝게 느껴진다.

동해 바다를 노래하는 미적 대상은 망상해수욕장이나 추암해수욕장과 같이 이름난 해변으로 국한된 게 아니다. 시인들에겐 동해 바다 전체가 미적 대상이기도 하다.

    바다 물 위에 누워버렸다.
    저 넓은 품 안에 벌렁
    두 팔을 벌린 채

    하품,
    몰려드는 졸음,
    내 삶의 정점.

    오늘
    바다는 날 위해 미리
    얇은 이불을 깔아놓았다.

    전혀 뒤척이지 않는 내 몸
    전혀 움직이지 않는 바다
    고요히 잠자는 시간 뿐

    바닷물 색깔은 하늘색과 같다던
    아내가 한 말이 생각난다.
    하늘을 보니 정말 그렇다

    하늘에
    또 누군가가
    벌렁 누워있다.
          — 조상범, 「바다와 하늘은 색깔이 같다던데」[42] 전문

---

42) 조상범, 「바다와 하늘은 색깔이 같다던데」, 『동해문학』 제18집, 2006, 109-110쪽.

위의 시에서의 시적 자아는 바다를 어머니의 품속과 같은 미적 대상으로 간파하고 있다. 여기에서 간파란 단적으로 말하면 미적 지각양태이다.43) "얇은 이불을 깔아 놓"은 것처럼 바다와의 거리가 가까운 것은 온몸으로 바다를 느끼고 사는 지역민이기 때문에 가능할 것이다. 그러다 보니 드넓은 바다의 품에 안겨 고단한 삶을 위로 받고 싶은 의지가 "삶의 정점"으로 인식되고 있음을 알 수 있다. 이렇게 여성화되고 모성화된 바다는 행복의 본질적인 근원에로의 회귀이며 그 원초점이라고 할 수 있다. 물은 만물의 근원으로 통한다. 그러다 보니 바다는 실질적으로 전 우주를 상징한다. 모든 잠재능력의 저장소이기 때문이다. 뿐만 아니라 화자는 '하늘'이 곧 '바다'로 합일되는 '화해'의 세계에서 살기를 꿈꾸고 있다. 이는 바다가 지역민들에게 있어서 곧 우주와도 같은 의미를 갖고 있기 때문이다.

또한 조상범은 「비가 내려도 목마른 바다에 서서」44)에서 "가만히 그 속을 들여다 보면/ 아, 바다에도 떠 있는 푸른 하늘"이라고 노래하였고, 홍성화는 「바다가 눈을 뜨고 있습니다」에서 "벼랑에 부딪치는 푸른 들판/ 이마에 부서지니/ 물에 두고 온 하늘이 떠오릅니다"라고 '바다'와 '하늘'과의 합일을 꿈꾸고 있다. 그리고 최효열은 「아들의 바다」45)에서 "내일로 오는 불덩이를 품었고/ 거함이 일엽이듯/ 가슴으로 다독이고/ 함께 하지 못할 게 있을까 보냐"라고 노래하였는데, 대체적으로 시인들이 관조하는 '바다'가 '하늘'로 인식되고 있음이 여러 시편 속에서 나타나고 있다.

이렇게 미적 대상으로서의 바다는 현실적이고 인간적인 대상이 아닌, 비정적比定的이고 심미적인 대상으로 나타나고 있다. 요컨대 다양한 삶의 편린들이 동해 바다에서 관조된 아름다운 풍광들 속에 내면화되어 미적 지각양태로 간파되고 있음을 알 수 있다. 이에 반해, 바다를 막연히 바라보면서 감상주의에 빠져 시적 이미지를 획득하지 못하고 있는 작품도 보였다. 이는 동해지역 이외의 시인이 동해 바다를 바라보고 그 감회를 형상화한 작품과 다를 바 없는 시편들을 말한다. 물론 감상적이고 추상적인 사유에서 빚어진 시

---

43) 심리적 거리를 관찰(observation), 간파(prehension)라는 두 가지 의식작용의 대비를 통해 정의한 학자는 올드리치(V. C. Aldrich)이다. (김준오, 앞의 책, 329쪽 참조.)
44) 조상범, 「비가 내려도 목마른 바다에 서서」, 『동해문학』 제14집, 2002, 177쪽.
45) 최효열, 「아들의 바다」, 『동해문학』 제19집, 2007, 178쪽.

편들이 시적 성취에 의미가 없다는 것은 아니다. 하지만, 지나친 감상으로 빚어진 시편들은 정제된 감수성과 시적 형상화를 흐리게 하는 요인이 됨을 인식해야 할 것이다.

5. 맺음말

이상과 같이 『동해문학』에 발표된 바다시를 살펴보았을 때, 지역성은 바로 그 지역에 살고 있는 사람들의 삶과 연관된다는 사실을 알 수 있다. 『동해문학』의 발표자들이 동해시에 연고를 둔 문인들이다 보니 문학적 내적 기제가 동해지역성을 담보하는 '바다'로 나타나는 것은 이러한 이유에서이다. 작품 속에 나타나는 지역성은 동해지역의 고유한 향토색과 서정, 그리고 지역적 삶의 내면적 승화 등이 관련되었다고 할 수 있다.

지역성의 맥락이 의미화되는 장소에 주목해 보면 동해지역의 역사성과 뗄 수 없는 관계를 형성하고 있음이 드러난다. 특히 바다시의 무대는 묵호지역에 편중되어 나타나고 있는데, 이는 묵호지역이 바다를 끼고 형성된 지역이기 때문이다. 이와 같이 지역 명칭을 차용한 시편들 속에서는 한때 팽창 일로에 있던 묵호지역이 피폐되어 가는 현실을 고발하는 양태로 나타나고 있다. 이러한 현상은 어자원의 고갈과 석탄산업의 중심지였던 강원남부 탄광지역이 1980년대 석탄합리화 정책에 따른 폐광으로 경제공동화가 심화된 여파에서 온 것이다. 온갖 수산물과 석탄 수송을 묵호역과 묵호항이 담당하였기 때문이다. 이런 연유로 『동해문학』의 시편들 속에는 경제적으로 어려운 현실을 안간힘으로 버티는 삶의 의지가 '묵호'라는 지명을 통하여 나타나고 있음을 알 수 있다. 그리고 인조물을 제목으로 사용한 작품에서는 동해 바다가 우리나라의 국토라는 진실이 부각되었다. 또한 바다는 삶의 현장으로서의 의의를 지니는 만큼 특히 어부들의 어려운 현실적 삶을 반영하였는데, 이러한 삶의 비극성은 어자원 고갈이 가장 큰 원인으로 작용하였음을 살펴볼 수 있다. 그리고 『동해문학』의 시편들 속에서는 바다가 인간적인 가치를 떠나, 중요한 심미적 대상으로서의 의의를 지니고 있음도 드러났다. 대체적으로 역사의 장이나 개인의 삶에서 벗어난 시편들 속에서는 바다가 여성화되고 모성화되어 나타나고 있는데, 이는 인간의 근원적인 회귀점을 '바다'에 두고 있기 때문이다. 이렇듯 『동해문학』이 문학을 본령으로 하는 만큼 발표된 시편들이 시적 상상력을 통하여 동해 바다를 재해석하고 재창조한 것은 당연한 귀결이라고 여겨진다.

요컨대, 동해지역의 역사의 맥과 함께 하는 바다시에서는 사회관·세계관이 관철되었지만, 삶의 터전으로 나타나는 바다시에서는 어자원 고갈이라는 개인적인 당면문제만 나타나고 있다. 이러한 양상은 타 지역의 해양문학에서 환경문제를 문학적 대상으로 삼는 것과는 차별화된 현상이라고 할 수 있다. 그러므로 『동해문학』도 이제는 자연환경이 문학의 주변적인 문제가 아닌, 인간의 삶의 질을 높이는 탐구대상이라는 현실을 인식해야 할 것이다.

강원문학의 현주소와
문학적 상상력

4부

1. 최호길과 최명길 시에 나타난 로컬리티 …… 177
2. 김영준 시에 나타난 삼척지역의 공간성 …… 201
3. 삶, 그 의미를 향한 다양한 변주 …………… 219
   - 김진광의 시문학을 중심으로
4. 자전적 사유를 통한 시의식의 공간성 ……… 239
   - 최호길 시의 모성성과 지역성을 중심으로

강원문학의 현주소와
문학적 상상력

최호길과 최명길 시에 나타난 로컬리티

1. 들어가는 말

　최호길(崔虎吉, 1936-2006)과 최명길(崔明吉, 1940-2014)은 강릉 태생의 형제 시인이다. 고향을 중심에 두고 형 최호길은 강릉의 남쪽지역인 동해시에서, 동생 최명길은 강릉의 북쪽지역인 속초시에서 문학 활동을 하다가 생을 마감했다. 동생 최명길은 1975년 『현대문학』에 「자연서경自然敍景」, 「해역에 서서」, 「은유의 숲」, 「음악」 등이 추천되어 문단에 나왔으며, 형 최호길은 1997년에 시집 『민들레』1)를 발간하면서 문단에 나왔다. 최호길은 『민들레』의 서문에서 "나는 시인도 작가도 아니다. 그저 본대로 그려 본대로 조금씩 적어두었다가 정년이 되어 책을 내게 된 것이다."라고 밝히고 있다. 하지만 이 시집은 그가 오랜 기간 시작詩作에 몰두한 결과물이라고 할 수 있는데, 이러한 사실은 『민들레』의 후기에서 밝힌 최명길의 글에서 확인된다.2)
　1990년대 일반직 공무원이었던 최호길이 정년퇴임 기념으로 첫 시집을 발간했을 때, 교육 공무원이었던 최명길은 이미 중견 시인으로 강원영동지역 문단에 그 이름이 알려져 있었다. 최명길은 등단 전인 1969년에 '설악문우회' 발기인으로 참가하여 동인지 『갈뫼』를 창간하였고, 그 후 1981년에는 이성선, 이상국, 고형렬과 더불어 '물소리시낭송회'를 창립하여 활발한 문학 활동을 펼쳤다. 뿐만 아니라 첫 시집 『화접사』(1978), 『풀피리 하나만으로』(1984), 그리고 1900년대에는 『반만 울리는 피리』3), 『隱者, 물을 건너다』4)

---

1) 최호길, 『민들레』, 일문사, 1997.
2) 최명길, 「가형(家兄)과 시」, 『민들레』, 148-149쪽.
　　"지난 설날이었다. 차례를 지내고 가족끼리의 세배를 마친 다음 가형은 대학 노트 한 권 내놓으며 '동생, 이거 한번 보아주게'하는 것이었다. 나는 뭘까 하는 호기심으로 조심스레 노트를 펼쳤다. 그것은 깨알같이 박힌 시의 초고들이었다."

를 내놓아 문단에 주목을 받았다.5) 반면 최호길은 1998년 첫 시집을 발간한 이듬해 월간『한국시』신인상을 받아 다시 한 번 문단에 자신을 알렸고, 이어서 1999년에는 두 번째 시집『강물이 하루를 싣고 가네』6)를 출판하는 등 늦깎이 시인으로 동해지역 문단에 그의 이름을 알리기 시작했다.

　강원영동지역의 강릉을 중심에 두고 최호길과 최명길의 장소 전회는 지역적 경계를 허물어 시적 변화를 추구한다. 이들이 태어나고 자란 유년의 장소, 강릉에서의 체험과 추억은 잠재의식 속에 상존하면서 시적 자의식의 형성과 행동을 추인하는 주요 동인으로 작용하고, 이러한 장소에서 특정 공동체의식을 발견해내기도 한다. 하지만 이들이 투사한 사상이나 감정, 의식의 지향성이 각각 다르게 나타나고 있어 흥미롭다. 특히 시적 로컬리티, 즉 '로컬(지역)의 특징을 내재한 장소'의 지향점이 다르게 나타난다. 최호길은 그의 시적 생애와 시적 자의식이 지역이라는 개념과 맞물림되어 그의 시세계에서는 실제 고향 체험이 작품 속에 직접적으로 투영되어 추동하고 있다. 최명길은 철저히 자연과 동화하는 시세계를 보여주는데, 그것은 설악산이 단순한 시적 소재로서가 아니라, 시인의 인식체계와 세계관에 투영되는 의미망의 역할을 하고 있다.

　이와 같이 강원영동지역의 형제 시인으로 활동한 이들의 작품 속에서 인식하고 사유하는 주체가 다른 양상을 보여주고 있다. 고향을 지척에 둔 특정 지역에서 고향을 지향하는 최호길의 작품에서는 가족 공동체와 맞물리고, 자연을 지향하는 최명길의 작품에서는 설악산과 맞물림으로써 로컬리티의 특징을 형성한다. 그러므로 최호길과 최명길의 문학 작품 속에 나타난 로컬리티 연구는 이들의 문학적 상상력과 내면의식을 살피는 데 유의미하다. 더욱이 문학적 상상력은 시인의 자의식과 현실 인식에 지대한 영향을 미치는 것으로 매우 중요한 요소로 작용한다. 시인의 전기적 요소가 놓이는 고향과 시인이 활동한 사회적 공간 등 자연 환경의 외적 공간은 시인의 잠재의식에 지

---

3) 최명길,『반만 울리는 피리』, 동학사, 1991.
4) 최명길,『隱者, 물을 건너다』, 동학사, 1995.
5) 이후 최명길은 불가적 사유를 바탕으로 한『콧구멍 없는 소』(2006),『하늘 불탱』(2012)을 출간했으며, 명상시집『바람 속의 작은 집』(1987) 전자영상시선집『투구모과』(2013), 이외에도 유고시집『산시 백두대간』(2014),『잎사귀 오도송』(2016)을 남겼다.
6) 최호길,『강물이 하루를 싣고 가네』, 한국시사, 1999.

대한 영향을 끼치기 때문이다.

　따라서 본고는 최호길과 최명길의 작품 속에 나타나는 시적 생애와 변천 과정이 특정지역과 맞물려, 그것의 핵심 모티프이면서 중요한 시적 정신인 로컬리티가 갖고 있는 장소성에 주목하고자 한다. 이러한 연구는 기존에 언급되지 않았던 강원영동지역의 형제 시인 최호길과 최명길의 작품을 조명하고 소개하는 데도 목적이 있다. 이에 따라 두 시인이 출판한 1900년대의 시집만을 대상으로 한다. 최호길이 남긴 시집은 『민들레』와 『강물이 하루를 싣고 가네』로 두 권뿐이기 때문이다. 최명길이 1978년 첫 시집이 나온 후부터 2016년 유고시집까지 검토하는 데에는 형평성에 무리가 따르기 마련이다. 그러므로 최호길의 『민들레』 116편과 『강물이 하루를 싣고 가네』 84편, 최명길의 『반만 울리는 피리』 72편과 『隱者, 물을 건너다』 93편을 대상으로, 시세계의 흐름과 양상에 따라 로컬리티를 구명하고자 한다. 나아가 이 연구는 지역문학적 관점의 위상으로까지 접근하는 단초가 되리라 본다.

2. 장소의 전회와 자의식

　최호길과 최명길의 작품 속에 나타나는 고향 공간7)은 강릉이다. '강릉'은 두 시인의 출생지이며 어린 시절 가족과 함께 삶을 살았던 근거지로, 이들의 시편들에서는 강릉지역에서의 감각적 체험이 녹아져 있다. 이처럼 자신이 태어나 자란 환경, 즉 고향을 노래하는 것은 인간의 잠재적 정서의 표출 현상일 것이다. 특히 태어나서 자란 유년의 장소에서의 체험과 추억들은 시인의 잠재의식 속에 상존하면서 시의식 형성과 행동의 주요 동인으로 작용했을 가능성이 높다. 그것은 시인 자신이 유년의 시절을 보냈던 '지리적 고향'이 따스하고 안온한 고향으로 기억하고 있기 때문이다. 이들의 집안 내력을 드러낸 시라고 볼 수 있는 최호길 「어머님의 향기」는 시적 화자가 대체로 시인과

---

7) 하르트만, 전원배 역, 『미학』, 을유문화사, 1983, 94쪽 참조. 고향 공간이란 인적공간, 자연공간 일체이며 인적공간은 주거공간과 그 부속공간, 그리고 그에 따르는 친인척과 전통적인 민속이나 문화일체를 포괄한다. 자연공간은 산야와 물과 하늘, 그리고 거기 서식하는 동식물 등이 모두 포함될 수 있다. 그러나 이런 고향 공간이 문학이나 예술작품에 쓰일 때는 그것이 반드시 실제공간이라고 할 수 없는 예술작품에 '현상하는 공간'이 된다.

동일시되고 있어 지극히 사적私的인 시점의 자전적이고 사실주의적 경향 속에 배태되어 있다. 특별히 자신에게 일어났던 일에 대한 자전적 기억(autobiographic memory)으로, 시적 주체의 어조는 과거에 대한 회고적이며 고백적·자전적인 차원의 탄식으로 고정된 양상이다.

> 우리 집 택호는 안국집이고 강릉 최 씨 참봉공파이지요. 어머니는 17대손 종손 독자인 아버지에게 18세 때 삼척 김 씨 집안에서 시집 오셨지요. 할아버지께서는 누대로 가난을 이어온 살림살이라 장가 간 작은 할아버지를 35세까지 오막살이 초가삼간에서 같이 살게 하였답니다.
> 집은 강릉시 입암동 왜지[8]로서 외진 골짜기인데 순전한 등 끝으로 남의 즌사전을 지어 생계를 이어 갔지요. 아버지는 갓 시집 온 어머니가 마음에 안 든다고 부산까지 오입 갔다 오셨대요. 우물이 없어 오리 밖 논둑 좁은 길로 물동이를 순전한 목 힘으로 외따로 수없이 날라야 그 많은 식구와 소를 키울 수 있었습니다.
> … 중략 …
> 자식은 십남매를 낳아 여자 아이는 어려서 다 죽고 남자들만 칠 형제를 기르셨습니다.
> 밥상이 없어 할아버지와 겸상한 나와 아버지만 조그만 나무 상에 밥을 차리고 할머니를 비롯한 온 식구가 방바닥에 나무 밥통을 가운데 놓고 둘러 앉아 밥을 먹었습니다. 어머니는 항상 부엌 문 앞에서 식사를 하셨습니다. 왜냐하면 식사 도중 물을 떠 나르기 위함이었지요. 주식은 보리감자밥 밀밥이고 국수를 많이 먹는 편이었습니다.
> 잠잘 때는 원래 요 같은 것은 없고 저의 칠형제들은 조그만 엷은 이불 한 장에 다리만 넣고 편한 대로 잤지요.
> ―「어머님의 향기」[9] 부분

위의 시에서 시적 화자는 자신의 집안 내력을 이야기 형식으로 풀어내고 있다. 최호길과 최명길 형제는 강릉시 입암동(왜지)에서 출생하였다. 특히 최호길은 「향수의 강」[10]에서 "세상 사람들은 그곳을 왜지골"이라고 했으며,

---

[8] 「어머님의 향기」에 "왜지: 입암동의 옛 지명"이라는 주석이 달려있다.
[9] 최호길,「어머님의 향기」,『민들레』, 27-29쪽. 최호길,『강물이 하루를 싣고 가네』, 52-54쪽.
[10] 최호길,「향수의 강」,『민들레』, 앞의 책, 124쪽.

"그곳이 내가 태어난 고향이랍니다."라고 밝힐 정도로 고향에 대해 각별한 애착을 보여주고 있다. 한 부모에게서 장남과 차남으로 태어난 이들은 조부모, 부모, 그리고 칠형제와 함께 대가족을 이루며 초가집에서 살았고, 남의 땅을 빌려서 농사지어 생계를 이어가는 가난한 살림살이로 보리감자밥, 밀밥, 국수로 연명해야만 했다. 심지어 "칠형제들은 조그만 얇은 이불 한 장에 다리만 넣고 편한대로 잤지요."라고 고백하고 있는데, 이 부분에서도 이들의 어린 시절의 지난한 삶이 엿보인다.

이렇게 어린 시절을 보냈던 최명길의 「강릉 우리 집·1」과 최호길의 「그 집에 가고 싶다」를 살펴본다.

　　　산 홑이불 덮고

　　　강릉 우리 집은
　　　초가집 아직 그대로
　　　울타리가 없네, 그래 그런지 새들의 천국
　　　그대로, 엉덩이 내비치는 토담 정랑
　　　참꽃 필 때 참꽃 어리던 귓대동이 오줌물도 그대로
　　　살강에 할머니 참빗 잠 안
　　　오네, 내 마음 속에서 이따금 눈을 뜨는
　　　기이한 그 집.
　　　　　　　　　　　　　―「강릉 우리 집·1」[11] 부분

　　　소로 자식 키우던 그 집
　　　없이 살았지만 희망으로 살던 그 집

　　　다랑논 높은 둑
　　　풀 무성하니

　　　연한 꼴 한 짐 베어 지고 달려가고픈 그 집
　　　가고 싶다.

---

11) 최명길, 「강릉 우리 집·1」, 『隱者, 물을 건너다』, 96쪽.

또, 가고 싶다.
―「그 집에 가고 싶다」12) 부분

　　최명길은「강릉 우리 집·1」에서 자신의 어린 날을 회상함으로써 삶의 근원과 자신의 실체를 확인하고자 한다.13) 눈에 비친 산 아래 초가집, 뒷간에 문이 없어 엉덩이를 드러내고 볼일을 보았던 집, 시렁에 아직도 올라 앉아있는 할머니의 참빗마저도 "기이"하게 보이는 것은 옛집이 그의 마음에서 동떨어져있기 때문이다. 고향은 자연과 어우러진 공간으로 조상 대대로 살았던 토대하는 점에서 생명의 온전한 안식처로서의 의미를 갖는다. 그러나 고향은 현재의 삶 속에서 결핍된 공간이며, 상실된 낙원으로 의미화된다.14) 그래서 시적 화자는 "마음속에서 이따금" 고향 집을 불러내는 양상이다. 여기에 "정랑", "귓대동이", "살강" 등의 방언이 한몫을 차지하면서 현재와 괴리감을 더하고 있다. 이처럼 최명길의 작품에 있어 장소의 전회는 자신이 머물고 있는 집, 지역을 벗어남으로써 자의식을 획득하는 것을 의미한다.

　　최명길과는 다르게 최호길의「그 집에 가고 싶다」에서는 회상으로 끝나지 않고 귀향하고자 하는 자의식을 적극적으로 보여준다. 최호길에게 있어서 고향집은 소 키워 학자금을 마련해주셨던 부모님이 살았던 집, "희망으로 살던" 집이다. 그래서 시적 화자는 고향집이 "달려가고픈" 집, "가고", "또 가고" 싶은 집이라고 토로한다. 특히 최호길의 작품 속에서는 최명길의 작품에 비해 시어 '집'뿐만 아니라 '고향'이라는 시어도 빈번하게 나타난다. "문학이 구체적 체험의 표현이라면, 그 세계는 현재나 미래의 시간보다는 과거의 시간에 속하는 것이다."15) 이는 고향이 부모형제 등의 인간적 요소만이 아니라 그들을 에워싸고 있는 고향의 자연, 다시 말해 고향을 구성하는 보다 영속적인 요소가 작용하기 때문이다.

　　최호길의 작품 속에서 시어 '고향'이 나타나는 시편들은,『민들레』에서

---

12) 최호길,「그 집에 가고 싶다」,『강물이 하루를 싣고 가네』, 23쪽.
13) 하이데거는 "회상이란 근원의 장소를 떠올리는 것이고 귀향이란 근원 가까이로 돌아가는 것"이라고 밝히고 있다. 하이데거 마틴, 소광희 역,『시와 철학』, 박영사, 1975, 201-203쪽 참조.
14) 성기옥 외,『한국시의 미학적 패러다임과 시학적 전통』, 소명출판, 2004, 456쪽.
15) 이남호,「보편적 조화의 가능성을 찾아」,『사유의 공간』, 생각의 나무, 2005, 53쪽.

「첫눈」, 「고향의 가을」, 「옛친구」, 「향수의 강」, 「염원」이며, 『강물이 하루를 싣고 가네』에서는 「향수」, 「望鄕歌」, 「도둑고개」, 「그때 그 시절」, 「내 고향 소식」 등으로 10편이다. 반면 최명길의 작품에서 시어 '고향'은 『반만 울리는 피리』에 실린 「풀잎을 보다가」로 단 1편뿐이다.

> 홀로 풀잎을 보다가
> 밤을 지샙니다.
> 가슴 두근거려 밤을 지샙니다.
> 밤바람이 벗은 나무 새에 머물러 있습니다.
> 나는 풀잎을 쓰다듬으며 괴로워합니다.
> 풀잎은 상처
> 나는 상처를 안고 괴로워합니다.
> 이 몸은 헤일 수 없는 깊이에 내려가 닿아
> 어두운 별입니다.
> 아, 이런 날 밤
> 밤의 절정에 올라 가만히 흘러가면
> 고향 강물 멀리
> 내가 비칩니다.
> 어디론지 떠나가는 모습
> 풀잎에 담겨 흔들립니다.
> 세상을 따라
> 내가 풀잎이 되어 비틀거립니다.
> ―「풀잎을 보다가」16) 전문

> 첫 사랑이 움트던 뒷동산 보득솔 가지에
> 불타던 고향의 노래가 들리고
> 노을 질 때면 참새 떼 생앵두 울타리에
> 날아들어 재잘거리고
>
> 이른 새벽 홀로 깨어
> 고추막장 담그시던 어머님의 갈라진 손등
> 산 그림자처럼 포근히 찾아 들던 곳

---

16) 최명길, 「풀잎을 보다가 『반만 울리는 피리』, 55쪽.

벗들의 고향
꿈속의 고향
내가 돌아가야 할 고향이라네.
―「고향의 가을」17) 부분

　최명길의 「풀잎을 보다가」에서는 상처받은 시적 화자가 "나"와 "풀잎"을 등치하고 있다. 풀잎을 보면서 자신이 혼자라는 사실에 짓눌려 괴로워한다. 이러한 상황에 놓인 시적 화자가 잠을 제대로 이룰 수 없음은 당연한 일이다. 그러다 보니 시어 "밤"이 나오는 횟수도 5회나 된다. 뿐만 아니라 "괴로워합니다", "상처", "어두운", "비틀거립니다" 등의 시어에서는 시적 화자의 자의식이 극대화된 양상이다. 이러한 상황에서 벗어나고자 시적 화자는 "고향"을 떠올리며 장소의 전회를 꾀한다.
　최호길이 제목에서부터 시어 '고향'을 드러낸 「고향의 가을」에서는 고향집의 전경이 드러난다. 시적 화자는 고향집 뒷동산에 "보득솔 가지" 무성하고, 울타리처럼 둘러쳐진 앵두나무에서는 새들이 노래한다고 토로한다. 고향은 어머니의 갈라터진 거친 "손등"에도 "산 그림자"처럼 포근함이 깃드는 곳이라고 고백하면서, 그곳이 바로 시적 화자가 "돌아가야 할 고향"이라고 천명할 정도로 자의식의 변화를 꾀한다. 이외에도 최호길은 작품 「향수의 강」18)에서 자신의 고향이 "세상에서 가장 아름다운 골"이라고 단언하면서, "그곳이 내가 태어난 고향이랍니다." 라고 자랑이라도 하는 듯한 태도를 취한다. 이렇게 최호길은 작품 속에서 자신의 어린 날을 회상함으로써 삶의 근원과 자신의 실체를 확인하고자 한다.
　위에서 살펴보았듯이 최호길과 최명길의 자의식은 이들의 '고향'이 장소의 전회를 이끌어내는 원동력으로 작용하고 있음을 보여준다. 아울러 시적 화자의 자의식으로 변화되는 장소는 시적 화자의 의식을 내재한 로컬리티를 형성하게 된다. 최명길은 자신이 머물었던 장소를 벗어나고자 하는 전회를 통해 자의식을 확고히 하고자 한다. 「강릉 우리 집·1」과 「풀잎을 보다가」에서 시적 자아가 자의식의 변화를 통해 한계를 넘어서려는 움직임을 보여주

---

17) 최호길, 「고향의 가을」, 『민들레』, 57쪽.
18) 최호길, 「향수의 강」, 『민들레』, 124쪽.

었다. 이는 현재에 속한 장소에서의 제약으로부터 벗어나기 위한 부단한 노력이라고 볼 수 있다. 반면 최호길은 「그 집에 가고 싶다」라는 제목을 취할 정도로 귀향에 대한 자의식을 적극적으로 보여주고 있으며, 「고향의 가을」에서도 시적 화자의 자의식의 변화를 통해 귀향의 움직임을 보여주고 있다. 이는 현실의 제약에서 과감히 벗어나 '고향'이라는 장소를 택하려는 시인의 의도가 반영된 결과이며, 여기에 시인의 의식이 내재한 로컬리티가 형성되었다고 하겠다.

3. 가족 공동체와 장소성

고향은 개체의 탄생과 성장의 공간으로 인식할 수 있고, 가족이나 친인척을 포함한 공동체 삶의 근거지로 정의할 수 있다.[19] 그것은 인간의 존재성 자체가 근본적으로 공간적[20]이기도 하다. 공간은 "현존재의 세계-내-존재라는 근본 구성틀과 관련하여 현존재 자신의 본질적인 공간성에 상응하게, 세계를 함께 구성하는"[21] 것이다. 이렇게 인간은 공간을 통해서 그 삶과 경험의 질을 파악할 수 있는데, 최호길과 최명길의 시에서는 그리움에 대한 화자의 변주가 '가족'에 대한 내면의 공간으로 확대되어 나간다. 특히 최호길의 시편들에는 가족에 관련된 시어가 많이 나타난다. 특히 '할아버지', '할머니', '아버지', '어머니' 등 가정을 이루는 구성원들이 장소성을 확보하고 있다.

최호길의 작품에서 시어 '어머니(어머님)'은 『민들레』와 『강물이 하루를 싣고 가네』에서 '부모'나 '어버이'라는 시어를 제외하고도 26편[22]에서 나타

---

19) 제해만, 『한국 현대시의 고향의식 연구』, 시세계, 1994, 36쪽 참조.
20) 하이데거 마틴, 이기상 역, 『존재와 시간』, 까치, 2001, 157쪽 참조.
21) 하이데거 마틴, 위의 책, 159쪽.
22) 최호길의 작품에 나타난 시어 '어머니'와 '어머님'

시집	편수	작품명
『민들레』	16	「어머님의 향기」, 「아버님의 강」, 「영준」, 「마르지 않는 강」, 「텃밭」, 「발방아」, 「어머니와 미나리」, 「삼복이 오면」, 「한여름밤의 추억」, 「햇감자」, 「고향의 가을」, 「늦가을」, 「수석」, 「비류」, 「동해항의 뱃길」, 「향수의 강」
『강물이 하루를 싣고 가네』	10	「노을」, 「향수」, 「조이밭 향기」, 「내 고향 소식」, 「된장」, 「보릿고개」, 「초여름 낙조」, 「달」, 「고추」, 「호박」

난다. 그리고 시어 '아버지(아버님)'은 전체 12편23)이다. 시어 '할아버지(할아버님)'은 13편24)이며, '할머니(할머님)'은 8편25)의 작품에서 나타난다. 이 외에도 시어 '부모'는 『민들레』에서 「몸만 왔습니다」, 「보고 싶은 사람」, 그리고 『강물이 하루를 싣고 가네』에서는 「마지막 출근」에서 나타나고 있으며, 시어 '아들' 4편, '형' 2편, '동생' 2편, '자식' 2편, '형제' 1편, '남매' 1편, '아가' 1편으로 최호길의 자의식은 가족 공동체를 향한 장소성을 추구하고 있음을 보여준다. 여기에 반해 최명길의 작품 속에서는 시어 '어머니'가 3편,26) 시어 '할머니'는 2편,27) 시어 '할아버지'는 「강릉 우리 집·1」에서만 나타나며, 시어 '아버지'는 단 한 편도 나타나지 않았다.

---

23) 최호길의 작품에 나타난 시어 '아버지'와 '아버님'

시집	편수	작품명
『민들레』	6	「우리 아가」, 「어머님의 향기」, 「아버님의 강」, 「참외밭 향기」, 「어버이의 은혜 2」, 「비류」
『강물이 하루를 싣고 가네』	6	「노을」, 「그 집에 가고 싶다」, 「향수」, 「낫」, 「내 고향 소식」, 「보릿고개」

24) 최호길의 작품에 나타난 시어 '할아버지'와 '할아버님'

시집	편수	작품명
『민들레』	8	「어머님의 향기」, 「참외밭 향기」, 「한겨울의 초상」, 「감 2」, 「까치밥」, 「비류」, 「봄이 오는 소리」, 「아들에게 부치는 편지」
『강물이 하루를 싣고 가네』	5	「향수」, 「벌초날 사연」, 「진달래꽃 1」, 「연鳶 이야기」, 「첫 눈이 내릴 때」

25) 최호길의 작품에 나타난 시어 '할머니'와 '할머님'

시집	편수	작품명
『민들레』	6	「부자의 정」, 「첫눈」, 「눈을 감으면」, 「비류」, 「아들에게 부치는 편지」, 「할미꽃」
『강물이 하루를 싣고 가네』	2	「향수」, 「호박」

26) 최명길의 작품에 나타난 시어 '어머니'

시집	편수	작품명
『반만 울리는 피리』	1	「저 하늘 속에」
『隱者, 물을 건너다』	2	「초가을」, 「강릉 우리 집·2」

27) 최명길의 작품에 나타난 시어 '할머니'

시집	편수	작품명
『반만 울리는 피리』	0	
『隱者, 물을 건너다』	2	「강릉 우리 집·1」과 「할머니」

가족 공동체 중에서 시어 '어머니'는 최호길의 작품에서 26편, 최명길의 작품에서 3편에서 나타나 강세를 보인다. 먼저 시어 '어머니'가 나타난 작품을 살펴본다.

> 어머니, 저는 저 하늘 속에 묻히고 싶어요.
> 하늘을 이불로 하여 묻혀 있고 싶어요.
> 지금은 아무 말도 말아 주어요, 어머니
> 저는 다만 저 광활한 우주에 누워
> 죽은 듯 누워 가고만 싶어요.
>
> 조개구름이런 듯
> 그렇게 흐르고만 싶어요.
>
> 물기러기 날아가며 쓸어 놓은 자리
> 저 알몸 푸름에 내 영혼을 던져 넣으면
> 내 영혼은 퍼득거리며 하늘빛 물이 들겠지요.
> 물이 들어 어두운 이 몸이 맑아지겠지요.
> 어머니, 저는 그 내적 침묵 하나면 족하여요.
> ―「저 하늘 속에」28) 부분

> 한여름 무더위가 끝날 때면
> 묵밭 깨끗이 쉔 미나리 골라
> 새순 맴임 훨훨 펴
> 하늘빛 우물물 퍼내어
> 곱게 키운 청신한 미나리 밭
>
> 단옷날 손주들 봄옷 사 주려고
> 수없이 한 묶음씩 베어
> 곱게 다듬어 한 짐 가득 이시고
> 십리길 장터에 내다 파신다
>
> 그날도

---

28) 최명길, 「저 하늘 속에」, 『반만 울리는 피리』, 65-66쪽.

>   도둑고개 언덕길 올라
>   시내버스 종점 외줄 나무 의자에
>   앉아 쉬시다
>
>   한 달여 미나리 향기 타고
>   세상을 떠나셨다.
>
> ―「어머니와 미나리」29) 전문

　최명길의 「저 하늘 속에」에서 시적 화자는 현재에 속한 장소에서의 제약에서부터 벗어나기 위해 '어머니'를 불러낸다. 그것은 현실에서 해결할 수 없는 일이기에 시적 주체는 "저 하늘 속에 묻히고 싶어요."하고 절규하는 양상이다. 여기에 "침묵"이라는 시어를 병치시킴으로써 마지막 "죽은 듯"이라는 부재의 인식을 강하게 뒷받침해 주고 있다. '죽음'이 갖는 의미는 존재론적인 차원의 문제와 관련 지을 수 있다. 존재를 증명해 주는 것은 살아 호흡하고 있는 것이기 때문에 죽음은 존재를 가장 극명하게 드러내는 표현이라고 할 수 있다. '죽음'이 갖는 시어의 의미는 육신의 소멸이 아니라 진정한 미의 근원에 도전하는 것으로, 소멸과 허무를 인간 존재론적 조건으로 인정하는 측면30)에서 바라볼 수 있다. 이처럼 최명길의 「저 하늘 속에」에서 '어머니'는 가족 공동체로서의 정신적인 중심인물로서, 현재의 장소성에서 탈피하고자 하는 주체를 해결해주는 역할을 담당하고 있다.

　최호길은 「어머니와 미나리」에서 '어머니'를 시 제목으로 직접 드러내고 있다. "제목은 사람으로 치면, 그의 이름과 같은 것이다. 사람의 이름은 그의 모든 행동의 처음에 올 뿐만 아니라 그의 모든 행동을 대표"31)한다. 제목을 살펴보면 작품이 의미하는 것이 무엇인가를 알 수 있기 때문이다. 「어머니와 미나리」에서는 어머니의 '죽음' 후에 회상 형식을 빌려 진술되면서 유년기의 체험이 현재에 와서도 여전한 양상이다. 유년기에 형성된 모성인식이 성인이 된 뒤에도 징후적으로 이어지고 있다. "단옷날 손주들 봄옷"을 사주기 위해

---

29) 「어머니와 미나리」, 『민들레』, 38쪽.
30) 이숭원, 「산업화 시대의 시(1972년~1979년)」, 『한국 현대시사』, 민음사, 2007, 421쪽.
31) 권영민, 『이상문학 60년』, 문학사상사, 1998, 333쪽.

미나리를 "십리길 장터"에까지 팔러 다니시던 어머니는 「어머님의 향기」32) 에서도 드러난다. 이처럼 「어머니와 미나리」에서는 "미나리 향기"와 같은 어머니의 삶이 가족 공동체 속에서 중심인물로, 장소성에 접근하고 있음을 보여준다.

이밖에 최명길의 작품에서는 시어 '어머니' 외에 '할머니'가 나타날 뿐, 가족 공동체에 관련된 시어가 전무한 편이다. 따라서 시어 '할머니'가 나타나는 최명길의 「할머니」와 최호길의 「눈을 감으면」을 중심으로 살펴보기로 한다.

할머니 삼베 치맛자락 멀리 가고
꽃상여는 풀어져 돌아왔다.

나는 그 밤을 뜬 눈으로 새웠지만
山役에서 돌아온 사람들은 깊이 잠들었다.

뜸부기가 울고
봉창에 살구씨 같은 별이 떴다.

— 「할머니」33) 전문

쪽빛 바다에 황금빛 뿌리며
불끈 솟아 오르는 햇살
공활한 하늘이 살며시 찾아옵니다

반쯤 언 호수엔 백조가 날고
실개천에서 썰매 타던 곳
한 줄기 소망을 돌 제단 위에
정한수 한 대접 떠 놓으시고
무병장수 빌던 할머니의 모습
아련한 추억이 보입니다

— 「눈을 감으면」34) 부분

---

32) 「어머님의 향기」, 『민들레』, 28쪽. 『강물이 하루를 싣고 가네』, 53쪽.
   시적 화자는 "자식들 학비 마련"을 위해 "돌아가실 며칠 전까지"도 시장에 "감자, 미나리, 호박, 가지, 감" 등을 내다 파셨다고 고백하고 있다.
33) 최명길, 「할머니」, 『隱者 물을 건너다』, 105쪽.

「할머니」는 최명길이 시어 '할머니'를 제목으로 내세워 할머니의 '죽음'과 연결한 6행의 단시이다. 이 시에서는 시적 화자의 내면의식이 시어 "삼베", "꽃상여", "산역"이 할머니의 '죽음'으로 확장되고 있다. 뿐만 아니라 "山役에서 돌아온 사람들"은 "깊이 잠들었"지만, "나"는 "그 밤을 뜬 눈"으로 지새울 수밖에 없었음을 대치하면서, 가족을 잃은 시적 화자의 슬픔을 극대화하였다. 더욱이 청각적 이미지 "뜸부기 우는 소리"와 시각적 이미지 "봉창에 살구씨 같은 별"이 중첩되면서 가족 공동체의 장소성이 새가 우는 숲과 달이 뜬 하늘로 밀려나고 있음을 보여주고 있다. 이는 '할머니'의 죽음을 인식한 시적 화자가 가족 공동체의 장소성을 벗어나고자 하는 의도라고 할 수 있다.

최호길의 「눈을 감으면」은 할머니를 추억하는 양상이다. 어두운 시어로 나열되었던 최명길과 다르게 "황금빛", "햇살", "소망" 등 밝은 시어가 나열되고 있다. 온 가족의 "무병장수 빌던 할머님"은 '어머니'와 진배없이 가족을 위해 살아가는 모습이다. 뿐만 아니라 최호길은 「아버님의 강」35)에서도 아버지도 가족 공동체를 위한 삶을 살았다고 토로한다. 시적 화자의 아버지는 "감자 보리 조 씨앗 뿌려 주식 농사지으시며", "자식들 학비에 보태"려고 곶감을 만들고, 김장거리를 소달구지에 싣고 "안목바다 바위 틈 간물 씻어" 나르기도 했다고 고백한다. 그리고 「향수」36)에서 시적 화자는 할아버지와 할머니가 들려주는 "정감어린 옛이야기"를 들으면서 꿈과 사랑을 키우던 시절을 그리고 있다. "은하수", "아름드리 감나무", "솔부엉이", "여린 반디", "마당비", "논섬길", "툇돌", "수통참외" 등 전통적·토속적인 시어를 통하여 먼 추억 속에 묻힌 현재를 불러낸다. 이렇게 최호길의 시적 분위기가 안온한 것은 "온 식구가 둘러 앉아" 오순도순 살아가는 전통적인 가족 공동체의 모습을 보여주면서 현재의 장소성을 유지하기 때문이다.

이와 같이 최호길의 시편들에서는 가족과 관련된 시어가 가족 공동체의 원형적 장소성을 추구하고 있음을 알 수 있다. 이처럼 가족과 관련된 시어는 가정의 안식을 제고시키는 기능을 하고, 특히 시어 '어머니'를 통하여 모성적

---

34) 최호길, 「눈을 감으면」, 『민들레』, 45쪽.
35) 최호길, 「아버님의 강」, 『민들레』, 30-31쪽.
36) 최호길, 「향수」, 『강물이 하루를 싣고 가네』, 25쪽.

특성인 영원성과 생명성의 발원지로 전환시키고 있다. 즉 최호길은 가족 공동체가 소박한 농촌의 삶을 지향하면서 시세계의 전체 구조를 관통하는 시의식을 형성하였다. 이처럼 시적 화자는 가족 공동체를 통하여 영원과 생명의 공간으로 회귀하고자 하는 강렬한 욕망을 가진다.37) 이것은 시인이 영원한 생의 공간, 향토서정의 발원지로 회귀하고자 하는 염원을 작품 속에서 내비쳤기 때문이다. 이와는 달리 가족과 관련된 시어가 미미하게 나타난 최명길의 시편들에서는 '죽음'이 갖는 존재론적인 차원의 문제와 관련지우면서, 가족 공동체의 장소성에서 탈피하고 벗어나려는 의식을 보여주었다. 따라서 최명길과 최호길의 작품 속에서는 가족 공동체가 유년 시절의 삶을 지배하는 근원적인 힘이 존재하는 장소로서의 로컬리티를 시적으로 형상화하였음을 보여주고 있다.

4. 현재의 장소성과 로컬리티

장소는 인간의 구체적 경험이 생성되는 곳이다. 장소가 없는 체험은 존재할 수 없다. 최호길과 최명길의 작품 속에서 시적 화자의 체험이 이루어지는 장소는 시인의 의식과 맞물려 특별한 의미를 가진다. 강릉 태생인 이들은 해안선을 따라 남쪽지역인 동해시와 북쪽지역인 속초시에 각기 정착하여 삶을 살았기 때문이다. 물론 한 부모 밑에서 태어나 유년 시절을 함께 고향에서 보냈으므로 '기층적 로컬리티'의 성격이 존재하는 것은 사실이다. 하지만 최호길과 최명길의 작품 속에 녹아져있는 장소성의 지향점이 다르게 나타나고 있어 주목된다. 장소는 공간의 일부로, 인간의 구체적 경험이 생성되는 맥락적·문화적 의미와 관련이 깊다.

따라서 장소로 인식하는 생활과 세계는 공간과 비교했을 때 특별한 가치를 지니며 우리의 정체성을 형성한다.38) 최호길의 로컬리티의 지향점이 고향의 장소성을 추구한다면, 최명길의 로컬리티의 지향점은 '설악산'이다. 최명길의 작품에서는 강릉·속초지역의 장소성이 16편39)이 나타나는데, 강릉지

---

37) 한성우, 「모성적 향토자연을 향한 갈등 혹은 화해」, 『강물이 하루를 싣고 가네』, 140쪽.
38) 에드워드 렐프, 김덕현·김현주 역, 『장소와 장소상실』, 논형, 2005, 77-104쪽 참조.

역 2편(12.5%), 속초지역 14편(87.5%)으로 그 중 시어 '설악산'이 12편의 작품에서 사용되었다. 반면 최호길의 작품에서는 200편 중 29편40)에서 강릉·동해지역의 장소성이 드러난다. 그 중 강릉지역 19편(65.5%), 동해지역 10편(34.5%)이다. 그의 작품에서는 고향 '입암동', '왜지골' 지명이 그대로 드러나고 있으며, '안목바다', '월호평', '대관령', '남대천' 등 강릉의 지명이 그대로 시어로 사용되었다. 다시 말해 두 시인의 작품에서 나타난 장소명의 선호도에서는 최명길은 속초지역에서 강세를 보이고, 최호길은 강릉지역(고향)의 장소에서 강세를 보이고 있다.

따라서 속초지역, 특히 시어 '설악산'이 나타난 최명길의 작품과 강릉지역의 장소성을 드러낸 최호길의 작품을 살펴본다.

설악 깊은 골에
나 산밭 하나 일구었네.

씨 묻은 후

---

39) 최명길의 작품에 나타난 강릉·속초지역의 장소성

시집	편수	작품명	
		강릉지역(고향)의 장소명	속초지역의 장소명
『반만 울리는 피리』	7		「겨울 설악」, 「메밀꽃」, 「설악을 보며」, 「외옹치 바다<1>」, 「외옹치 바다 <2>」, 「물음」, 「대청봉서 하루」
『隱者, 물을 건너다』	9	「강릉 우리 집·1」 「강릉 우리 집·2」	「산 대접」, 「달을 보았다」, 「靑山韻」, 「십이선녀탕」, 「설악산도 가끔」, 「지리산 팔랑개비」, 「청동불통」

40) 최호길의 작품에 나타난 강릉·동해지역의 장소성

시집	편수	작품명	
		강릉지역(고향)의 장소명	동해지역의 장소명
『민들레』	25	「어머님의 향기」, 「아버님의 강」, 「장날」, 「대관령 <1>」, 「대관령 <2>」, 「옛친구」, 「향수의 강」, 「고목나무」, 「이별이 숙명처럼」, 「염원」	「삼화사 가는 길」, 「망상해수욕장」, 「촛대바위」, 「동사무소」, 「동해항의 뱃길」, 「동해의 꿈」
『강물이 하루를 싣고 가네』	19	「노을」, 「도둑고개」, 「그때 그 시절」, 「江陵 이야기」, 「내 고향 소식」, 「보릿고개」, 「진달래꽃·1」, 「죽두의 추억」, 「대관령」	「천곡동 그 사람」, 「甘湫寺의 하루」, 「지상사 철불」, 「무릉계의 봄」

몇 차례 소나기가 밟고 갔네.

샛강에 초가을 달
그 눈물을 지우던 날

메밀꽃은 흐드러져
골짜기를 채웠네.

가신 이의 뼛가루
온 산 가득 뿌려졌네.
—「메밀꽃」41) 전문

몸을 닦아
사시에 푸르고
눈을 떠
소망으로 우뚝 선 산마루
딴 세상을 만든다.

대관령은 문을 열고
때 없이
나를 부른다.
—「대관령」42) 부분

    최명길의 작품 「메밀꽃」에서는 시적 화자가 설악산 자락에 있는 밭에서 메밀이 자라나는 과정을 진술하는 듯하면서도, "묻은 후"와 "밟고 갔네."라는 시어로 예사롭지 않는 징후를 예감하게 한다. 이러한 시어들을 배치해 놓은 것은, 결미에서 메밀꽃이 활짝 핀 모습을 "가신 이의 뼛가루"라는 이미지로 그려내었는데, 이것은 '메밀꽃'과 '인간'을 등치해 놓기 위한 장치로 보여진다. 이 부분에서는 강릉 태생인 최명길이 생을 마칠 장소는 설악을 품고 있는 속초지역이라는 의식이 시세계에 침잠했기 때문이라는 짐작을 가능하게

---

41) 최명길, 「메밀꽃」, 『반만 울리는 피리』, 32쪽.
42) 최호길, 「대관령」, 『강물이 하루를 싣고 가네』, 128쪽.

한다. 더욱이 최명길의 속초지역 '설악산'이 시어로 나타나는 작품 속에서 '죽음'과 관련된 시어43)는 「메밀꽃」뿐만 아니라 「겨울 설악」, 「설악을 보며」, 「설악산도 가끔」, 「청동불통」 등이다. 그 외에도 작품 「물음」에서는 '빈 나무', 「대청봉서 하루」에서는 '울음 소리', 「달을 보았다」에서는 '배고픈 날들' 등의 시어가 어두운 정서를 보여주고 있다.

반면 최호길이 자신의 고향 강릉지역의 장소명을 드러낸 「대관령」에서는 "푸르고", "소망"이라는 밝은 시어를 사용하고 있다. 더욱이 "대관령은 문을 열고/ 때 없이/나를 부른다."고, 마치 '대관령'이 자녀를 집으로 불러들이는 듯한 '어머니'의 형상이다. 하지만 최호길이 그의 생애 중 가장 오래 삶을 살았던 동해지역의 장소명을 드러낸 「촛대바위」44)에서는 시적 화자의 우울한 정조情調가 우세하다. "홀로 서 있는/ 촛대바위는// 세상을 등지고/ 불도 켜지 않고/ 수평선만 바라보고 있다"고 일출의 명소 '촛대바위'를 일몰의 장소로 대치하면서 관조의 자세를 취한다. 이는 타 지역 시인이 문학기행에서 빚어낸 작품과 별반 차이가 없다. 예컨대 「삼화사 가는 길」45)에서 "시리도록 쌍폭 맑은 소리 벽계수따라/ 꾀꼬리 쌍지어 무릉반석 넘나"든다고 노래한 부분, 「망상해수욕장 소식」46)에서 "새아침 햇빛 솟으면/ 황금빛 바다는 다시 북새통 해변이/ 설레임으로 시작된다."고 표현한 부분이다.

최호길과 최명길 형제 시인이 생을 마쳤던 동해시나 속초시는 산과 바다로 어우러진 지역이다. 그런데 이들의 작품에서는 '바다'에 관련된 시어47)보다는 '산'에 관련된 시어가 강세를 보인다. 최호길 작품 속에서 시어 '산'이 200편 중 44편(22%)48)이 나타난다면, 최명길의 작품 속에서는 시어 '산'이 165편 중 86편(52%)49)로 나타나 과반수를 차지하고 있다.

---

43) 「메밀꽃」에서 '가신 이의 뼛가루', 「겨울 설악」에서 '해골', 「설악을 보며」에서 '연옥', 「설악산도 가끔」에서 '구천지하', 「청동불통」에서 '죽음'이라는 시어가 나타난다.
44) 최호길, 「촛대바위」, 『민들레』, 77쪽.
45) 최호길, 「삼화사 가는 길」, 『민들레』, 66쪽.
46) 최호길, 「망상해수욕장 소식」, 『민들레』, 67쪽.
47) '바다'에 관련된 시어는 최호길의 『민들레』에서 17편, 『강물이 하루를 싣고 가네』에서 12편 나타나고, 최명길의 『반만 울리는 피리』에서 14편, 『隱者, 물을 건너다』에서 7편이 나타난다.
48) 최호길의 작품에 나타난 시어 '산'

저 요란스러운 바람소리를
어쩔까?
산을 본다.
한밤에 몸을 씻고 앉아
깊은 침묵에라도 든 듯,
가므스레
달무리 거닐어 가고 있는
산,
그 흐름을 지켜본다.
문득 내 이마에 와 비치는 산

시집	편수	작품명
『민들레』	25	「장날」, 「마르지 않는 강」, 「참외밭 향기」, 「첫눈」, 「까치밥」, 「고향의 가을」, 「단풍」, 「대관령<2>」, 「삼화사 가는 길」, 「소요」, 「수석」, 「달」, 「퇴직 맞는 새봄에」, 「낙조의 다짐」, 「사월의 향수」, 「이유없는 이별」, 「산」, 「동해의 꿈」, 「사월의 연정」, 「진달래꽃」, 「참 시작을 위하여」, 「가을산에 오르는 사람」, 「이별이 숙명처럼」, 「금강산」, 「백두산」
『강물이 하루를 싣고 가네』	19	「望鄕歌」, 「도둑고개」, 「낫」, 「조이밭 향기」, 「泉谷洞 그 사람」, 「벌초날 사연」, 「江陵 이야기」, 「내 고향 소식」, 「보릿고개」, 「강물」, 「진달래·1」, 「진달래·2」, 「가을 편지」, 「산」, 「파도」, 「대관령」, 「우울한 하루」, 「바람이고 싶어라」, 「歲寒 정경」

49) 최명길의 작품에 나타난 시어 '산'

시집	편수	작품명
『반만 울리는 피리』	33	「아기산」, 「달마봉 동배꽃」, 「산」, 「산울림」, 「산지기」, 「겨울 설악」, 「아침 산」, 「반달」, 「반만 울리는 피리」, 「메밀꽃」, 「시의 오두막」, 「매봉산 그 사람」, 「설악을 보며」, 「그날」, 「미몽의 노래」, 「가을 편지」, 「온 하늘을 불사른 후에야」, 「단풍 아래서」, 「저 하늘 속에」, 「물음」, 「달 베개」, 「혼자 있는 밤」, 「깊은 강」, 「대청봉서 하루」, 「그날 밤에」, 「온몸 새벽으로 깨어」, 「산에서 길을 보며」, 「바람 찬 날에」, 「오솔길」, 「산바람」, 「동해가 달을 품고 있을 때」, 「저녁 놀」, 「소를 찾으며」
『隱者, 물을 건너다』	53	「만남의 잎새」, 「산 대접」, 「향기」, 「밤길」, 「靑山韻」, 「내가 나를」, 「隱者, 물을 건너다」, 「띠풀집」, 「산파도」, 「隱寂庵」, 「너」, 「귀」, 「산향기」, 「산이 된 사람」, 「산 게으름뱅이」, 「누운 산」, 「물 속 산」, 「눈 산」, 「솔부엉이」, 「산노루」, 「어느 날」, 「산바라기」, 「구름 산을 타고」, 「십이선녀탕에서 하룻밤」, 「알몸뚱어리 잔치」, 「설악산도 가끔」, 「물방울」, 「죽은 나무·1」, 「잃어버린 나」, 「보고있는 사람」, 「가을 밤」, 「귀뚜라미」, 「흰구름 그 사람」, 「桶理를 지나며」, 「쓸모없는 사람」, 「시인 학교」, 「잠자는 나무」, 「할머니」, 「죽변」, 「눈 내리는 날」, 「백두산」, 「지리산 먼 새벽」, 「지리산 촛불」, 「토끼봉 미싯가루」, 「산잠자리」, 「지리산 팔랑나비」, 「바위꽃」, 「지리산 땅바람소리」, 「지리산 狂人」, 「지리산 황소능선」, 「죽은 나무·2」, 「청동불통」, 「피 묻은 산」

그 산이
나를 괴롭혔다.

― 「산」50) 전문

실타래 몽실 구름 일면
산 위에 또 산을 만들고
물 속에 잠기면 이그러졌다 다시
몸을 일으키며
가까이 가면 미풍에도 움직이고

바라보다 쳐다보면 높아지는 산
기쁨이 있을 때는 노을춤 추고
슬픔이 있을 때는 이슬눈물 흘린다

오르면 오를수록 넓어지는 산
나도 산이되어 산속에서 눕는다.

― 「산」51) 부분

　최명길은 『반만 울리는 피리』의 서문에서 "산과 물은 내 시의 집이다."52) 라고 밝혔고, 또한 『隱者, 물을 건너다』의 서문에서는 "산과 물은 내 시의 화두다."53)라고 밝히고 있다. 이것은 최명길의 작품에서 '산'이라는 시어가 과반수를 차지하는 것과 무관하지 않다. 최명길이 "산의 치마폭에 휩싸여 있는 동안에는 깊은 내 그늘 속 애증과 비애가 어디론지 스러"54)진다고 고백한 부분에서도 확인이 가능하다. 위의 시 「산」에서 "요란스러운 바람소리"로 은유되는 인간적 속성에 대한 소요는 "침묵"으로 잠재울 수 있다고, 시적 자아는 그것을 '산'에서 발견한다. 이처럼 '산'은 허욕과 욕망의 내면을 털어버릴

---

50) 최명길, 「산」, 『반만 울리는 피리』, 16쪽.
51) 최호길, 「산」, 『민들레』, 97쪽.
52) 최명길, 「시의 집」, 『반만 울리는 피리』, 3쪽.
53) 최명길, 「누덕 등불」, 『隱者, 물을 건너다』, 5쪽
54) 위의 글, 5쪽 참조.

수 있는 귀의처로서의 장소성을 갖고 있으며, 또한 자아성찰의 공간이 되기도 한다.

　최명길이 '산'을 성찰의 대상으로 보았다면, 최호길은 '산'을 지기知己처럼 의인화하여 "기쁨"과 "슬픔"을 함께 나누는 위안의 대상으로 보고 있다. 시적 화자의 의식에는 "쳐다보면 높아"보여 멀게 보이는 산도, 실제로 올라가보면 "오를수록 넓어지는 산"의 속성에서 위안을 얻는, 가까운 대상으로 인식한다. 그래서 시적 화자는 "나도 산이 되어 산속에 눕는다."라고 토로한다. 그러다 보니 최호길의 시에 나오는 '산'에 관련된 시어들은 '뒷동산'에 치중되어 나타난다. 예컨대 「참외밭 향기」[55]의 "뒷동산 꾀꼬리", 「낫」[56]의 "뒷동산 찰갈비", 「벌초날 사연」[57]의 "뒷동산 굴참나무", 「보릿고개」[58]의 "뒷동산에 올라" 등이다. 이처럼 최호길의 작품 속에서 '산'은 고향집 '뒷동산'처럼 친근하여 안식을 얻을 수 있는 장소성을 확립하고 있음을 알 수 있다.

　이상과 같이 살펴본 최호길과 최명길의 작품에서는 시적 화자의 구체적 체험에서 특정 장소들이 시의식에 맞물려 특별한 의미를 지닌다. "문학의 구체적 체험은 한 사회를 추상적 가치 속에 고착시키는 전체화에 길항하는 기능을 지닌다."[59] 장소는 시의 주체에게 영향을 주며, 또한 시의 주체 역시 장소를 경험함으로써 상호 교감을 이루게 된다. 시인들의 의식 속에 발견된 시적 주체는 특정 지역의 장소성을 반영하는 동시에 장소성을 알려주고 있다. 최호길의 작품에서는 자신의 고향인 강릉지역의 장소명이 밝은 정조를 드러내고, 다수 나타나고 있는 시어 '뒷동산'에서는 친근감이 엿보인다. 반면 최명길의 작품에서는 속초지역의 장소명인 '설악산'이 우세하며 어두운 정조를 드러낸다. 그는 『반만 울리는 피리』의 서문에서 "산은 일몰을 부르는데 괴로움은 가슴을 떠날 줄 모르고 육신은 六根의 노예가 되어 흔들린다."[60]라고 밝힌 바와 같이 '산'은 시인에게 자아 성찰의 공간으로 존재하고 있다. 이

---

55) 최호길,「참외밭 향기」,『민들레』, 39쪽.
56) 최호길,「낫」,『강물이 하루를 싣고 가네』, 31쪽.
57) 최호길,「벌초날 사연」,『강물이 하루를 싣고 가네』, 37쪽.
58) 최호길,「보릿고개」,『강물이 하루를 싣고 가네』, 48-49쪽.
59) 이남호,「보편적 조화의 가능성을 찾아」,『사유의 공간』, 생각의 나무, 2005, 51쪽.
60) 최명길,「시의 집」,『반만 울리는 피리』, 4쪽.

처럼 형제 시인 최호길과 최명길의 작품에서 로컬리티의 성격은 실제 체험의 장소성에 내재되어 구현하였음을 알 수 있다.

5. 나오는 말

본고는 강원영동지역의 형제 시인 최호길과 최명길의 작품 속에서 삶과 관련된 장소성을 중심으로 로컬리티를 고찰하는 데 목적을 두었다. 이들 시의 로컬리티는 '로컬(지역)이라는 특징을 내재한 장소'로 규정하고 시인의 시적 생애와 시적 자의식이 지역이라는 개념과 맞물려 나타난다는 점에 주목하였다. '강릉시'는 최호길과 최명길의 출생지로 어려서부터 가족과 함께 삶을 살았던 근거지이다. 하지만 성인이 된 이들은 각각 '동해시'와 '속초시'에 정착하여 문학 활동을 하다가 생을 마감했다. 그러다 보니 최호길과 최명길이 작품 속에 투사한 사상이나 감정, 의식의 지향성은 다르게 나타난다.

먼저 장소의 전회와 자의식을 구체적인 작품 분석을 통해 규명해 보았다. 최호길을 작품 속에서 시인의 장소 전회는 삶의 근원과 자신의 실체를 확인하는 데에서 출발한다. 지역적 경계를 허물어 시적 변화를 추구하며, 고향을 근거지로 귀향의 움직임을 강하게 보여주고 있다. 반면 최명길의 작품에서는 시적 전회를 통해 자의식을 확립하면서 현실의 제약을 과감히 벗어나려는 의식을 보여주었다. 이러한 시인의 태도는 내부의 한계성을 깨달았기에 가능한 일이다. 자신의 존재인 고향에서 탈주하고자 했던 욕망이 내부에서 외부로 향하는 순간 장소의 전회가 이루어졌다. 이처럼 최호길과 최명길의 작품 속에서는 장소의 전회가 시인의 자의식에 내재되어 로컬리티를 형성하고 있다.

다음으로 최호길과 최명길의 작품 속에서 가족 공동체에 관련된 시어를 알아보았다. 최호길의 시에서 가족과 관련된 시어는 '어머니' 26편, '할아버지' 13편, '아버지' 12편, '할머니' 8편으로 나타났다. 이는 어머니의 삶이 가족 공동체 속에서 중심인물임을 부각하면서, 장소성에 접근하고 있는데, '어머니'가 사는 공간을 과거에 머물었던 곳임과 동시에 다시 돌아갈 수 있는 대안적 장소로 형상화하였다. 반면 최명길의 작품 속에서는 가족 공동체에 관련된 시어가 '어머니' 3편, '할머니' 2편, '할아버지' 1편으로 나타나 미미한 편이다. 특히 시어 '어머니'와 관련된 작품 속에서는 '죽음'이 갖는 존재론적인 차원의 문제와 관련지우면서, 가족 공동체의 장소성에서 탈피하고 벗어나려는 의식을 보여주었다. 이처럼 이들 작품 속에서 가족 공동체를 드러낸 시어에서는 원형적 장소성을 내포한 로컬리티가 형성되었다.

마지막으로 현재의 장소성과 로컬리티를 살펴보았다. 장소가 없는 체험이란 있을 수 없으므로 시인이 살아온 모든 날들을 체험으로 봐도 무방하다. 구체적인 장소에서는 감정과 정체성이 자연적으로 형성된다. 주지하다시피 최호길과 최명길 형제는 고향 강릉시를 떠나, 형은 동해시에, 동생은 속초시에 정착하였다. 그리고 이 지역들은 해안선으로 연결되었으며 '산'이 어우러진 지역들이다. 따라서 이들 작품 속에서 지역명과 '산'이 나타난 시어를 중심으로 살펴보면, 먼저 최호길 작품에서는 강릉지역명 19편, 동해지역명 10편으로 나타나 고향에 대한 선호도가 높다. 더욱이 강릉지역의 장소성은 그리움과 위안의 대상으로서 로컬리티를 형성하고 있다. 반면 최명길은 강릉지역명 2편, 속초지역명 14편으로, 그중 시어 '설악산'이 12편의 작품에서 사용되었다. '설악산'뿐만 아니라, 특히 그의 작품 165편 중 86편(52%)에서 나타나는 시어 '산'은 허욕과 욕망의 내면을 털어버릴 수 있는 귀의처로서의 장소성을 갖고 있으며, 또한 자아성찰의 공간으로서 로컬리티를 형성하고 있다.

이와 같이 강원영동지역의 형제 시인으로 활동한 이들의 작품 속에서 인식하고 사유하는 주체가 다른 양상을 보여주고 있다. 고향을 지척에 둔 특정 지역에서 고향을 지향하는 최호길의 작품에서는 가족 공동체와 맞물리고, 자연을 지향하는 최명길의 작품에서는 설악산과 맞물림으로써 로컬리티의 특징을 형성한다. 이처럼 강릉을 중심으로 최호길과 최명길 형제 시인은 동해지역과 속초지역을 넘나드는 지역적 경계망에서 차별화된 시세계를 보여주었다. 따라서 이 연구가 최호길과 최명길의 문학 세계를 논구하기 위한 일차적인 접근이라면, 이를 바탕으로 심도 있는 연구를 후속 과제로 남기고자 한다.

김영준 시에 나타난 삼척지역의 공간성

1. 머리말

갈산 김영준(1934~1996)은 삼척지역문학 발전에 커다란 족적을 남긴 시인이며, 삼척문화의 개척자이다.[1] 그는 1960년대 삼척지역문학 단체의 전신인 '동예문학회'의 창립회장으로『동예』[2]를 발간한 1세대 시인[3]이다. 1972년『풀과 별』에「거리」외 3편이 추천되어 문단에 데뷔한 김영준은 문학 활동뿐만 아니라 삼척지역의 교육사업에도 남다른 열정을 쏟았다. 불우한 청소년들을 위한 직업학교를 설립했고, 사재를 털어 청소년도서관을 설립한 교육자였다. 또한 삼척문화원 설립에 동참하여 제2대 문화원장을 역임하는 등의 활동을 통해 삼척문화의 대명사로 알려져 왔다.

김영준은 춘천에서 출생했지만, 대학생활 이외에는 삼척지역을 벗어난 적이 없다.[4] 또한 그는 "철저하게 중앙문단을 배격해 온 시인이다. 중앙문단이 한국을 대표한다는 자체를 거부해 왔을 뿐 아니라 중앙문단에 데뷔하는 것마저 거부해 왔다."[5] 게다가 시집 발간마저 거부하였기에 생전에 작품집 한 권 남기지 않았다. 그러다 보니, 1997년 1주기를 맞아 '갈산유고시집간행위회'[6]에 의하여 유고시집『길·세월·밤』[7]과『누가 무엇을 숨길 수 있으랴』[8],

---

1) 이성교는 김영준의 유고집 '책머리에'서, 그를 '삼척문화의 개척자'라고 밝히고 있다.
2) 1961년 수기 등사판으로 발행한『동예』는 같은 해 11월에 2집이 제작되고, 1962년 5월 3집이 간행된 후 중단된다. 동인들의 이직과 군입대 등이 주된 원인인 것으로 파악된다. 김영준 외 회원은 정일남, 박종철, 이경국, 김정남 등으로 미등단자들로 구성되어 있다.
3) 남기택,『강원영동지역문학의 정체와 전망』, 청운, 2013, 54-55쪽 참조. 삼척지역문단 1세대로 김영준 외에 진인탁(1923~1993), 이성교(1932~2021)을 거론하고 있다.
4) 김영준은 '삼척초등학교', '삼척중학교', '삼척공업고등학교'를 나와 동국대학교에서 수학했다.
5) 정일남,「비정과 부정의 시학」,『빛나는 아침의 땅에서』, 210쪽.
6) '갈산유고시집간행위회'(위원장: 정연휘)는 유고집의 발간후기에서, "…선생께서 평생 동안 창작한 작품들을 모아 두 권의 시집과 한 권의 산문집으로 발간하여 선생께서 타계하신 일주기를 맞아 세상에 펴내게 되었습니다.…이 작품집은 선생의 장례 직후 문학 후배와 제자

그리고 유고 산문집 『빛나는 아침의 땅에서』9)가 간행되었다.

김영준이 지역문학에 대해 어떤 관심을 가지고 일생을 살았는지 살펴보는 것은 유의미하다. 그는 1961년 『동예』에서부터, 1969년에는 삼척문학회를 결성하기까지 삼척문단을 주도한 장본인이기 때문이다. 이듬해에 발행된 동인지 1집 『삼척시단』10)에 이 지역 문학평론가 김영기는 축사에서 "삼척지방문학이면 당연히 강원도 지방문학인 것이고 한국문학인 것"11)이라고 밝혔는데, 이를 미루어보더라도 당시 지역문인들은 지역문학에 대한 관심이 지대하였음을 알 수 있다. 비록 『동예』에서부터 『삼척문단』이 태동하기까지 아마추어적인 활동을 벗어나지 못했지만,12) 김영준의 지역문단에서의 위치는 삼척지역문학사적 관점에서도 그 의미가 크다고 하겠다.

김영준 시에 대한 기존 연구는 전무하다. 다만, 『빛나는 아침의 땅에서』의 말미에 「비정과 부정의 시학」13)을 통해 시인의 삶과 문학세계를 정리한 바 있다. 이들 연구는 김영준 시에 대한 본격적 접근에 미치지 못하다. 주된 논거가 체재 분류 정도에 그치거나 개별 텍스트에 대한 심층적 분석의 여지를 남겨놓고 있다는 사실이다. 무엇보다도 당대의 삼척문단 지형도 내에서 김영준 시가 처한 구도, 문학사적 의미에 대한 심도 있는 해석 등이 뒤따라야 할 것이다. 기존에 언급되지 않았던 삼척지역 시인 김영준 시를 조명, 소개하는 목적을 지닌다. 이에 따라 본고는 유고 시집 『길·세월·밤』의 시 76편과 『누가 무엇을 숨길 수 있으랴』의 시 73편을 대상으로 김영준의 시세계를 고찰한

와 문화원 이사님들과 가족들로 구성된 「갈산유고문집발간추진위원회」에서 발간한 것입니다."라고 밝히고 있다.
7) 혜화당, 1997.(이하 『길·세월·밤』으로 표기) 이 시집에 수록된 시는 76편이다.
8) 혜화당, 1997.(이하 『누가 무엇을 숨길 수 있으랴』로 표기) 이 시집에 수록된 시는 73편이다.
9) 혜화당, 1997.(이하 『빛나는 아침의 땅에서』로 표기) 이 산문집에 수록된 김영준의 글은 27편이다. 『강원일보』 '오솔길'란에 게재된 산문과 『삼척문학』, 『실직문화』 등의 '머리글'인데, 운문형식의 글이 혼재해 있다. 이밖에 삼척지역문인들의 화갑축시 3편, 추모시 12편, 회고담 9편, 평론 1편이 수록되어 있다.
10) 『삼척시단』 1집은 타자로 식자하여 등사되었으며 31쪽이다. 기록되어 있는 서지사항으로는 발행 겸 편집인 삼척문학회, 발행소 삼척문화원 발행일 1970. 4. 26이다.
11) 김영기, 「門을 여는 첫소리」, 『삼척시단』 1집, 3쪽.
12) 김영준, 「작품집을 내면서」, 『삼척문단』, 1지1 4쪽. "아직 습작과정에 있습니다. 그러나 회원 중에는 신춘문예를 거쳐 시인이 되신 정일남 씨 같은 분들도 계심을 알립니다."
13) 정일남, 「비정과 부정의 시학」, 『빛나는 아침의 땅에서』.

다.14) 이러한 목적 아래 김영준의 시를 통해 그의 시론의 정체를 추론하고, 시세계의 전모를 흐름과 양상에 따라 삼척지역문학의 공간성을 구명하고자 한다. 나아가 지역문학적 관점의 위상으로까지 김영준 시에 대한 접근 범위를 확대하고자 한다.

2. 내면의 공간에서 자아 찾기

김영준 시세계에서 외면적으로 두드러지는 경향으로 지극한 페이소스와 비탄의 어조를 들 수 있다. 문학적 정조로서 비애를 지닌다는 것은 역사전기적 배경은 물론 상상력이 발원하는 구조 혹은 시정신 근저에 비극적 개성이 내재되어 있다는 말과 같다. 김영준 시를 가리키는 형용어구로서 '비정과 부정'15)을 강조하는 맥락에는 이러한 경향이 반영되어 있다. 김영준 시가 배태하고 있는 비애의 정서는 스스로의 시론과 수필을 통해서도 그 실체를 확인하게 된다.

> 시인이라 말하면서 변변한 시 한 편 발표하지 못했으니 시집 한 권 출판했을 리 만무하다.
> 자랑스러운 시인도 못되고 자랑스러운 생활인은 더욱 아닌 나는 도대체 무엇인가. 독서운동을 합네, 문화운동을 합네 하며 형제와 이웃에게 도움을 청하고 많은 제자들을 들볶으며 많이도 괴롭혔다.
> … 중략 …
> 이렇게 사는 것이 아닌데 하면서 절망하기도 했었다. 그렇다고 이대로 주저앉을 수 없는 노릇이라 시를 쓰는 것이다.
> 원고지를 메꾸어 가는 낱말들은 울분의 응어리로 굳어질 뿐이지 아름다움도 기쁨도 없고 희망도 사상도 없는 비극적인 넋두리로 남겨졌다. 새롭고 감미로운 시를 쓰고 싶은데 슬프게도 쓰여지지 않았다.
> ―「독백」16) 부분

---

14) 유고 산문집 『빛나는 아침의 땅에서』에 수록된 작품은 제외하기로 한다. 왜냐하면 이 산문집에는 『삼척문학』, 『실직문화』 등에 수록되었던 '머리글'로 산문과 운문이 혼재되어 있는데, 본 연구 대상으로는 적합하지 않다고 여겨지기 때문이다.
15) 정일남, 앞의 글, 148쪽.
16) 『빛나는 아침의 땅에서』, 30쪽. 유고집에 수록된 「독백」은 『강원일보』 '오솔길'란에 게재

생전에 "새롭고 감미로운 시"를 쓰고 싶었던 시인 김영준은 유고시집 『길·세월·밤』에서 76편, 『누가 무엇을 숨길 수 있으랴』에서 73편의 시를 남긴다. 그 자신이 현실에서 오는 "울분의 응어리"를 "비극적인 넋두리"로 남겼다고 고백하였듯이, 어두운 현실에 포섭된 그의 존재는 시어 '밤'으로 드러나는데,17) 총 149편 중에 26편(17%)이다. 특히 그의 시에서는 육체적·정신적으로 봉쇄된 자아가 「폐칩일기」라는 제목 24편에 집약되어 있다. 그중 8편(33%)에서 '밤'18)의 시어가 나타나면서, 고독한 화자의 변주는 '병실'과 '우주의 공간'으로 확대되어 나간다.

생의 환경에서 비롯된 어둡고 비극적인 정서는 김영준 시세계를 관류하는 메인 모티프의 하나로서 '밤'의 이미지를 특화시킨다. 밤이 표출되거나 배경으로 제시되는 작품은 전체 149편 중에 27편(18%)에 이른다. 시어나 소재

된 수필이다.
17) 김영준의 밀폐된 자아는 '밤'과 관련된다. 어둠은 곧 밤을 의미하며 대개의 인간은 본능적으로 어둠을 두려워한다. 이것은 판단력의 대부분을 차지하는 시각적 정보가 차단된 상태에서 당연히 생겨날 수밖에 없는 감정이다. 그렇기 때문에 어둠은 두려움, 중압감, 답답함, 공포 등의 관념으로 인간의 의식 안에 침투된다. 박영수, 『색채의 상징, 색채의 심리』, 살림, 2003, 83쪽 참조.
18) 시어 '밤'이 나타나는 시 「폐칩일기」를 제외한 목록은 다음과 같다.

연번	제목	시집	수록면수
01	밤바다에서	『길·세월·밤』	58-59
02	동녘바다에 묻는다	〃	63-64
03	갈숲마을 아이들	〃	81-82
04	추상·2	〃	109-110
05	풀밭 이야기	〃	126-127
06	봄과 여름 사이	〃	129-130
07	공양왕릉과 준경묘	〃	140-142
08	당저동 어머니	『누가 무엇을 숨길 수 있으랴』	26
09	향관	〃	37
10	피내동 설화	〃	69-70
11	여회	〃	83-85
12	산에서 아침을	〃	90-91
13	내 고향에는 등대가 없다	〃	111-112
14	다실	〃	119
15	당신은 갔습니다	〃	138-144
16	돈·1	〃	145
17	흔적	〃	149-150
18	비의 소리	〃	168-169

가 시인의 개성과 시세계의 특질을 파악하는 표면적인 요소라는 전제하에 밤이 매개되는 작품들을 중심으로 살펴보기로 한다. 김영준 시세계의 대표적인 작품으로 「폐칩일기」 연작시 24편이 있는데, 여기에는 표제에 드러난 대로 육체적·정신적으로 고립된 자아가 시상을 이끌고 있다. 그 중 9편(37.5%)에 '밤'이 등장한다.[19]

'밤'은 곧 어둠을 의미하며, 대개의 인간은 본능적으로 어둠을 두려워한다. 이것은 판단을 좌우하는 시각적 정보가 제한된 상태에서 생겨날 수밖에 없는 감정값일 수 있다. 그렇기 때문에 어둠은 두려움, 중압감, 답답함, 공포 등의 관념으로 인간의 의식 안에 침투된다.[20] 실로 「폐칩일기」에 나타나는 시간적 배경으로서 '밤'은 대체적으로 불안하고 불길한 정서를 환기한다. 「폐칩일기」 연작의 관련 내용에서처럼 시적 화자는 밤마다 "통곡"하거나 "굿" 소리를 듣거나 "몸살"을 앓는다. 때로는 "그리움"에 울거나 "열대야"에 지쳐서 잠을 못 이루는 밤이 연속된다. 표제 그대로 '폐칩된' 자아가 전경화되는 것은 당연한 결과일 것이다.

> 병실에 누웠다는 것은/ 죽는 것과 같은 것이라고/ 밤을 지새워 통곡하는/ 순박한 사내처럼/ 삶과 절망 사이에서/ 몸부림하는 것을 싫어한다는 것이 아니다.
>
> ―「폐칩일기·3」 부분

고립된 자아가 처한 어두운 밤의 시간은 지극히 내면적인 공간을 구상具象

---

19) 그 양상은 다음과 같다.

연번	제목	내용	수록면수
01	폐칩일기·3	밤을 지새워 통곡하는	26
02	폐칩일기·4	간밤에 / 어디선가 / 굿을 했던가	28
03	폐칩일기·5	밤마다 강탈당하는 것은	30
04	폐칩일기·8	적막한 밤으로 흘러내리며	37
05	폐칩일기·10	밤하늘 별 만큼이나	39
06	폐칩일기·11	밤마다 꿈을 꾼다.	41
07	폐칩일기·13	밤마다 어긋버긋 몸살 앓으며	43
08	폐칩일기·19	열대야 모진 밤	51
09	폐칩일기·23	그리움을 그리워 우는 / 이 밤에	55

20) 박영수, 『색채의 상징, 색채의 심리』(살림, 2003), 83쪽 참조.

하는 계기를 제공한다. 즉 김영준 시의 밀폐된 자아는 '밤'과 관련되는 내면적 공간성을 확보하는 것이다. 이는 폐칩된 상황에서 스스로를 반성하는 자아에게 있어 당연한 결과로서, "인간의 존재성 자체가 근본적으로 공간적"21)이라는 명제를 상기하는 시적 국면이기도 하다. 인간은 공간을 통해서 그 삶과 경험의 질을 파악할 수 있다. 김영준 시에서는 고독한 화자의 심리적 갈등이 내면의 공간으로 확대되어 나간다.

위 작품에서 '밤'은 시련의 시간으로 제시되고 있다. "병실"은 삶과 죽음 사이에 위치한 공간이다. 김영준은 병과 익숙한 삶을 살았다.22) 화자는 오랜 투병생활을 해온 시인을 대리하고 있다. 위 작품에서 삶에 대해 이미 많은 것을 덜어낸 시적 자아는 죽음으로 무게 중심을 옮겨놓기 위해 인생을 생각하게 된다. 이처럼 "병실"은 삶과 죽음 사이에 존재하면서 예견된 극단을 인식하는 공간이요, 그곳에서의 시간은 "밤을 지새워 통곡"하는 절망의 순간이다. 시적 화자는 "병실"을 통해 삶을 거리화하고 죽음에 좀더 익숙해지려 한다. 그 결과 두려운 대상으로서의 죽음이 아니라 삶의 또 다른 형태로서 죽음에 대한 인식이 드러나고 있다. 삶에 대한 회한과 죽음의 응시가 교차하는 듯한 "싫어한다는 것이 아니다"라는 직정적 표현이 그것이다.

> 밤마다 꿈을 꾼다. / 꿈속에서 우주를 떠돌며 / 만나고 싶었던 사람을 만난다. / 언제나 / 축축한 강변, / 헐벗은 야산, / 낙진으로 생명이 끊어진 계곡을 / 소리 없이 걷는다. // 우리가 두려워했던 / 침묵의 땅 / 꿈속의 만남 / 꿈속의 언어를, / 사랑하는 시간으로 넓히리라고 / 붕괴되는 우주의 공간을 떠돌며 / 소리 없이 말했다. / 깨어나지 말자고, 깨어나지 말자고 말하고 있었다.
>
> ―「폐칩일기·11」 전문

병실에서 죽음을 사유하며 고뇌하던 시적 자아는 위 작품에서 "우주의 공

---

21) 마르틴 하이데거, 이기상 역, 『존재와 시간』(까치, 2001), 155-159쪽 참조.
22) 정일남은 추모 글에서 "언젠가 그가 병원에 입원을 했다. 사직리에 도립병원이 있었는데 문병을 갔을 때 몹시 그의 얼굴이 창백하게 보였다. 그때 갈산은 처음으로 자기의 병을 실토해 주었다. 폐에 공동이 생겨서 애를 먹인다고 웃었다"라고 밝혔다. 『빛나는 아침의 땅에서』, 164쪽.

간을 떠돌며" 꿈을 꾼다. 여전한 밤의 배경 속이지만 폐칩된 자아의 시공이 우주적 공간은 물론 "사랑하는 시간"으로 확대되는 양상이다. 이는 치열한 시적 사유가 결과한 이미지들일 것인데 지극히 추상적이고 먼 거리로 인해 시적 긴장을 결여하고 있다는 한계를 동반한다. 고뇌는 "영혼과 육체, 불의와 정의, 순간과 영원 등과 같은 상호 모순과 대립의 접점지대에서 촉발되는 정신의 發光作用"이요, 사유는 "靜的 정신작용이며 화해와 포용을 내재하는 심리작용"이자 "자기방어이거나 위선"이라 할 수 있다.23) 위 작품에서 화자가 "낙진으로 생명이 끊어진 계곡을 / 소리 없이" 걸으며 '죽음'을 고뇌하는 모습은 비탄의 내면 공간과 사유의 정도를 잘 드러내고 있다. 꿈에서 "깨어나지 말자고" 다짐하는 맥락은 '닫힌 공간'에서 '열린 공간'으로의 전이를 바라는 시인의 마음으로도 읽힌다. 심리학의 고전처럼 "꿈 내용은 하나의 소망충족이고, 꿈의 동기는 하나의 소망"24)일 것이다. 그럼에도 불구하고 닫힌 내면의 사유는 지극한 추상과 비례하여 구체적인 시적 동기나 형상을 상쇄하고 있다. 이는 그대로 「폐칩일기」 연작의 구조적 한계와 연동된다.

이처럼 김영준 시에서 밤은 비탄의 내면 공간이 전경화되는 하나의 계기로서 작동한다. 밤은 외면적 사물을 대상화할 수 있는 감각의 조건인 빛을 차단한 시간이다. 밤의 배경을 통해 초점화된 자아는 현재적 삶의 고민으로부터 미래의 자기 죽음에 관한 사유로 인식 지평을 확대한다. 죽음 자체를 대상화하는 사유 단계에 이르는 것이다. 이러한 시적 전이는 감각적 세계로부터 관념적 세계로, 외면적 풍경의 세계로부터 내면적 심리의 세계로 이르는 과정과도 같다. 이러한 비극적 내면의 길항은 "죽음의 거룩함을 생각하여 / 여기까지 달려왔"(「독백」)25)던 여정이기도 하다.

김영준 시에서 밤의 시학과 절망의 모티프가 형성되는 주요 요인으로는 병 이외에도 비극적 현실 인식, 고독했던 사랑 등을 들 수 있다. 이는 각각 "휴식을 버린 / 멍든 사람의 고향, / 그 하늘에 / 회색의 낙진은 / 무덤을 위한 어설픈 동작으로 / 무지개가 남긴 쓰레기같이 번지고 / 마냥, / 적막한 /

---

23) 이숭원, 『근대시의 내면구조』(새문사, 1988), 165쪽 참조.
24) S. 프로이트, 김기태 역, 『꿈의 해석』(선영사, 1992), 114쪽.
25) 『길·세월·밤』, 70쪽.

거리"(「거리」)26)와 "나는 어머니를 찾아뵙자고 여기에 왔고 / 당신은 지아비를 찾아서 여기에 왔을 뿐 / 무심히 불어주는 산바람만 반겨주는 공동묘지"(「추석」)27) 등에 잘 드러나고 있다. 석탄과 시멘트 관련 산업으로 황폐화되어가는 도시, 일생을 사랑했으되 이어지지 않았던 비극적 사랑 등은 시인의 삶과 문학을 페이소소의 정조로 이끈 역사 전기적 요인이었을 것이다.

김영준은 생전 마지막 작품인 「폐칩일기·24」에서 "세상이 알려 준 미움을 읽으며 / 진정으로 참회하고 있다 / 이제, 내 심장은 무서워지고 있다"28)고 토로한다. 이 작품은 김영준이 암과 투병 중이던 1996년 4월 26일, '제79회 두타시낭송회' 때 직접 낭송한 작품이다. 그는 그로부터 10일 후에 타계하였다. 이처럼 김영준 시는 지극한 반성과 참회, 생의 회한을 담은 비탄의 내면 공간 속에서 제작되었다. 이는 주로 어둠의 시간인 밤을 배경으로 주조된다. 그럼에도 불구하고 그의 생과 시는 비극적이지 않다. 그가 실천한 문학적 삶, 그리고 특유의 페이소스는 지역문학에 지배적인 리리시즘의 관성을 넘어서는 독특한 개성이요 특유의 어법일 것이다. 현 단계 강원지역시문학은 리리시즘의 경향이 강하다.29) 고유한 향토정서 내지는 전통 서정의 방식이 주류 흐름인 것이다. 이때 1960년대 이래로 지역문단을 주도했던 김영준 시의 존재와 독특한 내면 공간의 형성은 지역문단의 한 성과요 미학적 성취라 할 수 있다.

3. 장소성의 구상

3.1. 바다의 중층성

김영준 시가 보다 구체적인 장소성을 형성하는 계기는 현실적 삶의 공간을 형상화하는 차원에서 마련된다. 하지만 이러한 국면은 서정시의 보편적

---

26) 『길·세월·밤』, 73쪽.
27) 『길·세월·밤』, 121쪽.
28) 『길·세월·밤』, 56쪽.
29) 강원지역 문학장의 시단 경향에 대해서는 서준섭 외, 「강원도 시단과 시를 말한다—지역성, 특이성, 보편성」(『현대시』, 2003년 8월호) 참조. 이 글은 강원도 시단의 형성 과정, 지역적 특성, 시인 현황, 지역적 시 쓰기의 의미, 시단의 전망 등을 좌담 형식으로 정리하고 있다.

형태이기도 하다. 김영준 시의 개성과 특장을 설명하기 위해서 결국 로컬리티의 관점이 도입되어야 하는 이유가 여기에 있다. 앞서 살핀 바와 같이 내면의 공간에서 죽음과 존재론적 비애를 사유하던 김영준 시는 구체적인 장소를 시화하는 맥락에서 특유의 서정적 장소성을 창출하고 있다.

이와 관련하여 먼저 주목해볼 대상은 '바다'이다. 바다는 김영준에게 있어서 생의 장소로서 긴밀한 관련을 맺고 있다. 김영준 시세계에서 바다와 관련된 시어가 빈번하게 나타나는 것은 어촌에서 살았던 체험의 산물이라 하겠다. 바다와 관련된 표현은 149편의 작품 중 28편(19%)에서 나타난다.30) 이

---

30) 현황은 다음과 같다.

연번	제목	시어	시집	수록면수
01	폐칩일가2	바다, 파도, 그물, 해조음, 물결	『갈세월밤』	25
02	밤바다에서	바다	〃	58-59
03	그 여름 그 해수욕장	모래, 해수욕장	〃	60
04	바다는 말한다	해초	〃	61-62
05	동녘바다에 묻는다	갈매기, 수평선, 바다	〃	63-64
06	갈숲마을 아이들	바다, 파도, 해변	〃	81-82
07	더 큰 기쁨을 위하여	바다, 파도, 닻줄, 선착장	〃	116-117
08	1994년 여름	바다	〃	136-137
09	송강야사	바다	〃	143
10	보문사 가는 길	바다	〃	146
11	산바람	바다	〃	148
12	어머니의 바다	바다	『누가 무엇을 숨길 수 있으랴』	24
13	하늘과 어머니	바다	〃	31
14	항관	파도	〃	37
15	어군	파도, 출항, 생선, 대양	〃	41-43
16	출항	바다, 닻, 창파	〃	44-45
17	이력서3	바다, 수평선, 모래알, 물새	〃	60-61
18	이력서4	바다, 어항, 선주, 해풍, 어부, 만선, 집어등, 어패류, 오징어, 놀래기, 창파	〃	62-63
19	이력서5	포구, 비린내	〃	64-66
20	나의 길	바다	〃	67
21	독백	바다, 해안	〃	73-74
22	후진에서	바다	〃	88-89
23	내 고향 삼척	바다, 파도, 출항, 뱃머리, 조각배, 오징어, 정어리, 태평양	〃	92-105
24	후진 바다	바다	〃	106-107
25	내 고향에는 등대가 없다	바다, 어부, 어군, 어선, 등대, 만선, 고기잡이, 통통배, 연안	〃	111

때 '바다'는 28편 중에서 22편(78.6%)으로 단연 강세이다. 또한 이들 작품에서는 '오징어', '정어리', '놀래기' 등 삼척 근해에서 잡히는 어종이 구체적으로 제시되고 있다. 이것은 김영준이 실지로 어촌에서 삶을 살았기 때문에 가능한 일일 것이다. 또한 시인의 생애 중 어촌에서의 삶은 어머니와 함께했던 시기이다. 그러다 보니 김영준 시 속에서의 모성성은 '바다'라는 공간과 자연스럽게 연동된다.

이렇듯 바다와 관련하여 주목되는 양상은 모성성의 이미지가 강조되고 있다는 점이다. 실로 바다는 모성성을 대표하는 이미지로서 삶의 비극성마저 초월할 수 있으며 강인한 생명력을 잉태할 수 있는 이른바 수평적 상상력의 근간을 이룬다.31) 김영준 시에 있어서는 이러한 모성성의 상징으로서 바다가 존재한다. 바다는 그 원형이 불변성과 영원성으로 상징되고 있음은 물론 생식과 출생의 밀접한 관계를 맺으면서 재생의 한 과정으로 표현되는 대상이다.32)

> 갈천동 앞 바다에 / 겨울맞이는 통곡으로 시작한다. / 무슨 한이 그리도 많은지 / 겨울 내내 소리치며 울고 있는 / 바다와 어머니 / 두 손이 갈퀴처럼 뒤틀리도록 가을걷이를 했건만 / 그 해 그 겨울 그 바닷가 사람들은 / 죽 한 그릇 배부르게 먹을 수 없었다. / 적막한 겨울 바다를 바라보는 어머니 / 고기잡이라도 떠나야 살 것인가를 생각했단다. / 어머니가 내 뱉은 한숨 소리가 / 통곡으로 이어지는 서러운 날은/ 겨울 바다를 어머니 품으로 숨어들게 할 뿐/ 아버지를 바람처럼 어디론가 떠나게 하여/ 물새 울음 울면서 긴 밤을 또 밝혀야 했다/ 어이하랴, 어이하랴 어머니의 바다에는 비가 내렸다/ 겨울비가 내렸다/ 정겹게 비가 내렸다/ 어머니의 바다, 비 내리는 바다에서 뛰노는/ 철없는 아이들은 어머니의 바다처럼 고왔다.
>
> ―「어머니의 바다」 전문

			귀항		
26	다시 후진에서	바다, 모래	〃		113-114
27	당신은 갔습니다	밤파도, 임원항	〃		138-144
28	복권	바다	〃		151-152

31) 이명희, 『현대시와 신화적 상상력』(새미, 2003), 169쪽.
32) 문덕수, 『현대한국시론』(이우출판사, 1980), 119쪽.

김영준은 어려서부터 성장하기까지 삼척의 "갈천동 앞 바다"33)에서 살았다. 그러다 보니 그 그는 후진後津 해변을 표제로도 여러 번 사용한 바 있다. 김영준에게 있어서 '바다'는 부조리한 현실을 철저히 배제할 수 있는 공간이자 미지의 세계에 대한 통로로서의 의미를 지닌다. 「어머니의 바다」에서 시적 자아는 "죽 한 그릇 배부르게 먹을 수 없"어 아버지를 찬바람 부는 겨울바다로 떠나보내고, 어머니는 남몰래 "물새 울음 울면서 긴 밤을 또 밝혀야 했"음을 고백한다. 바다는 이산으로 인한 존재론적 사유를 환기하면서도, 삶과 문학의 일치를 통해 문학작품의 지역적 정체성이 형성되는 과정을 증거한다. 위 작품에서 화자가 인지하는 후진 주변의 질곡은 곧 척박한 지역의 삶이요, 항상적인 결여 속에 주변적 삶을 운명처럼 받아들여야 했던 지역민들의 노고를 상징하고 있는 것이다.34) 이처럼 바다는 실존적 고뇌를 매개하는 대표적인 소재이기도 하다. 그럼에도 불구하고 아이들이 바닷가에서 뛰놀 수 있었던 것은 바다가 모성성을 내재한 대상이기 때문일 것이다. 바다는 "人類學이나 潛在心理學에서 生命의 源泉, 永遠한 生命의 母胎를 象徵"35)한다. 바다의 모성성은 보편적인 이미지일 것이지만 「어머니의 바다」에서의 그것은 '갈천동' 혹은 '후진'이라는 구체적 지역과 삶이 매개되는 양상이기에 장소성과 동시에 로컬리티를 구성하게 된다. 이러한 특수성과 보편성의 결합은 곧 지역문학이 전유해야 할 장소성이자 로컬리티의 국면일 것이다.

> 철길 너머에서 바다가 부르고 / 하늘을 향하여 어머니를 부르면 / 그 하늘에 어머니가 보인다. / 많은 기억들로 둑을 쌓고 / 어머니를 만날 연습을 하고 있다. / 짧은 생애가 고달팠던 가난의 둘레에서 / 어머니는 유달리 하늘을 사랑했고 / 모진 고초도 하늘의 뜻이거니 살아가는 / 의연함에 우리는 참된 삶을 배우면서 / 살아야 하는 기쁨을 알았다.
> ―「하늘과 어머니」 전문

「하늘과 어머니」에서는 "철길 너머의 바다"와 "하늘의 어머니"가 등치되

---

33) '갈천동 앞바다'는 새천년 해안 도로를 끼고 있는 해변으로, 지금은 '작은 후진 해수욕장'으로 일컫는다.
34) 남기택, 앞의 책, 296-297쪽.
35) 김열규, 『한국민속과 문학연구』(일조각, 1971), 216쪽.

고 있다. '바다'와 '하늘'이 합일을 이루면서 어머니를 추억하는 양상이라 하겠다. '바다'가 시인의 주관적인 의식에 투영된 것이라고 본다면, 그 대상인 '하늘'은 일종의 객관적 상관물로서 기능하고 있다. 어머니의 삶의 모습에서 "참된 삶을 배"웠다고 토로한 부분에서는 결코 침범할 수 없는 초월적인 존재로서 어머니가 인식된다. "어려서부터 읽은 수많은 위인전기의 주인공들 뒤에는 항상 그들을 훌륭하게 낳고 키운 어머니가 존재한다는 사실 (중략) 이러한 모성성의 신화는 대개 '모성주의'에 기반한 것"36)임을 이 시편에서도 확인할 수 있다. 화자는 어머니로 인하여 "살아야 하는 기쁨"을 깨달았다고 토로한다. 이는 곧 모성성의 상징인 바다가 '닫힌 공간'에서 '열린 공간'으로 전이되고 있는 양상이라 하겠다.

이처럼 김영준 시에서 생명이 탄생하는 공간으로서의 바다가 지닌 원형적 상징은 상실감에 처한 서정적 자아를 유인하여 갈등을 해소하는 장소이기도 하다. 대개 문학작품 속에 나타나는 바다의 양상은 "生과 滅의 양면성으로 대별되고, 이러한 바다가 지닌 근본적인 양면성은 한 작품 전체를 통해 어느 한 편으로만 나타나는 것이 아니라 양면을 모두 포함하는 경우가 대부분"37)인 것처럼, 김영준의 작품 속에 나타나는 바다도 생과 사의 양면성을 모두 가지고 있는 공간으로 나타난다. 하지만 모성성의 대리물로서 작동하는 바다는 결국 삶의 의지를 이끌고 있는 것이다. 이와 같은 양상은 「밤바다에서」38)에서 시적 자아가 "힘 겨루던 시절은 담너머로 보내고", "밤을 걷어 올리고/ 먹구름을 쫓아내고"를 반복하지만, 마침내 "빛나는 채양의 빛을 얻어야" 함을 다짐하는 부분, 또한 「바다는 말한다」39)에서는 "광활한 나의 땅이 죽어가는데/ 어찌 내가 자네를 환영할 수 있겠는가/ 나는 거부하겠네 자네의 방문을"이라고 토로한 부분 등에서 거듭 확인할 수 있다.

요컨대 김영준 시는 바다의 양상을 다양하게 변주하고 있다. 이른바 중층적 바다를 통해 체험적 모성애의 공간으로부터 구체적인 장소성에 이르기까지 다양한 스펙트럼을 보여주고 있는 것이다. 바다의 중층성과 모성애, 그리

---

36) 서강여성문학연구회 편, 『한국문학과 모성성』(태학사, 1998), 5쪽.
37) 황을문, 「문학에 나타난 바다」(성균관대학교 박사학위논문, 1994), 1쪽.
38) 『길·세월·밤』, 58-59쪽.
39) 『길·세월·밤』, 61-62쪽.

고 토포필리아의 시정신은 해양문학과 관련하여 의미 있는 논점을 제시한다. 해양문학은 강원지역문학 연구방법론과 관련하여 주목해야 할 장르이다. 강원영동지역의 문학적 정체성을 구성하는 주요 장르로서 해양문학을 간과할 수 없기 때문이다. 이는 해당 지역의 지정학적 특성과 관련된 필연적 결과일 것이다.

3.2. 장소와 로컬리티

장소성을 통한 미학적 범주 구성의 실체는 구체적인 장소를 다루는 시편들을 통해 보다 가시화되고 있다. 김영준은 춘천에서 출생했지만 그의 작품 속에 나타나는 '고향 공간'은 삼척이다.40) 고향은 개체의 탄생과 성장의 공간으로 인식할 수 있고, 가족이나 친인척을 포함한 공동체 삶의 근거지로 정의할 수 있다.41) 삼척은 김영준이 어려서부터 가족과 함께 삶을 살았던 근거지로서 시편들에서 그곳에서의 감각적 체험이 종종 드러나는 것은 당연한 결과라 하겠다. 지역의 장소가 삶과 일치를 이루며 지역적 정체성을 형성하고 있는 형국인 것인데, 전체 149편 중 삼척지역이 구체적으로 드러나는 시는 20편(13.4%)에 이른다.42)

---

40) 여기서 '고향 공간'이란 인적 공간, 자연 공간 일체를 가리키는 개념으로서 장소성의 한 형태에 해당된다. 인적공간은 주거공간과 그 부속 공간, 그리고 그에 따르는 친인척과 전통적인 민속이나 문화일체를 포괄한다. 자연공간은 산야와 물과 하늘, 그리고 거기 서식하는 동식물 등이 모두 포함될 수 있다. 그러나 이런 고향 공간이 문학이나 예술작품에 쓰일 때는 그것이 반드시 실제공간이라고 할 수 없는, 예술작품에 '현상하는 공간'이 된다. N. 하르트만, 전원배 역, 『미학』(을유문화사, 1983), 94쪽 참조.
41) 제해만, 『한국 현대시의 고향의식 연구』(시세계, 1994), 36쪽 참조.
42) 현황을 도표로 제시하면 다음과 같다.

연번	제목	소재(장소)	시집	수록면수
01	추상·1	죽서루	『길·세월·밤』	107-108
02	추상·2	죽서루	〃	109-110
03	추상·3	죽서루	〃	111-112
04	1992년 겨울	오십천	〃	133-135
05	봉황산을 보노라면	봉황산	〃	138-139
06	공양왕릉과 준경묘	공양왕릉, 준경묘	〃	140-142
07	어머니의 바다	갈천	『누가 무엇을 숨길 수 있으랴』	24
08	성내동 어머니	성내동	〃	25
09	당저동 어머니	당저동	〃	26
10	들판에 서서	오십천	〃	68

현황을 통해 '갈천동', '성내동', '당저동', '남양동' 등 구체적인 지역명이 그대로 소재화되는 양상을 볼 수 있다. 또한 관동팔경의 하나인 '죽서루', 삼척의 젖줄인 '오십천', 시내 중심의 '봉황산' 등이 소재로 사용되었다. 고향은 부모형제 등의 인간적 요소만이 아니라 그들을 에워싸고 있는 자연, 다시 말해 고향을 구성하는 보다 영속적인 요소인 자연으로도 구성된다. 이처럼 김영준의 고향 공간은 집을 중심으로 한 인적공간과 산천을 중심으로 한 자연공간으로 대별된다. 이는 또한 강원영동지역의 장소성에 관한 구체적 이미지들이기도 하다.

> 실직의 여인들이 / 옷을 갈아입는 부두에 가자 / 어제와 / 오늘이 / 축제로 들끓었던 / 영광의 땅으로 오라 / 출항의 시간이다. / 조상의 인종을 뱃머리에 달아놓고 / 신뢰의 길 / 영원불멸의 등불 밝히고 / 미래를 위한 설계를 마무리하며 / 운명을 딛고 / 힘차게 서리라 / 미래는 우리의 것 / 크고 미련한 아픔이 있어도, / 우리의 땅은 불사조가 아니던가.
> ―「내 고향 삼척」 부분

제목에서부터 자신의 고향을 '삼척'이라고 천명한 이 작품은 연작시 형태로서 24연 251행으로 구성된 장시이다.43) 위 작품은 삼척지역이 삼국시대 이전에 이미 나라의 형태를 갖춘 실직국悉直國이었음을 내비친다. 시어 '실직'이 빈번하게 등장하는데, 이를 통해서 시적 자아가 유구한 역사를 가진 삼척을 지역민의 한 사람으로서 자랑스럽게 여긴다는 것을 알 수 있다. 이처럼 시인의 창조 작업이 직관과 상상에 많은 부분을 힘입고 있지만 그 또한 인간

11	후진에서	후진	〃	88-89
12	내 고향 삼척	삼척	〃	92-105
13	후진바다	후진	〃	106-107
14	오십천	오십천	〃	108
15	봉황산	봉황산	〃	109-110
16	다시 후진에서	후진	〃	113-114
17	진주로에서	진주로	〃	115
18	이사	남양동	〃	120-122
19	환상에서	남양동	〃	136-137
20	물 흐르는 소리	봉황산	〃	170-171

43) 「내 고향 삼척」의 구성은 다음과 같다.

정신활동의 일환이라는 점을 고려한다면 어느 정도 구조화된 세계관의 기능적 역할을 배제할 수 없다. 그 세계관은 대상에 대한 인식과 사고의 과정에 연결되기 마련이다.44) 위 작품은 사회의식이나 역사의식에 기반한 김영준의 세계관이 '고향'으로 그 정체를 드러내고 있는 형국이다. 이는 "미래는 우리의 것/ 크고 미련한 아픔이 있어도, / 우리의 땅은 불사조가 아니던가"라는 종행의 표현에서도 확인할 수 있다.

장소성과 관련된 고향의 층위 중에는 어린 날을 회상함으로써 삶의 근원과 자신의 실체를 확인하고자 하는 양상을 볼 수 있다.45) 그런가 하면 고향의 모습을 떠올림으로써 인간의 아름다움과 훼손되지 않은 세계의 실상을 보여주고자 한다. 현실의 삶이 고통스러울수록 근원의 세계에 대한 그리움은 커지기 마련이다. 이때 「내 고향에는 등대가 없다」에서 "이순의 파도를 넘어 바다에 몸을 던지며/ 등대로 불 밝히는 나그네이고 싶은 것"을 통해 고향을 근원의 장소로 인식하고 있는 정황을 알 수 있다. 이외에도 「향관」46)에서는 "고향의 여름밤/ (중략)/ 파도소리마저 썩어가는 혼란의 시간만이/ 나를 부르고 있을 뿐"이라고 하는바 황폐화되어 가는 고향 바다를 안타까워하는 마음이 녹아 있다. 특징적인 것은 김영준의 고향의식이 '삼척'이라는 광의의 지역명으로 드러날 때는 긍정적인 이미지가 나타나지만, 구체적인 장소인 '후진'으로 드러날 때는 부정적인 이미지가 강화된다는 점이다. 이와 같이 김영준 시세계에서 고향은 문화적 토양을 바탕으로 지역의 구체적 장소성을 드

연번	소재(장소)	연	행	수록면수
1	미인폭포	2	19	92-93
2	실직, 두타산, 오십천,	3	36	93-95
3	실직(2)	2	36	95-97
4	실직	2	20	97-98
5	실직, 한내리, 신기, 월천	7	38	98-100
6	동안거사 별당, 천은사	4	52	100-103
7	실직, 삼척, 후진	3	34	103-105
8	실직	1	16	105

44) 이숭원, 『근대시의 내면구조』(새문사, 1988), 178쪽.
45) 하이데거는 "회상이란 근원의 장소를 떠올리는 것이고 귀향이란 근원 가까이로 돌아가는 것"이라고 밝히고 있다. 마르틴 하이데거, 소광희 역, 『시와 철학』(박영사, 1975), 201-203쪽 참조.
46) 『누가 무엇을 숨길 수 있으랴』, 36-37쪽.

러내는 문학적 매개였음을 알 수 있다. 고향을 매개로 한 향토성의 시적 형상화는 지역문학작품의 주요한 미학적 전거가 된다.47)

앞서 실존의 비극과 구극의 모성성을 상징했던 바다는 한편으로 생의 구체적 장소이기도 하다. 이는 바다와 관련하여 주목되는 또 다른 양상이요 바다의 중층성 및 장소성을 형성하는 주요 국면 중 하나이다.

> 후진은 나의 고향./ 고향의 바다는/ 마음의 조각들을/ 삼켰다 토해 버린 미움의 물결/ 절망과 야심의 싸움터였다.// 무능과/ 티없이 맑았던 사랑이/ 병들어 가던/ 그 마음에/ 가난이 야윈 모습으로/ 움막을 짓고/ 싸움에 지친 바다를 쉬게 했다.// 비만 내리면 물구렁이 된/ 터밭에서/ 어머니 한숨/ 호미 끝을 떠나/ 바다를 가로질러/ 보리고개 너머로 사라졌다.
>
> ―「후진 바다」 부분

위 작품은 일견 서정적으로 후진 바다를 형상화하고 있다. 정제된 어조와 율격, 자연에 대한 관조와 그로부터 삶의 본질과 진리를 발견하려는 관념적 구도가 특징적이라 하겠다. 이러한 단형 서정의 전형적 구도는 소재의 특수함을 제외하고는 근대문학의 보편적 양상이라고 할 수 있겠다. 또한 현재 이 지역의 주된 시적 경향으로 반복되는 문학적 전거로도 기능하고 있다. 그럼에도 불구하고 김영준의 시세계는 독특한 페이소스의 세계를 보여준다. 단순히 향토적 소재를 미화하는 것이 아니라 특유의 비탄적 정조를 반복하는 동시에 염결한 시정신을 표출하기도 한다. 지역적 소재에 대한 김영준 시선의 일정한 거리감은 인생의 굴곡을 직시하며 삶이 체현된 장소를 적절히 부각시키고 있다.48)

이를 구체적으로 살펴보면, 「후진 바다」에서 시적 자아는 "후진은 나의 고향"이라고 밝힌다. 「내 고향 삼척」에서의 '삼척'이 광의의 장소명이라면, '후진'은 협의의 장소명이다. 다시 말해 후진은 보다 구체성을 갖고 있는 장소이다. 시적 자아는 어촌마을인 '후진'에서 바다와 텃밭을 일구며 가난하게 살아

---

47) 「오십천」 역시 김영준 시의 장소성을 잘 드러내는 작품이다. 오십천은 죽서루를 끼고 시내를 관류하는 이 지역의 상징물 중 하나이다. 남기택, 앞의 책, 248쪽 참조.
48) 같은 책, 55쪽.

가는 삶을 드러내 보인다. 그곳은 생계를 유지하는 구체적 장소로 나타난다. 화자는 "미움, 절망, 야심, 무능, 병, 가난, 움막, 싸움, 비, 물구렁이, 한숨, 보리고개" 등 부정적인 뉘앙스의 시어를 연달아 제시하면서 어촌생활의 궁핍함을 여실히 드러낸다. 서정적 어조 속에서도 전경화되는 것은 핍진한 삶의 실체인 것이다. 이러한 국면은 지역민들의 삶의 장소인 바다를 일종의 르포르타주로서 재현하는 양상이라 하겠다.

여기서 주목할 점은 자연 예찬을 통한 삶의 발견이 산수향의 고도인 이곳의 전통적인 문학 지표였다는 사실이다. 위의 작품은 전통 미학의 시정신을 계승하여 근대적 시장르의 토대를 구축하는 전범적 사례라 하겠다. 하지만 구체적인 지역적 삶의 체험을 바탕으로 형성된 시정신이었다는 점은 보편 미학의 전개로만 일반화될 수 없는 특성일 것이다.

이와 같이 고향을 위시하여 다양한 장소적 요소는 김영준 시세계를 관류하는 중심 요소로서의 의미를 지닌다. 형식주의적 관점에서 볼 때 김영준 시에는 위와 같이 다양한 구체적 장소명이 등장한다. 김영준 시의 장소는 지역성과 삶의 체험이 결합되어 나타나는 시적 구체태이다. 역사전기적 관점에서 보더라도 평생을 보낸 지역을 전제하지 않고서는 김영준 시세계 자체가 성립되기 어렵다. 대부분의 시작을 계기하는 문학적 경험의 장소가 곧 강원영동지역인 것이다. 김영준 시의 특장 중 하나인 비극적 세계관 역시 강원지역의 삶이라고 하는 실존적 조건과 긴밀히 연동된다. 이러한 문학 내외부적 사실은 그 시세계를 지역성의 관점에서 접근해야 하는 필연적 이유와 당위성을 제공하고 있다. 요컨대 다양한 측면에서 문학적 로컬리티 양상에 주목하는 것은 김영준 시 이해의 지평을 확장하는 데 기여하리라 본다.

4. 결어

김영준은 1960년대 강원지역의 자생적 문학단체인 '동예문학회'의 창립 회장으로 활동한 시인이다. 그는 유고시집 『길·세월·밤』과 『누가 무엇을 숨길 수 있으랴』, 산문집 『빛나는 아침의 땅에서』를 남겼다. 본고에서는 김영준 시 전편을 대상으로 시세계의 특질과 장소성의 양상을 고찰하였다.

김영준의 시편에서는 현재적 삶을 고민하는 자아가 육체적·정신적으로 봉쇄된 형태로 나타나는데, 이들은 「폐칩일기」라는 제목의 연작시 24편에 집약되어 있다. 그중 9편(37.5%)에서 '밤'의 시어가 나타나고 있으며, 이를 배경으로 현재적 자아에서 미래의 자아로 옮겨가는 사유의 양상을 보인다. 빛이 차단된 밤과 어둠의 시간 속에서 화아의 사유는 죽음을 대상화하여 객관적으로 사유하는 관조의 단계로 이행하게 된다. 이는 김영준 시의 비극적 세계관이 비탄의 내면 공간으로 외화되는 주요 국면이라 하겠다.

또한 김영준 시의 양상은 다양한 장소성의 구상 방식을 보여준다. 우선 그의 시에서는 생명이 탄생하는 세계로서의 바다가 지닌 원형적 상징성이 정체감 상실의 위기에 몰린 자아를 유인하는 공간으로 제시된다. 현실적 갈등을 해소하는 모성성의 공간이자 통로로서 바다가 존재하는 것이다. 그의 작품 속에서 바다와 관련된 시어는 149편 중 28편(19%)이었으며, 이들 28편 중에서 바다는 22편(78.6%)으로 단연 강세를 보인다. 김영준의 생애 중 어촌에서의 삶이 어머니와 함께했던 시기이다 보니 모성성이 바다를 공간적 배경으로 한 작품들에 녹아있음을 알 수 있었다.

김영준이 어려서부터 가족과 함께 삶을 살았던 근거지로서의 지역은 시편들을 통해 구체적 장소성으로 외화된다. 삼척지역의 장소성이 드러나는 시는 20편(13.4%)이다. 특히 「내 고향 삼척」는 24연 251행으로 구성된 장시인데 '실직'이 빈번히 드러나는 등 역사성을 강조하고 있다. 이것은 유구한 역사를 가진 고향의 장소성을 강조하고자 하는 의도라고 할 수 있다. 「내 고향 삼척」이 지역의 역사성을 환기한다면, 「후진 바다」는 지역민들의 삶의 장소가 바다라는 사실을 구체적으로 드러내고 있다.

김영준 시는 강원영동권 문단에서는 문학장 1세대로서의 의의와 영향력이 여전히 현재화되고 있다. 본고는 장소성의 중심으로 김영준 시의 학술적 의미를 논구해보았다. 김영준 시는 지역문학 연구의 대상일 뿐만 아니라 한국문학사를 보완하는 차원에서 다각도의 조명이 필요한 텍스트이리라 본다.

삶, 그 의미를 향한 다양한 변주
— 김진광의 시문학을 중심으로

1. 시적 자리, 그 다양성

　김진광(金振光, 1951~2021)은 강원영동지역뿐만 아니라 전국에 이름을 널리 알린 중견 시인이다. 그는 1980년 『소년』지에 동시 「해돋이」 외 4편으로 추천을 받아 아동문학으로 등단하였다. 이후, 1986년에는 『현대시학』에 시 「김옥균」 외 4편이 추천되어 시인의 길을 걸으면서 활발하게 문학 활동을 펼쳤다. 두타문학회 회장과 삼척문인협회장을 역임하였고, 작고하기까지 강원문인협회 자문위원, 한국문인협회 대외협력위원, 관동문학회 이사로 활동하는 등 여러 문학단체로 활동영역을 넓혀 나갔다.
　그는 "문학이란 '다양한 삶의 일부'인 것이다"[1]라고 자신의 문학세계를 피력하면서 "중학교 졸업 후 1년간 아버지로부터 농사일과 바다의 고깃배 타는 법을 배웠으며, 그때 옛 시조집 한 권을 외우며 시 습작을 시작하였다."[2]고 고백한 바 있다. 이러한 유년의 체험으로 1986년 첫 동시집 『바람개비』[3]에 이어 서사동시집 『시루뫼 마실 이야기』[4], 『물새는 이쁜 발로 시를 쓴다』[5], 『아이, 깜짝이야!』[6], 『하느님 참 힘드시겠다』[7]를 출간하였다. 이같이 동시집을 출간했던 그는 시적 변모를 꾀하는데, 1994년 첫 시집 『벽은 가슴에 박힌 못을 사랑으로 만든다』[8]를 시작으로 『참매미는 참말만 한다』,[9]

---

[1] 「나의 삶 나의 문학-다양한 삶의 일부로서의 문학」, 『시가 쌀이 되는 날』, 174쪽.
[2] 앞의 글, 167쪽.
[3] 『바람개비』, 아동문예, 1986.
[4] 『시루뫼 마실 이야기』, 아동문예사 1988.
[5] 『물새는 이쁜 발로 시를 쓴다』, 새남, 1991.
[6] 『아이, 깜짝이야!』, 아동문학세상, 2010.
[7] 『하느님 참 힘드시겠다』, 소금북, 2019.
[8] 『벽은 가슴에 박힌 못을 사랑으로 만든다』, 문예사조, 1994.

『모시나비』,10) 『시가 쌀이 되는 날』11)을 상재하였다.

  뿐만 아니라 그는 문학 장르에서도 다양한 변화를 추구하였는데, 이를테면, 평론과 동요, 위인전 집필 등 여러 분야에 이르기까지 영역을 넓혔다. 문학지에 게재되었던 월평과 서평을 묶어 『한국 현대 동시 논평과 해설』12)을 상재했고, 동요 「솔바람」, 「물새」 등이 작곡되어 널리 불리었다. 그리고 1979년 '기독교아동문학상' 수상을 시작으로, 1987년 강원아동문학상, 1991년 한정동아동문학상, 1995년 강원문학상(시 부문), 2004년 관동문학상(시 부문), 2010년 어효선아동문학상 2019년 한국동요음악 대상, 2019년 윤석중문학상 등 수다한 문학상 수상으로도 이름을 알렸다.

  김진광의 시세계는 어린 시절 그가 태어나고 자란 유년의 장소인 삼척에서의 체험과 추억이 잠재의식 속에 상존한다. 이것은 시적 자의식의 형성과 행동을 추인하는 주요 동인으로 작용하고, 이러한 장소에서 공동체의식을 발견해내었다. 그가 투사한 사상이나 감정, 의식의 지향성은 그의 고향 '시루뫼'13)라는 공간으로 자연스럽게 나타나고 있어 흥미롭다. 특히 장소의 지향점은 그의 시적 생애와 시적 자의식이 지역이라는 개념과 맞물리고 있다. 그럼으로써 그의 시세계에서는 실제 고향 체험이 작품 속에 직접적으로 투영되어 추동한다.

  강원영동지역의 삼척을 중심에 두고 동시와 시의 경계를 허물어 시적 변화를 추구한 김진광은 철저히 자연과 동화하는 시세계를 보여준다. 그것은 삼척이라는 공간이 단순한 시적 소재로서가 아니라, 시인의 인식체계와 세계관에 투영되는 의미망의 역할을 하고 있기 때문이다. 그는 고향을 중심으로 가족 공동체와 맞물리면서 동심성을 기반으로 자연을 지향한다. 더욱이 문학적 상상력은 시인의 자의식과 현실 인식에 지대한 영향을 미치는 것으로 매우 중요한 요소로 작용하고 있다. 시인의 전기적 요소가 놓이는 고향과 시인

---

9) 『참매미는 참말만 한다』, 붓다가야, 1999.
10) 『모시나비』, 오감도, 2004.
11) 『시가 쌀이 되는 날』, 시와소금, 2017.
12) 『한국 현대 동시 논평과 해설』, 아침마중, 2016.
    이외에도 강릉대학 교육대학원 국어교육학과 석사과정(1996~1999)을 졸업하면서, 논문집 『박목월 동시의 형태적 특성에 관한 연구』를 발간하였다.
13) 삼척시 교동(증산리)에 속해 있으며 동해시와 경계를 이루고 있는 해변 마을이다.

이 활동한 사회적 공간 등 자연환경의 외적 공간은 시인의 잠재의식에 지대한 영향을 끼치고 있음이 분명하다.

따라서 이 글은 김진광의 작품 속에 녹아든 시적 생애와 변천 과정을 살펴보면서 기존에 언급되지 않았던 그의 문학적 업적을 조명하고 소개하는 데 목적이 있다. 김진광은 아동문학으로 출발했지만, 다양한 문학 장르의 확장을 통해 문학적 성과를 보여주었다. 하지만 1990년대부터 작고하기까지 시 창작에 전념한 것은 간과할 수 없는 부분이다. 이에 따라 그가 생전에 남긴 시집 4권의 작품 334편14)을 논구의 대상으로 '자연에 동화된 서정성', '바다를 공간으로 한 생명성', '가족 공동체로 드러내는 효성', '고향의식과 장소의 서사성'으로 나누어 면밀히 검토하려고 한다. 이러한 작업은 김진광 문학의 업적과 그 가치를 살펴보는 유의미한 계기가 될 것이다. 나아가 김진광 문학 세계에 접근하는 단초가 되리라 본다.

2. 자연에 동화된 서정성

김진광은 순박하고 티 없이 맑은 시세계를 그려낸다. 이러한 태도는 평생 교직15)에 몸담았던 그의 삶의 궤적과 맞닿아 있다. 김진광은 강릉교육대학을 졸업하고 1976년 첫 발령지인 태백시 화전초등학교에서 문학의 싹16)을 틔워 아동문학가의 길로 들어선다. 교직에 몸담은 그에게 순진무구한 아동들의 세계는 산골의 자연경관에 중첩되어 의식세계를 이루는 요체가 된다. 그러다 보니 김진광의 작품 속에서 엿볼 수 있는 밝은 이미지는 동심의 세계와 자연적인 공간이 시각화되면서 녹아들었다고 하겠다. 이러한 식물적 상상력은 대체로 '꽃'으로 이미지화되어 나타나는 게 이채롭다.

---

14) 『벽은 가슴에 박힌 못을 사랑으로 만든다』 77편, 『참매미는 참말만 한다』 80편, 『모시나비』 76편, 『시가 쌀이 되는 날』 101편.
15) 강릉교육대학(1972~1974)을 졸업하고 초등교사 생활을 하다가 관동대학교 국어교육과(1981~1984)에 편입하여 중등 2급 정교사 자격증을 받아 중등교사로 재직했다. 2013년에 삼척시 하장중고등학교 교장으로 정년퇴임했다.
16) "화전초등학교에 첫 발령을 정식으로 받아가서 그곳에서 남진원 시인과 최도규 시인, 김완성 시인을 만나서 문학을 시작하게 된다. 그들은 동시와 시조를 쓰고 있었는데, 아동문학을 주로 하고 있었다."(「나의 삶 나의 문학」, 『시가 쌀이 되는 날』, 168쪽.

누가 뭐라 놀렸기에 토라져 울다 눈두덩이 통통 부어오르더니, 나비 한 마리 찾아와 뭐라고 또 속삭이니까, 금세 배시시 웃고 섰네요.
―「목련」17) 전문

벚꽃이 피었다 진다
바람에 지는
저 꽃잎들은 도무지
슬픈 눈빛이 아니다
지면서도 춤을 춘다
사람들도 꽃 지면서
저리 아름다울 수 있을까
―「꽃 지는 날 1」18) 전문

난, 말이야
살짝 그늘진 구석이 좋아
쨍하고 해 뜨는 곳보다
메마른 한 뼘 돌밭이 더 좋아
기름진 땅은 다 가져가고
깨끗한 물 한 바가지 떠다오
깨끗한 사람 하나 찾기가
새로운 별 찾기보다 힘든 세상이라서
별지는 새벽녘이면 눈물만 맺히는구나
언젠가 이 세상 미련 없이 떠나기 쉽게
세상을 꽉 움켜잡지 않을래
햇살 따스한 날 오면 눈물 닦고
한 며칠 세상을 향해
활짝 웃어 볼 거야

그때, 내가 너에게로 갈 거야
창문을 조금 열어 줘
향기로 갈 거야
―「난蘭」19) 전문

---

17)「목련」,『벽은 가슴에 박힌 못을 사랑으로 만든다』, 22쪽.
18)「꽃 지는 날 1」,『참매미는 참말만 한다』, 21쪽.

「목련」에서는 목련이 만개하기까지의 과정을 시각적 이미지에 의해 참신하게 표현해내고 있다. 목련이 피기 전에 꽃잎들이 겹쳐진 모습을 보고 "눈두덩이 퉁퉁 부어"올랐다고 빗대는 발상부터 남다르다. 이러한 표현법은 시인의 의식 속에 잠재된 동심의 발로라고 볼 수 있다. 그리고 시적 화자가 "누가 뭐라 놀렸기에 토라"졌을 거라고 고백하는 부분도 순진무구한 동심이 작용했기 때문이다. 이러한 정조는 자연과 합일되는 인간의 자연스러운 흐름으로 인식하고 있음을 내비친 부분으로, "나비 한 마리 찾아와 뭐라고 또 속삭이니까,"라고 토로한 데에서 명징하게 드러낸다. 꽃잎 터져 활짝 핀 목련을, "금세 배시시 웃고 섰네요"라는 표현에서도 자연과 화해의 장을 열어가는 순수한 동심을 엿볼 수 있다. 이처럼 동심은 김진광의 시세계의 원천으로 작용하며, 자연적 서정의 온상으로서 존재한다.

「꽃 지는 날 1」은 제목에서 '진다'라는 어두운 이미지가 감지된다. 하지만 작품을 들여다보면 「목련」에서처럼 밝은 이미지가 유지되고 있음을 알 수 있다. 그것은 바람에 떨어져 내리는 꽃잎을 바라보며 시적 화자가 "슬픈 눈빛이 아니다"라고 단호한 어조로 고백한 부분이다. 벚꽃이 지면서도 어둡고 무거운 분위기가 아닌 것은 시인의 눈에 비친 벚꽃이 "지면서도 춤을" 추는 모습으로 인식되었기 때문이다. 그리고 나서 시인은 자연과의 화해를 시도하는데, 결미에서 "사람들도 꽃 지면서/ 저리 아름다울 수 있을까"라고 표현한 부분이다. 여기에서는 시적 화자도 자연처럼 아름다운 생을 마무리하기를 바라는 열망이 엿보인다. 그리고 인간도 자연처럼 성장과 소멸의 삶을 보내며, 다른 모든 피조물과 같이 자연 가운데 살고, 넓은 의미에서는 자연의 부분이라는 점을 역설하고 있다고 하겠다.

「난蘭」에서는 "살짝 그늘진 구석"진 곳이나 "메마른 한 뼘 돌밭"에서 자라는 난의 특성을 인간의 삶과 빗대어 드러내고 있다. 시적 화자는 "기름진 땅"보다는 "깨끗한" 삶을 갈망하는 의지로 "기름진 땅은 다 가져가고/ 깨끗한 물 한 바가지 떠다오"라고 노래한다. 난에 맺히는 새벽녘 이슬은 시적 화자의 심상에 "눈물"로 형상화되었는데, "깨끗한 사람 하나 찾기가", "힘든 세상이라서" 흘리는 눈물로 배치된다. 하지만 시적 화자는 결코 포기하지 않으면,

---

19) 「난」, 『시가 쌀이 되는 날』, 23쪽.

"한 며칠 세상을 향해/ 활짝 웃어 볼 거야"라고 꽃을 피울 수 있다는 희망과 위로를 전해주고 있다. 뿐만 아니라 단 며칠간이라도 향기를 남길 수 있는 인간이 될 수 있을 거라는 확신을 "창문을 조금 열어 줘/ 향기로 갈 거야"라는 결미에서 엿볼 수 있다.

　이외에도 김진광의 시집에서는 꽃뿐만 아니라 다양한 자연물에서 촉발된 상상력을 찾아볼 수 있다. 「새벽 숲에 서면」[20]에서는 "새의 파아란/ 눈으로/ 동화의 나라에/ 한 번 가 보고 싶다."라고 토로한다. "파아란"이라는 색감에서, 그리고 "동화의 나라"라는 언술에서도 순수한 동심의 눈으로 세상을 바라보고 싶은 시인의 염원이 드러나 있다. 또한 「야생화」[21]에서는 "기름진 논밭에서는 아예/ 뿌리째 뽑히는 설움// 그래도 얼굴에는/ 미움 하나 나타내지 않구나"라고 노래한다. 산야에서 푸대접을 받는 야생화의 삶이 사회에서 냉대받는 약자의 모습으로 배치되고 있다. 그런 삶을 살더라도 서로 미워하지 말자는 메시지를 내포하고 있다고 하겠다. 뿐만 아니라 「봄동」[22]에서는 "매서운 추위에 납작 엎드려 울다가/ 파랗게 살아나는 진도 봄동을 보아라."고 강한 어조를 드러낸다. 매서운 추위를 견디는 자연의 생명력이 자연의 일부인 인간에게 그대로 전달되고 있다.

　이처럼 김진광의 시에서 자연은 화려하지 않은 자연의 색으로 그려진 풍경이 된다. 순진무구한 동심의 눈빛을 닮은 자연물은 어둡고 무거운 분위기가 아니다. 따뜻하고 정겨운 정서로 가득 찬 자연물은 동심의 세계에서나 있을 법하다. 이 세계에서 인간은 자연과 더불어 느끼고 행동하며 변화하는 삶의 자연스러운 장으로 존재한다. 이렇게 인간이 자연과의 합일점을 찾아가는 양상은 자연의 질서에 따르는 조화된 공간이다. 따라서 김진광이 빚어낸 자연의 공간은 현실 속에 존재하는 곳이 아닌 순수한 인간 의식에 존재하는 동화의 나라와 다름없다. 그 이유는 순수한 동심의 세계가 그의 심상에 자리 잡았기 때문이다.

---

20) 「새벽 숲에 서면」, 『벽은 가슴에 박힌 못을 사랑으로 만든다』, 62-63쪽.
21) 「야생화」, 『모시나비』, 78쪽.
22) 「봄동」, 『시가 쌀이 되는 날』, 20쪽.

3. 바다를 공간으로 한 생명성

　김진광의 시에 나타난 '바다'는 유년 시절 체험을 통해 형성된 정서가 투영되었다. 그는 바닷가 시루뫼 마을에서 태어나 자랐기에 '바다'의 원형적인 이미지와도 연관되어 있다. 물이 모든 생명체의 발원지이자 고향이듯, 바다 또한 모든 존재 가능성의 저장소로서 생명력이 충만한 공간이다. 김진광 시에서의 바다는 그가 성장하면서 겪게 되는 고달픈 삶을 위로해주는 모성의 공간으로, 또한 정신적인 고향으로 드러낸다. 그래서 그는 끊임없이 그리워했던 '바다'로서 그의 시에 자주 등장하여 그리운 이미지를 형성하는 밑바탕이 된다. 시적 화자가 상실감을 극복하고 돌아갈 공간이자 새로운 세계로서의 바다는 그리움의 대상이고 생동감 넘치는 공간이다. 그래서 김진광이 소재로 창작한 바다의 모습은 시적 대상에 대한 천착과 그것을 생명력 있는 언어로 생생하게 그려내고 있다.

　　　바다는 돌아서 치마를 걷고
　　　너의 아기기도 하고
　　　나의 아기기도 한
　　　잘 생긴 달 하나를 낳아 놓았다
　　　뜨겁던 지구의 사내들이 모두 잠들자
　　　별들이 첨벙첨벙 바다에 빠져들고 있었다
　　　밤바다 가운데에 살구꽃처럼 불을 밝혀 놓고
　　　다시 바다가 유혹하고 있었다
　　　　　　　　　　　　　—「바다의 유혹」23) 부분

　　　밤늦도록 바다를 마시던 사람들
　　　그 어지러움을 풀기 위해 다시
　　　묵은 김치에 고추장 얼큰하게 풀어
　　　벌겋게 해 떠오르는 바다를 마신다
　　　후루룩 후루룩 들어 마시는
　　　얼큰한 동해의 아침 바다

---

23) 「바다의 유혹」, 『벽은 가슴에 박힌 못을 사랑으로 만든다』, 43쪽.

정라진 광진 후진 증산리 사람들은
고추장 훌훌 풀어놓은 아침 바다를
마시고 펄펄 살아 있는 바다에 선다

— 「곰치국」24) 전문

정라진 갈매기와 파도는 깡다구가 있다
사람들에게 달려와 소리치며 덤벼든다
늘 바다와 사우는 구리 빛 사람들
늘 사람과 싸우는 푸른 근육의 바다
그 사이 갈매기는 눈치를 보다 덤빈다
그래서 사람들은 바다의 말을 한다
그래서 바다와 갈매기는 사람과 말을 한다
바다와 싸우면서 내일이면 바다로 가는 사람들
정라진 나릿골에는 밤마다 난리가 나도
내일이면 머리 긁적이며 다시 만나고 산다
정라진에 살다 떠난 사람들 말 속에도
고기 비린내나 오징어 똥내가 살포시 묻어난다
정라진 밤바다 축항 끝에 가면
얼큰하게 취한 파도들이 몰려와서
세상을 향해 덤벼봐 덤벼보라고 소리친다

— 「정라진 사람들」25) 전문

「바다의 유혹」에서 바다는 생명력이 가득한 공간으로 드러난다. '바다'는 생명을 잉태하는 원형적 공간으로서 모성의 정서를 환기시킨다. "바다는 돌아서 치마를 걷고/ 너의 아기기도 하고/ 나의 아기기도 한/ 잘 생긴 달 하나를 낳아 놓았다"라고 고백한 부분에서 시적 화자는 '바다'를 "너"로 지칭한다. 다시 말해, "달"은 시적 화자와 바다가 낳은 생명이다. 여기에서 시적 화자는 인간과 자연이 하나 되는 모습을 보여주고 있다. 한편 바다가 환상적인 공간으로 전이된다. 이를테면, "별들이 첨벙첨벙 바다에 빠져들고 있었다/ 밤바다 가운데에 살구꽃처럼 불을 밝혀 놓고/ 다시 바다가 유혹하고 있었

---

24) 「곰치국」, 『모시나비』, 15쪽.
25) 「정라진 사람들」, 『시가 쌀이 되는 날』, 112쪽.

다"라는 부분이다. 바닷물에 비친 별들과 바닷물 한가운데에 "살구꽃"처럼 떠 있는 달의 형상이 동화적인 분위기를 자아낸다. 이러한 정조 속에서 바다는 "유혹하고 있었다"고 토로하는데, 이는 바다의 생명성을 강조하기 위한 시인의 노력이라고 할 것이다.

「곰치국」에서는 강원도 해안지역의 별미 곰치국을 소재로 한 작품이다. 시적 화자는 밤새도록 바다에서 곰치잡이를 한 어부들을 가리켜 "밤늦도록 바다를 마시던 사람들"이라고 표현하고 있다. 그들의 고단함도 곰치국에 묵은지와 고추장 풀어 얼큰하게 한술 뜨면 간밤의 피로가 풀린다고, 시인은 친절하게 알려주고 있다. 삼척지역 포구인 "정라진 광진 후진 증산리" 어부들은 다시 출어하기 위해 곰치국으로 생기를 되찾는다는 사실을 고백하는데, 이는 "고추장 훌훌 풀어놓은 아침 바다를/ 마시고 펄펄 살아 있는 바다에 선다"라는 결미에서 확인할 수 있다. 여기에서도 바다는 "펄펄 살아 있는" 생명력이 존재하는 공간으로 드러나고 있다.

「정라진 사람들」은 삼척시 대표격 항구인 정라진에서 악착같이 살아가는 사람들의 삶을 형상화한 작품이다. 시적 화자는 사람들에게 덤빌 듯이 가까이 달려드는 파도와 갈매기를 "깡다구가 있다"고 하면서, 이러한 자연환경 속에서도 어부들은 "푸른 근육의 바다"와도 싸운다고 토로한다. 거친 바다와 싸워 이겨야 하는 어부들에게는 바다가 삶의 전쟁터와 다름없음을 내비친다. 어부들은 물러서지 않고 "바다와 싸우면서 내일이면 바다로" 또 나가야 하는 반복된 삶은 그들의 생존이 걸린 장소가 바다이기 때문이다. 가난에서 온 피로감과 삶의 의미를 찾아보려는 생활인의 힘겨움이 응축되어 있다. 정라진을 떠난 사람들에게 "비린내나 오징어 똥내가 살포시 묻어" 있다는 표현은 정라진이 그들에게 애증의 공간으로 남아 있기 때문이다. "세상을 향해 덤벼봐 덤벼보라고 소리친다"는 결미에서도 바다는 생명이 꿈틀거리는 생존의 공간임을 드러내었다고 하겠다.

뿐만 아니라 「임원항」[26]에서도 바다는 지역민들에게 생존의 공간이다. 만선으로 배가 항구에 들어오는 날이면, "갈매기 떼도 축하 비행을 하고/ 조용하던 임원이 어판장이/ 마구 살아서 펄쩍펄쩍 뛴다."고 고백한다. 여기에

---

26) 「임원항」, 『모시나비』, 39쪽.

서 알 수 있듯이 임원항은 싱싱하게 살아 움직이는 생선들로 소란스럽다. "임원항 사내들은 죽은 고기는 잡지 않는다/ 술을 먹어도 사발로 벌컥벌컥 마신다."라는 언술에서도 임원항은 삶의 현장으로서 존재함을 알 수 있다. 그리고 「장호항을 보면 아름다워 눈물이 난다」[27)]에서는 "날마다 장호, 용화, 갈남 어부들이 억센 팔뚝으로/ 펄쩍펄쩍 뛰는 바다를 쏟아놓는 장호항"의 정경을 감각적으로 그리고 있다. 생선이 펄쩍펄쩍 뛰는 장호항이 아름다워서 시적 화자는 "술잔을 들면, 그 아름다움에 취해 눈물이 난다."고, "술을 마시려거든 한 번쯤은, 바다가 커다란 술잔인/ 온통 바다로 출렁이는 장호에 와서 마셔야 한다."라고 토로한다. 「겨울 바다」[28)]에서도 바다는 생명성을 확보하고 있다. "겨울 바다에 가서 보았다/ 파도는 파도끼리 어깨를 짜고/ 이 세상으로 시위를 한다"고 고백하는데, 이는 파도를 빗대어 파도가 위력을 과시하듯 사람도 살아남기 위해 발버둥을 칠 수밖에 없음을 토로한 부분이라고 할 것이다. 어부들에게 거친 파도는 생존의 위험과도 결부되기 때문이다. 그리고 시적 화자는 의성어 "와아아 와아아아"를 장치하여 바다가 살아 숨 쉬는 공간이라는 사실을 인식하고 있다.

김진광 시인이 바다를 소재로 한 시편들은 거친 파도를 헤쳐 나가는 치열한 삶의 현장으로 형상화되었다. 파도를 닮은 생존력은 바다에서 살아가는 사람들에게 삶을 영위하는 근원적 힘이 된다. 그것은 닫힌 세상에서 벗어나 새로운 세계에 도달하기 위한 모색이다. 바다는 그 끝을 알 수 없는 미지의 세계를 떠올리게 되고 언제 어떻게 변할지 모르는 그 예측불허의 속성과 더불어 두려움의 대상이기 때문이다. 이와 같이 김진광의 바다 이미지들은 선명하고 감각적 언어를 사용하여 자연의 힘찬 생명성을 드러내었다고 할 것이다.

4. 가족 공동체로 드러내는 효성

가족이라는 울타리는 안온함과 외부의 보호막으로서의 역할을 수행하며,

---

27) 「장호항을 보면 아름다워 눈물이 난다」, 『모시나비』, 41쪽.
28) 「겨울 바다」, 『참매미는 참말만 한다』, 30쪽.

인간 삶의 터전을 마련한다. 김진광의 시에서는 그리움에 대한 화자의 변주가 가족에 대한 내면의 공간으로 확대되어 나가는데, 특히 그의 시편들에는 가족에 관련된 시어 중 '어머니'가 많이 나타난다. 이러한 가족 구성원들은 자연스럽게 '효'와 연결되고 있다. 효는 낳고 길러주신 은혜에 감사하고 보답하는 마음으로 모든 인간의 생활에 뿌리가 되며 나아가 인류애의 시작이 된다. 자신뿐만 아니라 작게는 가족, 크게는 사회, 국가 및 세상 모든 것에 부모님을 대하듯 정성과 공경과 사랑으로 대하는 것이 바로 효의 참뜻이라고 할 것이다.[29] 이와 같이 김진광의 시편들에서는 가족과 관련된 시어가 가족 공동체의 원형적 장소성을 추구하면서 가정의 안식을 제고시키는 기능을 하고 있다.

> 모시옷 곱게 차려입고 나들이 나오셨나요
> 어머님, 오늘 저승은 한가한가요.
> 살아생전 그 흔한 관광 한 번 못 가보고
> 저승에서 이승으로 관광 나오셨네요.
>
> ―「모시나비」[30] 전문

> 광 구석 상자 속 감자에서
> 하얀 감자 싹이 돋았다
> 우리가 잊고 있는 동안
> 햇살 한 줌 없는 곳에서
> 춥고 배고픔을 견디며
> 파란 봄을 기다렸구나
> 겨울 긴 터널 속에서
> 포기마다 주렁주렁
> 예쁜 자식 손자 매달린
> 꿈을 꾸며 어둠을 지냈겠지
> 보채는 어린 감자 눈을
> 달래느라 감자 몸뚱이는 어머니
> 주름살을 닮아 쭈글쭈글하다

---

29) 황석영, 『심청』, 문학동네, 2003, 42쪽.
30) 「모시나비」, 『모시나비』, 14쪽.

　　　　봄철이 오면 감자 눈을 위해
　　　　다시 제 살 뜨는 어머니
　　　　　　　　　　　　　—「감자, 제 살 뜨는 어머니」31) 전문

　　　별이 되어 하늘에 박혔다.
　　　아버지 온몸에 박힌 못자국
　　　서울 가 사는 어머니 가슴에
　　　별보다 시퍼런 대못 하나
　　　아버지가 떠날 때 박아 놓고 간 못
　　　그 곁에 우리 칠 남매의 서툰 망치질.
　　　　　　　　　　　　　—「아버지의 못」32) 전문

「모시나비」는 김진광 시인의 어머니를 상징하고 있다. 그는 시집 『모시나비』를 발간하면서 서문에 "단종 능에서 고개 하나 넘어 나비 박물관이 있다. 나는 모시나비를 보며 어머니를 생각했다."고 밝혔다. 시인은 박물관에서 모시나비를 보는 순간 살아생전 "모시옷 곱게 차려입"었던 어머니를 연상한 것이다. 그래서 환생한 어머니를 바로 앞에서 만난 듯 "나들이 나오셨나요"라고 인사하는 자세를 취한다. 그 순간 시인은 어머니가 "그 흔한 관광 한 번 못 가"본 걸 기억한다. 효도 관광을 한 번도 시켜드리지 못한 게 마음에 걸렸던지, "저승에서 이승으로 관광 나오셨네요."라고 고백한다. 시적 자아는 저승에서 이승으로의 공간 이동을 통해 어머니의 죽음을 받아들이지 못하는 양상이다. 이는 시인의 심상에 어머니를 그리워하는 효심이 자리 잡았기 때문이다.

「감자, 제 살 뜨는 어머니」에서는 어머니의 삶을 감자로 빗댄 작품이다. 시적 화자는 가난에 찌들어 앞날마저 막막한 어머니가 "햇살 한 줌 없는 곳에서/ 춥고 배고픔을 견디"었다고 고백한다. "겨울 긴 터널 속에서" 희망의 "봄을 기다렸"을, "예쁜 자식 손자 매달린/ 꿈을 꾸며 어둠을 지냈"을 어머니는 바로 김진광 시인의 어머니라는 건 자명한 일이다. 시적 화자는 가난한 살림에 어린 자식을 먹여 키우느라 주름진 얼굴을 "보채는 어린 감자 눈을/ 달

---

31) 「감자, 제 살 뜨는 어머니」, 『시가 쌀이 되는 날』, 46쪽.
32) 「아버지의 못」, 『벽은 가슴에 박힌 못을 사랑으로 만든다』, 12쪽.

래느라 감자 몸뚱이는 어머니/ 주름살을 닮아 쭈글쭈글하다"고 토로한다. 이러한 어머니의 삶이 끝나지 않고 오래도록 "다시 제 살 뜨는 어머니"로 남아 있는 것은 김진광의 유년기에 형성된 모성 인식이 성인이 된 뒤에도 징후적으로 이어지고 있음을 엿볼 수 있다.

'어머니'를 시 제목으로 직접 드러냈던 「감자, 제 살 뜨는 어머니」처럼 「아버지의 못」도 '아버지'를 전면에 드러낸 작품이다. "제목은 사람으로 치면, 그의 이름과 같은 것이다. 사람의 이름은 그의 모든 행동의 처음에 올 뿐만 아니라 그의 모든 행동을 대표"33)한다. 제목을 살펴보면 작품이 의미하는 것이 무엇인가를 알 수 있기 때문이다. 「아버지의 못」에서는 "별이 되어 하늘에 박혔다."와 "서울 가 사는 어머니"라는 시적 화자의 진술에서 아버지는 이미 별세했고, 어머니는 서울에 산다는 것을 알 수 있다. "어머니 가슴에" 박힌 "대못 하나"는 바로 아버지의 죽음으로 인한 어머니의 상처라고 할 수 있다. 상처를 안고 살아가는 어머니한테 자식들은 이런저런 일로 근심만 안겨주고 있음을 "그 곁에 우리 칠 남매의 서툰 망치질."이라는 언술로 마무리한다. 이것은 효도하지 못한 자책감의 발로로서, 가족 공동체의 삶을 지배하는 근원적인 힘이 바로 부모라는 사실을 강조한 것이라고 볼 수 있다.

그리고 「어머니」34)도 시 제목으로 '어머니'를 드러낸 작품이다. "꿈속에서 고향을 찾았던 날/ 어머니도 오셨다."는 고백에서 시적 화자에게 어머니는 고향과 뗄 수 없는 존재임을 드러낸다. "해종일 호밋날에 가난이 찍히나"던 어머니를 그리워하며 효도를 받지 못하고 별세한 어머니는 현재 시적 화자의 가슴속에 "아버지 무덤에 함께 눕혀진/ 어머니의 넋."으로만 남아 있음을 토로한다. 뿐만 아니라 「무덤가에 들꽃 무더기나 가꾸며」35)에도 살아생전 효도하지 못한 후회와 그리움이 배어 있다. "형님 따라 떠나신 후/ 살아생전 멀미 핑계로/ 고향 땅 못 밟아" 본 어머니를 기리며, "살아생전 나는 어머니 모시지 못"했다고 고백한 부분에서는 불효를 뉘우치는 모양새이다. 「전화」36)에서는 어머니의 목소리를 듣고 싶어 통신 수단을 빌어보지만, "자꾸 전

---

33) 권영민, 『이상문학 60년』, 문학사상사, 1998, 333쪽.
34) 「어머니」, 『벽은 가슴에 박힌 못을 사랑으로 만든다』, 55쪽.
35) 「무덤가에 들꽃 무더기나 가꾸며」, 『모시나비』, 21쪽.
36) 「전화」, 『참매미는 참말만 한다』, 37쪽.

화벨 소리만/ 산메아리로 되돌아온다"고 살아생전 효를 다하지 못했다는 반성의 의미가 담겨 있다.
　이처럼 김진광의 시에서는 가족 공동체 속에서 '어머니'를 중심인물로 하면서, 살아생전 가난한 삶을 떠안았던 어머니를 전면에 배치하였다. 특히 가족 공동체를 시어 '어머니'를 통하여 모성적 특성인 영원성과 생명성의 발원지로 전환시키고 있는데, 이는 별세한 어머니에 대한 그리움이 전체 구조를 관통하는 데서 찾아볼 수 있다. 시적 화자는 가족 공동체를 통하여 영원과 생명의 공간으로 회귀하고자 하는 강렬한 욕망을 가진다.[37] 이것은 시인이 영원한 생의 공간에서 어머니 살아생전 다하지 못한 '효'를 이루려는 염원을 작품 속에서 내비쳤기 때문이다. 따라서 김진광의 작품 속에서는 가족 공동체가 유년시절의 삶을 지배하는 근원적인 힘의 존재로서 '어머니'에 대한 그리움과 '효'로 형상화하였음을 보여주고 있다.

5. 고향의식과 장소의 서사성

　고향은 인간이 자기존재를 완성하는 장소이기도 하다. 그래서 인간은 고향에서 자기 정체성과 동질성을 확보하기 위해 노력한다. 고향은 개체의 탄생과 성장의 공간으로 인식할 수 있고, 가족이나 친인척을 포함한 공동체 삶의 근거지이다.[38] 그것은 인간의 존재성 자체가 근본적으로 공간적[39]이기도 하다. 장소는 인간의 구체적 경험이 생성되는 곳이다. 장소가 없는 체험은 존재할 수 없다. 문학작품에서 고향을 그리는 마음은 심신이 고달플 때 그것을 위로해주고 한편으로 새로운 삶의 진로를 선택하는 도움을 줄 수 있는 울타리 역할을 하고 있다. 고향의식이 구체적으로 어떤 모습을 나타내는가 하는 것은 시인의 인식에 따라 다른 것이다. 김진광의 작품 속에서 시적 화자의 체험이 이루어지는 장소는 시인의 의식과 맞물려 특별한 의미를 가진다. 삼척 '시루뫼' 태생인 그는 유년시절을 고향에서 보냈으므로 '기층적 로컬리티'

---
37) 한성우, 「모성적 향토자연을 향한 갈등 혹은 화해」, 『강물이 하루를 싣고 가네』, 140쪽.
38) 제해만, 『한국 현대시의 고향의식 연구』, 시세계, 1994, 36쪽 참조.
39) 하이데거 마틴, 이기상 역, 『존재와 시간』, 까치, 2001, 157쪽 참조.

의 성격이 존재하는 것은 사실이다. 장소는 공간의 일부로, 인간의 구체적 경험이 생성되는 맥락적·문화적 의미와 관련이 깊다. 따라서 장소로 인식하는 생활과 세계는 공간과 비교했을 때 특별한 가치를 지니며 우리의 정체성을 형성한다.40)

> 저녁 짓는 연기처럼 그렇게 인정이 피는
> 옛 이름은 시루뫼 마실.
> 수평선에 돛단배 연꽃잎이듯 피면
> 알개방이나 추암재에 올라 만선을 빌고,
> 해룡이 사는 와우산 사다리바위께 오르면
> 발아래 보리처럼 피어나는 푸른 고기 떼.
> 가까운 추암 갈천 후진은 만나면 친구나 사돈이고
> 神의 작품인가, 촛대바위는 한 폭의 그림일래.
> 땅의 이랑 바다의 이랑 무던히도 매고 살아
> 어디든 잘살 거라는 증산리 사람들은
> 세상에서 가장 먼저 맞이한다네
> 心海에서 꽃잎 밟고 오는 아기부처를.
>
> ―「증산리」41) 전문

> 처음에 누가 천 길 돌벽을 깎아
> 열일곱 서로 다른 생각을
> 중천에 세우려 있던가.
> 가까이에서는 근산이 어머니처럼
> 멀리서는 두타산이 아버지처럼
> 두 팔 활짝 벌려 맞아준다.
> 관동팔경 일곱 형제 모두
> 바다를 사모하여 바라보는데,
> 백리를 밤낮으로 달려와
> 철철철 소리를 내며
> 가슴 비비는 오십천 하류에
> 송학처럼 너만 우뚝 서 있구나.

---

40) 에드워드 렐프, 김덕현·김현주 역, 『장소와 장소상실』, 논형, 2005, 77-104쪽 참조.
41) 「증산리」, 『벽은 가슴에 박힌 못을 사랑으로 만든다』, 87쪽.

―「죽서루」42) 부분

    사람들도 화물도 모두 여기서 내렸다
    이제 객차客車는 없고 화물차만 오가고
    가끔 푸른 바다 위를 바다열차가 달린다
    도경에서 혹은 강릉에서 동해역을 지나
    달리던 철마가 더 이상 갈 수 없는 곳
    길이 끊긴 곳에 다시 새로운 길
    오분리와 정라진 바다가 열려 있다

―「삼척역에서」43) 부분

「증산리」는 김진광 시인의 고향 마을 명칭을 차용한 시이다. 그는 자신이 "1951년 강원도 삼척군 삼척읍 증산리 39번지(삼처시 교동 8통)에서 출생"44)했다고 밝힌 바 있다. 「증산리」의 말미에 "증산리甑山里는 글쓴이가 태어난 곳으로, 삼척해수욕장과 촛대바위가 있는 추암해수욕장 사이의 간이해수욕장이 있는 마을."이라는 주석이 달려 있다. 증산리의 "옛 이름은 시루뫼마실."이며 "수평선에 돛단배 연꽃잎이듯 피"고, 「증산리」에서는 "발아래 보리처럼 피어나는 푸른 고기 떼."가 노니는 바닷가 마을임을 드러낸다. "알개방", "추암재", "와우산" 등 고향 마을의 장소명을 들어 정경을 소개할 뿐만 아니라 지역명을 들어 "추암 갈천 후진" 사람들은 "친구나 사돈"을 맺을 만큼 이웃하고 있다고 진술한다. "땅의 이랑 바다의 이랑 무던히도 매고 살아"라는 부분에서, 마을 사람들이 농사일과 바다 일을 하여 생계를 해결하고 있음을 내비친다. 그리고 증산리는 "한 폭의 그림"과 같은 동해시 추암 "촛대바위"를 바라볼 수 있는 마을로, "心海에서 꽃잎 밟고 오는 아기부처를." 맞이하듯, 일출의 명소임을 드러낸다.

  「죽서루」 역시 삼척시 '죽서루'의 경관을 자세히 알려 준다. 오십천을 내려다보며 "천 길 돌벽을 깎아" 벼랑 위에 서 있는 죽서루는 자연 암반 위에 각각 다른 길이로 17개의 기둥이 세워져 있음을 "열일곱 서로 다른 생각을/

---

42) 「죽서루」, 『참매미는 참말만 한다』, 32쪽.
43) 「삼척역에서」, 『시가 쌀이 되는 날』, 107쪽.
44) 「저자 연보」, 『시가 쌀이 되는 날』, 178쪽.

중천에 세우려 있던가."라고 읊고 있다. 가까이에 있는 나지막한 산은 "어머니처럼", 멀리에 있는 두타산은 "아버지처럼" 죽서루를 팔로 맞아주는 듯, 자연과 조화를 이루고 있다고 진술한다. 그리고 동해안의 명승지인 관동팔경 중 일곱 개가 모두 동해를 바라보고 서 있지만, 죽서루는 백릿길을 흘러와서 "철철철 소리를 내며/ 가슴 비비는 오십천 하류에/ 송학처럼 너만 우뚝 서 있"다고 노래하였다. 이는 죽서루를 다른 관동팔경과 차별화하면서, 죽서루만의 가치에 의미를 두고 있음을 알 수 있다.

「삼척역에서」도 장소명을 그대로 차용한 시이다. '고향'이란 시간적으로 과거 속에 존재하지만, 인간의 내면의식 속에서 항상 '현재'로 존재하는 곳이다. 고향은 단순한 의미를 넘어서 인간 의식의 근원이 되는 공간이자 본능과 맞닿아 있는 공간이라 할 수 있다. 과거의 삼척역은 사람들을 실은 객차와 물건을 실은 화물차가 공존했던 장소였지만, "이제 객차客車는 없고 화물차만 오가고" 있다고 토로한다. 과거에서 현재로의 변화 과정을 사실대로 언술하면서, 현재는 "바다열차"45)가 운행되고 있음을 내세운다. 이로 인해 "길이 끊긴 곳에 다시 새로운 길"이 열려 "오분리와 정라진 바다"를 바다열차에서 조망할 수 있다는 사실을 진술하고 있다. 이처럼 김진광은 끊임없이 과거와 소통하면서 존재의 의미를 파악하고자 한다. 이는 고향 공간인 삼척역을 중심으로 과거와 현재의 내력을 소상하게 알려주며, 나아가 미래에는 어떠한 모습으로 살아갈 것인지를 알려주는 단서가 된다.

이러한 정황은 「五十川」46)에서 살펴볼 수 있다. 시적 화자는 오십천을 "너는 어머니이다."라고 선언하면서 "네 고향은 도계 구사리 백산곡"이라고, 오십천의 원류를 알리고 있다. 동해로 오기까지 오십천 물은 "탄광촌 폐석더미를 끌어안고", "상덕천 환선천 군천 고천 내미로천"을 만나 "준경묘 영경묘 천은사 소식에" 귀를 세우기도 한다. "한 오십 번쯤"이나 되는 굽이를 돌아 "죽서루께 이르면 너는/ 관동별곡이나 제왕운기 한 구절", "외울 줄 안다."고, 장소명을 나열한다. 이렇게 시적 화자가 장소명을 거명하는 것은 고향을 지키고자 하는 의도로 보여진다. 「화석이 된 통리역」47)은 폐광으로 인

---

45) 강릉, 동해, 삼척을 잇는 58km의 동해안 해안선을 달리는 열차.
46) 「五十川」, 『벽은 가슴에 박힌 못을 사랑으로 만든다』, 66쪽.

하여 "낡은 필름처럼 남은 통리"를 애증의 공간으로 바라본다. 통리가 석탄으로 흥청거렸을 때는 "황지 고한 사북에서 트럭으로 실려 오는 검은 노다지들"로 저탄장은 "노다지가 산맥을 이루"었다고 소회한다. 시적 화자는 "석탄 이야기가 전설"이 되었다고, 화석화된 통리를 염려하는 시선으로 바라보고 있다. 「시루뫼마실 와우산 해룡」48)에서 와우산은 김진광의 고향 마을 시루뫼에 있는 나지막한 동산이다. 그는 와우산 해룡의 전설을 들려주면서 고향을 환상의 공간으로 설정하였다. "시퍼런 바닷물이 몇 길씩 뛰어오르기도 하고 빙글빙글 돌기도"하면, 낚시꾼도 사라지고 어미소도 사라진다고, 해룡의 위세를 내세운다. 그리고 결미에서 "와우산 작은 시루뫼 끝에는 해룡의 숨소리도 들리지요."라고 진술한 데에서는 고향을 환상의 공간으로 드러냈다고 할 것이다.

김진광이 고향을 소재로 삼는 것은 자연스러운 일이다. '고향'은 일차적으로 '자기가 태어나고 자란 곳'이기 때문이다. 그의 고향은 자연환경으로 둘러싸인 장소로서 연관과 가치관, 세계관이 형성되는 토대이다, 문학에서의 '고향의식'이란 작가의 고향에 대한 체험과 그것의 수용에서 형성된 지적 인식이 어떻게 정서화해서 시로 표출되었는가 하는 문제49)라고 할 수 있다. 그러다 보니 김진광의 고향의식은 현재의 고향인가 과거의 고향인가 등의 조건뿐만 아니라 장소에 따라 역사문화의 공간, 애증의 공간, 그리고 환상의 공간 등 다양한 공간으로 드러났다고 하겠다.

6. 마무리

이 글은 김진광의 작품 속에 녹아든 시세계를 살펴보면서 기존에 언급되지 않았던 그의 문학적 업적을 조명하고 소개하는 데 목적을 두었다. 삼척 출신인 김진광의 시 세계는 평생 교직에 몸담았던 삶의 궤적과 맞닿아 있다. 그리고 유년시절의 체험이 잠재의식 속에 직접적으로 투영되어 환상적인 공간

---

47) 「화석이 된 통리역」, 『시가 쌀이 되는 날』, 136-137쪽.
48) 「시루뫼마실 와우산 해룡」, 『참매미는 참말만 한다』, 77-78쪽.
49) 제해만, 『한국 현대시의 고향의식 연구』, 시세계, 1996, 36-37쪽.

으로 추동되었다. 김진광은 아동문학으로 출발했지만, 다양한 문학 장르의 확장을 통해 문학적 성과를 보여주었다. 하지만 1990년대부터 작고하기까지 시 창작에 전념했다. 이에 따라 그가 생전에 남긴 시집 4권을 논구의 대상으로 하였다.

먼저 자연을 소재로 한 작품에서는 아동문학가로 출발했던 체험이 주요 동인으로 작용하여 순진무구한 동심의 세계를 그려내었다. 자연적인 공간이 시각화되었고, 이에 따른 식물적 상상력은 대체로 '꽃'으로 이미지화되어 나타났다. 자연물은 따뜻하고 정겨운 정서로, 인간이 자연과 합일점을 찾아 변화하는 삶으로 확장되었다. 이러한 양상은 자연의 질서에 따르는 조화의 공간으로서 순수한 동심의 세계가 그의 심상에 자리 잡았기 때문이다.

바닷가 마을에서 태어나 자란 김진광은 '바다'의 원형적인 이미지와 연관된 작품세계를 열어나갔다. 바다는 모든 존재 가능성의 저장소로서 생명력이 충만한 공간이다. 김진광 시에서의 바다는 그가 성장하면서 겪게 되는 고달픈 삶을 위로해주는 모성의 공간으로, 또한 정신적인 고향으로 드러났다. 파도를 닮은 생존력은 바다에서 살아가는 사람들에게 삶을 영위하는 데 근원적 힘으로, 닫힌 세상에서 벗어나 새로운 세계에 도달하기 위한 노력으로 형상화되었다. 이처럼 김진광이 소재로 창작한 바다의 모습은 시적 대상에 대한 천착과 그것을 생명력 있는 언어로 생생하게 그려내었다.

김진광의 시편들에서는 가족과 관련된 시어가 가족 공동체의 원형적 장소성을 추구하면서 가정의 안식을 제고시키는 기능을 하고 있다. 부모를 그리는 화자의 변주가 가족에 대한 내면의 공간으로 확대되어 나가는데, 특히 그의 시편들에는 시어 '어머니'를 중심인물로 하면서, 살아생전 가난한 삶을 떠안았던 어머니를 전면에 배치하였다. 이는 모성적 특성인 영원성과 생명성의 발원지로 전환시키고 있는데, 이는 별세한 어머니에 대한 그리움이 전체 구조를 관통하는 데서 찾아볼 수 있다. 이것은 시인이 영원한 생의 공간에서 어머니 살아생전 다하지 못한 '효'를 이루려는 염원을 작품 속에서 내비쳤다고 할 것이다.

김진광은 그의 고향 삼척에서 자기 정체성과 동질성을 확보하기 위해 노력하였다. 이는 고향이 자기존재를 완성하는 장소이기 때문이다. 김진광의 작품 속에서 고향에서의 체험이 이루어지는 장소는 대체로 장소명을 제목으로 한 시편들에서 찾아볼 수 있다. 이들은 시인의 의식과 맞물려 특별한 의미를 지니고 있을 뿐만 아니라, 삼척의 과거와 현재로 이어지는 역사문화의 공간, 애증의 공간, 그리고 환상의 공간 등 다양하게 드러났다. 이처럼 김진광의 고향의식은 시적 화자의 체험이 구체적으로 이루어지는 장소로서 시인의 의식과 맞물려 특별한 의미를 지니고 있다.

이처럼 김진광은 등단 후 41년간 다양한 장르에서 많은 작품을 남겼으며, 주로 그의 고향 삼척과 인근지역에서 문학 활동을 하였다. 그러다 보니 작품 속에는 그의 삶의 궤적이 맞닿아 있고, 고향의 자연환경과 장소가 시화되어 자신만의 시 세계를 구축하였다. 물론 그의 작품 속에는 탄광이나 병동 등 특별한 체험을 주제로 한 시편들도 다수 있다. 하지만, 이 글이 김진광의 문학세계를 논구하기 위한 일차적인 접근이기에, 후속 과제로 남기고자 한다. 앞으로 남은 작품들을 더 면밀하게 검토하여 김진광 작품 전체의 문학사적 의의를 완성한다면 현대문단에서 김진광의 위치는 더욱 견고해질 것이다.

자전적 사유를 통한 시의식의 공간성

— 최호길 시의 모성성과 지역성을 중심으로

1. 들어가는 말

최호길(崔虎吉, 1936~2006)은 1997년 시집 『민들레』1)를 발간하면서 문단에 나왔다. 그는 이 시집의 서문에서, "나는 시인도 작가도 아니다. 그저 본대로 그려 본대로 조금씩 적어두었다가 정년이 되어 책을 내게 된 것이다."라고 밝히고 있다. 일반직 공무원으로 정년퇴임하면서 첫 시집을 발간한 그는 이듬해에 월간 『한국시』 신인상을 받아 다시 한 번 문단에 자신을 알린다. 이어서 1999년에는 두 번째 시집 『강물이 하루를 싣고 가네』2)를 출판한다.

이순을 넘긴 최호길이 1997년 첫 시집 출간, 1998년 등단, 그리고 1999년 두 번째 시집을 출간했는데, 이것은 그가 오랜 기간 시작詩作에 몰두한 결과물이었다. 이러한 사실을 첫 시집 『민들레』의 후기에서 최명길(崔明吉, 1940~2014)3)이 밝히고 있다.

> 지난 설날이었다. 차례를 지내고 가족끼리의 세배를 마친 다음 가형은 대학 노트 한 권 내 놓으며 '동생, 이거 한번 보아주게'하는 것이었다. 나는 뭘가 하는 호기심으로 조심스레 노트를 펼쳤다. 그것은 깨알같이 박힌 시의 초고들이었다.
>
> — 최명길, 「가형家兄과 시」4) 부분

---

1) 최호길, 『민들레』, 일문사, 1997.
2) 최호길, 『강물이 하루를 싣고 가네』, 한국시사, 1999.
3) 최명길은 2014년 5월 4일에 작고한 시인으로 최호길의 동생이다. 1975년 『현대문학』에 「자연서경自然敍景」, 「해역에 서서」, 「은유의 숲」, 「음악」 등이 추천되어 문단에 나왔다. 그는 속초지역에서 문학 활동을 하면서, 이성선과 함께 '물소리시낭송회'를 창립하고 주도하였다.
4) 최명길, 「가형(家兄)과 시」, 『민들레』, 148-149쪽.

강릉시 입암동에서 출생한 최호길은 일반직 공무원이 되어 동해시에 정착하게 된다. 그는 34년간 봉직하다 정년을 마치면서, 퇴임식을 마련해 준 선후배 동료들에게 보답 차원에서 시집을 발간한다. 이를 계기로 동해지역 문단에서 활동을 하게 되었고, 그 후 작고하기까지 『동해문학』에 꾸준히 작품을 발표한다. 그의 시는 대체적으로 자신의 존재와 향토적 서정을 기반으로 하고 있다. 여기에는 『민들레』의 초고를 읽은 최명길이, "아가, 어머니, 고향, 흙내음, 소박, 가난, 그리움, 회한과 같은 낱말들을 떠올렸다"고 고백한 부분에서도 알 수 있다.

최호길이 첫 시집을 낸 후 작고하기까지 그의 문학 활동은 짧았다고 할 수 있지만, 그가 남긴 작품들은 지역 문학사적 관점에서 그 의미가 크다고 하겠다. 물론 그 또한 동해지역문학 1세대로 거론되고 있는 최인희(1926~1958), 김시래(1923~2008)의 계보를 잇는 전통적 서정시의 세계를 보여주고 있지만,5) 그의 문학적 공간이 동해시와 강릉시라는 지역경계망에서 논의할 수 있는 소지가 다분하다.

그러므로 본고는 기존에 언급되지 않았던 동해지역 시인 최호길 시를 조명, 소개하는 데 목적이 있다. 이에 따라 시집 『민들레』의 116편과 『강물이 하루를 싣고 가네』의 시 84편을 대상으로 최호길의 시세계를 고찰한다. 이러한 목적 아래 최호길의 시를 통해 그의 시론의 정체를 추론하고, 시세계의 흐름과 양상에 따라 지역문학의 공간성을 구명하고자 한다. 나아가 이 연구는 최호길을 지역문학적 관점의 위상으로까지 접근하는 단초가 되리라 본다.

2. 작품 속에 맞물린 삶의 공간

최호길 시에는 그가 살아온 삶의 궤적이 새겨져 있다. 자전적인 경향을 드러내는 시의 화자는 대체로 시인과 동일시되고 있는데, 이는 지극히 사적私的인 시점의 자전적이고 사실주의적 경향 속에 배태되어 있다. 특별히 자신에

---

5) 남기택, 『강원영동지역문학의 정체와 전망』, 청운, 2013, 53-54쪽 참조. 또한 한성우도 『강물이 하루를 싣고 가네』의 '시집 해설'에서 그를 "전통적·한국적인 것을 추구하면서 시를 무슨 권세나 명예의 장식물쯤으로 치부하지 않는 순수하고 소박한 시인"(140쪽)이라고 평가한다.

게 일어났던 일에 대한 자전적 기억autobiographic memory으로, 시적 주체의 어조는 과거에 대한 회고적이며 고백적·자전적인 차원의 탄식으로 고정된 양상이다.

> 글은 그 사람이라 했다. 형님의 글은 그게 어떤 모양새를 갖추었던 형님을 닮아 있고 형님의 틀을 벗어날 수 없는 바로 형님 자신이다. 그러기에 있는 그대로 숨김없이 내 던진 이 알몸의 실상 앞에서 나는 그저 따뜻해질 수밖에 없다.
>
> — 최명길, 「가형家兄과 시」6) 부분

『민들레』의 초고를 읽은 최명길이 이들 작품들은 "있는 그대로 숨김없이 내 던진 이 알몸의 실상"이었다고 소감을 풀어놓는다. 이처럼 최호길은 그의 작품을 통해서 자신을 그대로 드러내고 있다. 특히 최호길의 작품 중 자전적인 경향을 드러낸 시로는 먼저 「어머님의 향기」를 들 수 있다. 이 시는 그가 첫 시집 『민들레』 출판 후, 1년 8개월 만에 출판한 두 번째 시집 『강물이 하루를 싣고 가네』에 중복 수록할 만큼 애착을 보여 준 작품이다.

> 우리 집 택호는 안국집이고 강릉 최 씨 참봉공파이지요. 어머니는 17대손 종손 독자인 아버지에게 18세 때 삼척 김 씨 집안에서 시집 오셨지요. 할아버지께서는 누대로 가난을 이어온 살림살이라 장가 간 작은 할아버지를 35세까지 오막살이 초가삼간에서 같이 살게 하였답니다.
> 집은 강릉시 입암동 왜지7)로서 외진 골짜기인데 순전한 등 끝으로 남의 즌사전을 지어 생계를 이어 갔지요. 아버지는 갓 시집 온 어머니가 마음에 안 든다고 부산까지 오입 갔다 오셨대요. 우물이 없어 오리 밖 논둑 좁은 길로 물동이를 순전한 목 힘으로 외따로 수없이 날라야 그 많은 식구와 소를 키울 수 있었습니다.
> ⋯ 중략 ⋯
> 자식은 십남매를 낳아 여자 아이는 어려서 다 죽고 남자들만 칠 형제를 기르셨습니다.
> 밥상이 없어 할아버지와 겸상한 나와 아버지만 조그만 나무 상에 밥

---

6) 최명길, 앞의 글 149쪽.
7) 「어머님의 향기」에 "왜지: 입암동의 옛 지명"이라는 주석이 달려있다.

을 차리고 할머니를 비롯한 온 식구가 방바닥에 나무 밥통을 가운데 놓고 둘러 앉아 밥을 먹었습니다. 어머니는 항상 부엌 문 앞에서 식사를 하셨습니다. 왜냐하면 식사 도중 물을 떠 나르기 위함이었지요. 주식은 보리감자밥 밀밥이고 국수를 많이 먹는 편이었습니다.

　잠 잘 때는 원래 요 같은 것은 없고 저의 칠형제들은 조그만 엷은 이불 한 장에 다리만 넣고 편한 대로 잤지요.

—「어머님의 향기」[8] 부분

위의 시에서 시적 화자는 자신의 집안 내력을 이야기 형식으로 풀어내고 있다. 우선 이 작품 속에서 드러나는 것은, 최호길은 "강릉 최 씨 참봉공파"로 18대 종손이며, 그의 어머니는 삼척 김 씨라는 사실이다. 그는 강릉시 입암동(왜지)에서 출생하였는데, 이것은 「향수의 강」[9]에서 "세상 사람들은 그곳을 왜지골"이라고 했으며, "그곳이 내가 태어난 고향이랍니다."라고 밝힌 데서도 알 수 있다. 뿐만 아니라 「노을」[10]에서 "내 살던 왜지골 하늘 끝에 노을이 모여들 때"라고 표현한 부분에서도 시인은 자신의 고향에 대하여 애착심을 드러낸다.

최호길은 조부모, 부모, 그리고 칠형제와 함께 대가족을 이루며 초가집에서 살았다. 남의 땅을 빌려서 농사지어 생계를 이어가는 가난한 살림살이는 보리감자밥, 밀밥, 국수로 연명해야만 했다. 심지어 "칠형제들은 조그만 엷은 이불 한 장에 다리만 넣고 편한 대로 잤지요."라고 고백하고 있는데, 이 부분에서는 최호길의 어린 시절의 지난한 삶을 엿볼 수 있게 한다.

위의 시 「어머님의 향기」에서 드러나듯이 최호길은 칠형제 중 장남이었다. 그것은 "밥상이 없어 할아버지와 겸상한 나와 아버지만 조그만 나무 상에 밥을" 먹었다는 부분이다. 예전 대가족사회에서는 장남이 할아버지, 아버지와 함께 밥상을 받을 수 있었는데, 이는 장남의 위상을 높여주기 위한 배려였기 때문이다.

　　칠형제 맏이로

---

[8] 「어머님의 향기」, 『민들레』, 27-29쪽. 『강물이 하루를 싣고 가네』, 52-54쪽.
[9] 「향수의 강」, 『민들레』, 앞의 책, 124쪽.
[10] 「노을」, 『강물이 하루를 싣고 가네』, 20쪽.

> 처음 길을 잘 터야 한다는 것을
> 내 어릴 적 우리 집 가난했지만 아버님께서 감자밥 호박쌈
> 먹을 때마다
> 노을 앞에서
> 우리 자식들 항상 소금처럼 되라는 가르침
> 그것이 노을처럼 살겠거니 했었네.
> 이제
> 부모님은 노을 속으로 가시고
> ― 「노을」11) 부분

 이 작품에서의 시적 화자는 칠형제의 장남으로서 "처음 길을 잘 터야 한다"고 토로한다. 비록 "감자밥 호박쌈"으로 끼니를 잇는 가난한 살림이었지만, 그의 부모님이 장남에 대한 기대가 컸고, 자식 교육만은 철저했음을 고백한다. 하루를 마감하는 저녁이 되면 시인의 부모님은 "노을 앞에" 앉아 "항상 소금처럼 되라는 가르침"을 주셨다. '소금처럼 되라'는 말은 세상에 꼭 필요한 사람이 되라는 상징적인 의미로 표현할 때 등장하는 말이다. 소금은 우리 생명과 식생활에도 똑같이 중요한 자리를 차지하기 때문이다.

 부모님의 가르침에 따라 반듯하게 성장한 최호길은 강릉농공고와 동국대학교를 졸업하고, 1963년 27세의 나이에 일반직 공무원의 길로 들어선다. 1997년 동해시 사문동장을 끝으로 34년간의 직장생활을 마치면서 『민들레』를 출판하는데, 후기를 쓴 최명길은 최호길의 가정생활이 그리 평탄하지 않았다고 고백한다.

> 칠형제의 맏이였으나 오랜 떠돌이 직장생활로 고향과 부모님을 떠나 있으면서 평탄하지 못했던 가정생활을 지켜본다는 것은 같은 젖을 물고 자라난 형제로서 또 얼마나 안타까운 일이었던가.
> 하지만 그 순간순간의 옹이와 매듭들이 시어의 알알한 구슬들로 다시 탄생하여 여기 시의 꾸러미에 꿰어졌으니 그저 기쁠 따름이다.
> ― 최명길, 「가형家兄과 시」12) 부분

---

11) 「노을」, 『강물이 하루를 싣고 가네』, 21쪽.
12) 최명길, 「가형(家兄)과 시」, 『민들레』, 148-149쪽.

최호길의 평탄하지 않은 삶은 "시의 꾸러미에 꿰어" 드러나고 있는데, 그것은 '죽음'과 관련된다. 그는 조부모, 부모에 이어 아내와 외아들까지 잃었다.13) 그런 연유로 그는 "비낀 햇살이/ 눈물에 얼굴 담아/ 그림자를 키"웠으며, "이윽고/ 새끼줄로 얽어 맨/ 죽은 나무 울타리에 몰려 왔네."14)라고 '죽음'에 익숙한 태도를 보인다. 특히 그의 첫 시집 『민들레』는 「아들」, 「아들에게 부치는 편지」로 끝내었고, 두 번째 시집 『강물이 하루를 싣고 가네』는 처음에 「아들을 위한 기도」, 「아들에게 보내는 편지」로 시작하고 있어서, 아들을 향한 그의 애착을 드러내고 있음을 알 수 있다.

> 혁아
> 네가 참으로 짧게 같이 살다
> 하늘나라에 간지 어언 사년
> 봄 화신이 다시 찾아오니 너를 향한 마음
> 견딜 수가 없구나
>
> 허전함은
> 버릴 수도 없고 이 좋은 세상을 살아보지도 못한 불쌍함
> 하루도 멀다하고 편지 보내던 아가씨와 결혼했을 아쉬움
> 서 보지도 못한 자격증
> 자동차를 사준 죄스러움
> 순간만 비켰으면 하는 아쉬움
> 한시도 괴로움이 떠나지 않는구나
> … 중략 …
> 풍랑치는 악몽이었다
> 밤마다 눈물에 비치는 나의 외아들 혁아
> 인생은 짧은 시간
> 멀지 않아 또 만날 수 있을 것이다
>   ―「아들에게 부치는 편지」15) 부분

---

13) 「비류」, 『강물이 하루를 싣고 가네』, 93쪽.
  "할머니가 먼저 가시더니/ 할아버지가 할머니 따라 가시고/ 어머니도 정만 주고 가시더니/ 아버지도 그길 따라 가셨습니다/ 처도 제 길 찾아 가고/ 자식도 가슴 속에 몸을 던지고 떠났습니다"
14) 「저녁 햇살」, 『강물이 하루를 싣고 가네』, 118쪽.

위의 작품에서 읽어낼 수 있는 것은, 최호길이 외아들을 교통사고로 잃었다는 사실이다. 이 작품에서 시적 자아가 "한시도 괴로움이 떠나지 않는"다고 토로하는 "고뇌는 영혼과 육체, 불의와 정의, 순간과 영원 등과 같은 상호모순과 대립의 접점지대에서 촉발되는 정신의 發光作用인 것이다."[16] 즉 아들의 죽음이 그의 삶에 "풍랑치는 악몽"과 같은 순간들을 촉발시키고 있다. 반면에 사유는 "靜的 정신작용이며 화해와 포용을 내재하는 심리작용"이고, "머리로 하는 행위이며 자신의 울타리를 벗어나지 못하는 것이다. 대부분의 인간의 사유는 자기방어이거나 위선이다."[17] 그러하기에 시적 자아는 「아들에게 부치는 편지」에서 아들을 향해 "멀지 않아 또 만날 수 있을 것이다"라고 자위自慰하는 것이다.

하지만 최호길은 "명퇴하고 보니 마음만은 산같이／ 너그럽고 기쁘"면서도 "새로운 도전이 무섭기만"[18]하다고 고백한다. "남은 삶도／ 하루 종일 전화할 곳도 없고 갈 데도 없다.／ 주머니는 텅 비어 있고／ 불안은 까치집 지어 나에게 와"[19]있다고 토로한다. 그리고 재혼하여 "늙은 애비 할배로 부르는"[20] 어린 자식을 두고, 그는 "혼자／ 어둠 삼키며／ 속병 앓"[21]다가 '죽음'이 가까워 오고 있다는 것을 직감한다. 오랫동안 지병을 앓던 최호길은 2006년에 생을 마감하고 만다.

3. '모성'을 지향하는 가족의 공간

최호길의 시편들에는 가족에 관련된 시어가 많이 나타난다. 특히 '할아버지', '할머니', '아버지', '어머니' 등 가정을 이루는 구성원들이 공간성을 확보하는데, 이는 시에 있어서 시어뿐만 아니라 공간 또한 중요하기 때문이다. 그것은 "인간의 존재성 자체가 근본적으로 공간적"[22]이기도 하다. 인간은

---

15) 「아들에게 부치는 편지」, 『강물이 하루를 싣고 가네』, 146-147쪽.
16) 이숭원, 『근대시의 내면구조』, 새문사, 1988, 165쪽 참조.
17) 이숭원, 위의 책, 같은 쪽.
18) 「퇴직 맞는 새봄에」, 『민들레』, 86쪽.
19) 「우울한 하루」, 『강물이 하루를 싣고 가네』, 131쪽.
20) 「부자의 정」, 『민들레』, 12쪽.
21) 「촛불」, 『강물이 하루를 싣고 가네』, 127쪽.

공간을 통해서 그 삶과 경험의 질을 파악할 수 있는데, 최호길 시에서는 그리움에 대한 화자의 변주가 '가족'에 대한 내면의 공간으로 확대되어 나간다.

<표 3-1> 시집 『민들레』

연번	제목	시어	수록면수
01	우리 아가	아부지, 아가, 아빠	11
02	부자의 정	애비, 할머니	12
03	아들을 위한 기도	아들	13
04	어머님의 향기	어머니, 아버지, 할아버지	27-29
05	아버님의 강	아버지, 어머니	30-31
06	영춘	어머님	34
07	마르지 않는 강	어머니	35
08	텃밭	어머니	36
09	발방아	어머니	37
10	어머니와 미나리	어머니	38
11	참외밭 향기	할아버지, 아버지	39
12	삼복이 오면	어머님	40
13	첫눈	할머님	41
14	한겨울의 초상	할아버지	42
15	눈을 감으면	할머니	45
16	감<2>	할아버지	47
17	까치밥	할아버지	48
18	어버이 은혜<1>	어버이	49-50
19	어버이 은혜<2>	아버님	51
20	두 노인의 남겨진 소망	자식	52
21	한여름밤의 추억	어머니	55
22	햇감자	어머니	56
23	고향의 가을	어머님	57
24	늦가을	엄마	62
25	수석	어머님	79
26	소쩍새	형, 동생	85
27	마지막 출근	부모, 형제	89
28	비류	할아버지, 할머니, 아버지, 어머니	93
29	동해항의 뱃길	어머님	96
30	봄이 오는 소리	할아버지	109
31	향수의 강	어머님	124
32	할미꽃	할미	126

22) 하이데거 마틴, 이기상 역, 『존재와 시간』, 까치, 2001, 155-159쪽 참조.

33	아들	아들	145
34	아들에게 부치는 편지	할아버지, 할머니	146-147

<표 3-2> 시집 『강물이 하루를 싣고 가네』

연번	제목	시어	수록면수
35	아들을 위한 기도	아들	17
36	아들에게 보내는 편지	아들	18
37	어린 자식	자식	19
38	노을	아버님, 어머님	20
39	그 집에 가고 싶다	아버지	23-24
40	향수	할아버지, 할머니, 아버지, 어머니	25-26
41	낫	아버지	31-32
42	조이밭 향기	어머님	33
43	벌초날 사연	할아버지, 아버지	37-38
44	내 고향 소식	아버지, 어머니	42-44
45	된장	어머니	47
46	보릿고개	아버지, 어머니	48-49
47	초여름 낙조	어머니	50-51
48	달	어머니	63
49	강물	형, 동생	65
50	진달래꽃·1	할아버지	68
51	고추	어머님	83
52	호박	할머니, 어머니	84
53	연(鳶) 이야기	할아버지	111
54	몸만 왔습니다	부모	121-122
55	첫눈이 내릴 때	할아버지	123
56	보고 싶은 사람	부모, 남매	136

위의 표에서 알 수 있듯이, 가족에 관련된 시어는 전체 작품 200편 중에 56편(28%)에서 나타난다. 그 중 어머니 30편(54%), 아버지 18편(32%), 할아버지 13편(23%), 할머니 8편(14%), 아들 4편(7%), 형 2편(3.6%), 동생 2편(4%), 자식 2편(4%), 형제 1편(2%), 남매 1편(2%) 아가 1편(2%)으로, 시어 '어머니'가 강세를 보인다. '어머니'를 시 제목으로 드러낸 작품은 「어머님의 향기」와 「어머니와 미나리」를 제시한다. "제목은 사람으로 치면, 그의 이름과 같은 것이다. 사람의 이름은 그의 모든 행동의 처음에 올 뿐만 아니라 그의 모든 행동을 대표"[23]한다. 제목을 살펴보면 작품이 의미하는 것이 무엇인가를 알 수 있기 때문이다.

> 어머니는 손재주가 무척 좋아 치 까불기는 아무리 많아도 혼자 하셨
> 고 삼 삼기 물레 돌리기 베 짜기 등 일련의 공정을 사나흘이면 거뜬히
> 삼 한 필을 짰으니까요.
> … 중략 …
> 매일 십리길 장터까지 하루 두 번씩 목이 찌부러질 정도로 이고 걸어
> 서 지은 감자, 미나리, 호박, 가지, 감 등을 철따라 내다 팔아 자식들 학
> 비 마련하시었고 장터에 다니는 일은 돌아가실 며칠 전까지 도맡아 하
> 셨습니다.
> ―「어머님의 향기」24) 부분

> 한여름 무더위가 끝날 때면
> 묵밭 깨끗이 쇈 미나리 골라
> 새순 맥임 훨훨 펴
> 하늘빛 우물물 퍼내어
> 곱게 키운 청신한 미나리 밭
>
> 단옷날 손주들 봄옷 사 주려고
> 수없이 한 묶음씩 베어
> 곱게 다듬어 한 짐 가득 이시고
> 십리길 장터에 내다 파신다
>
> 그날도
> 도둑고개 언덕길 올라
> 시내버스 종점 외줄 나무 의자에
> 앉아 쉬시다
>
> 한 달여 미나리 향기 타고
> 세상을 떠나셨다.
> ―「어머니와 미나리」25) 전문

---

23) 권영민, 『이상문학 60년』, 문학사상사, 1998, 333쪽.
24) 「어머님의 향기」, 『민들레』, 28쪽. 『강물이 하루를 싣고 가네』, 53쪽.
25) 「어머니와 미나리」, 『민들레』, 38쪽.

「어머니의 향기」에서 드러난 화자의 어머니는, 자식을 위해서라면 땀 흘려 가꾼 농산물을 "매일 십리길 장터까지 하루 두 번씩 목이 찌부러질 정도로 이고 걸" 어 내다 팔았던, 그런 전형적인 한국의 어머니상이다. 「어머니와 미나리」에서는 유년기에 형성된 모성인식이 성인이 된 뒤에도 징후적으로 이어지고 있다. 대부분 회상 형식으로 진술되고 있는 유년기의 체험은 현재에 와서도 여전하다. 이와 같이 모성성은 사회나 세상으로부터 소외된 약자들에 대한 공감과 포용을 통해 그들을 이해하고 끌어안음으로써 그들의 상처를 치유할 수 있는 보살핌의 근원으로 제시되기 때문이다.

「어머니의 향기」에서는 "감자, 미나리, 호박, 가지, 감"과 "장터"가 등치되고, 「하늘과 어머니」에서는 "미나리"와 "장터"가 등치되고 있다. 농산물과 "장터"가 합일을 이루면서 어머니만을 추억하는 공간을 형성한다. "단옷날 손주들 봄옷 사 주려"는 어머니의 모습은 끊임없이 베푸는 모성성의 존재로 인식되고 있는데, 여기에서 모성은 작가가 세계를 바라보는 통로이며 그 안에서 자기 정체성을 찾고 있다는 점에서 의의가 있다고 하겠다.

시어 '아버지'는 17편(30.9%)의 작품에서 나타나고 있는데, '아버지'를 제목으로 전면에 내놓은 시는 「아버님의 강」뿐이다.

> 새벽 첫닭 울면 십리길 장터 농사준비
> 동장군 목발지게 액비통 가득 채워
> 감자 보리 조 씨앗 뿌려 주식 농사지으시며
> 송아지 길러 두엄 내며 무논다락 파래 퍼 모심고
> 한 여름내 곰배적삼 땀 방울로 감자 캐고
> 보리 베고 조밭 매 가꾸니
> … 중략 …
> 감잎 지면 밭가에 고목처럼 된 감나무에
> 줄망태 드리우고 노란 감 따 곶감으로 분 내어
> 자식들 학비에 보태이고
> 설날 자식들에게 골고루 주시던 그 포근한
> 웃음
> 김장할 때면 우차에 안목바다 바위 틈 간물 씻어
> 뒷간에 운동을 묻고 그 모진 삶

집안의 단란함과 화합을 버무려 헛간 짓고
겨울철 배고픔에 간식으로 내다 먹던 곳
―「아버님의 강」26) 부분

「아버님의 강」에서도 시적 화자의 아버지는 어머니와 진배없이 자식을 위해 희생하는 모습이다. "감자 보리 조 씨앗 뿌려 주식 농사지으시며", "자식들 학비에 보태"려고 곶감을 만들기도 한다. 김장거리를 "우차에 안목바다 바위 틈 간물 씻어" 나르기도 하고, "헛간"을 짓기도 한다. 이 부분에서 시적 화자는 아버지가 집안의 큰 일거리를 해결하는 주역임을 드러내고 있다. 뿐만 아니라 아버지는 어머니가 장터에 내다 팔 수 있는 농산물을 경작하는 역할을 담당하고 있는데, 이 작품에서는 아버지라는 자리가 가정을 이끌어가는 가장으로서, 그리고 경제적으로 정신적으로 가족들을 부양하고 책임을 다하는 존재라는 사실을 드러냈다고 할 수 있다.

시어 '어머니'와 '아버지' 다음으로 나타나는 시어는 '할아버지' 13편(23.6%), '할머니' 8편(14.5%)이다. '할아버지'와 '할머니'가 함께 나오는 시는 「비류」, 「아들에게 부치는 편지」, 그리고 「향수」이다.

은하수 높게 흐르는 밤이면
아름드리 감나무에 솔부엉이 날아와 울고
여린 반디 따려고 마당비 휘둘러 달리는 논섬길 건너
개 짖는 소리 들으며 돌아오는 그 집.

툇돌 앞에 모깃불 피워 놓고 온 식구가 둘러 앉아
수통참외 깎아 먹으면서

꿈을 가꾸며
사랑을 키우며

할아버지 할머니의 정감어린 옛이야기 귓전에 들리고
―「향수」27) 부분

---

26) 「아버님의 강」, 『민들레』, 30-31쪽.
27) 「향수」, 『강물이 하루를 싣고 가네』, 25쪽.

위의 시에서 시적 화자는 할아버지와 할머니가 들려주는 "정감어린 옛이야기"를 들으면서 꿈과 사랑을 키우던 시절을 그리고 있다. "은하수", "아름드리 감나무", "솔부엉이", "여린 반디", "마당비", "논섬길", "툇돌", "수통참외" 등 전통적·토속적인 시어를 통하여 먼 추억 속에 묻힌 현재를 불러낸다. 시적 분위기가 따뜻한 것은 "온 식구가 둘러 앉아" 오순도순 살아가는 전통적인 가족 공동체의 모습을 보여주었기 때문이다.

이와 같이 최호길의 『민들레』와 『강물이 하루를 싣고 가네』에서는 가족과 관련된 시어가 가족 공동체의 원형적 공간을 추구하고 있음을 알 수 있다. 특히 '어머니'를 설정하여 향토서정을 모성적 특성인 영원성과 생명성의 발원지로 전환시키고 있으며, 시적 자아는 항상 그러한 영원과 생명의 공간으로 회귀하고자 하는 강렬한 욕망을 가지고 있다.[28] 이것은 시인이 영원한 생의 공간, 향토서정의 발원지로 회귀하고자 하는 염원을 작품 속에서 내비쳤기 때문이다.

4. '고향'을 지향하는 지역의 공간

최호길의 작품 속에 나타나는 고향 공간[29]은 강릉시 입암동(왜지골)이다. 고향은 개체의 탄생과 성장의 공간으로 인식할 수 있고, 가족이나 친인척을 포함한 공동체 삶의 근거지로 정의할 수 있다.[30] '강릉'은 최호길의 출생지이며 어려서부터 가족과 함께 삶을 살았던 근거지로, 그의 시편에서는 강릉지역에서의 감각적 체험이 녹아져 있다.

성인이 된 최호길은 고향을 떠나 인근지역 동해시에 정착하게 된다. 그러다 보니 강릉·동해지역의 장소가 지역의 삶과 일치를 이루며 지역적 정체성을 형성한다.

---

28) 한성우, 「모성적 향토자연을 향한 갈등 혹은 화해」, 『강물이 하루를 싣고 가네』, 140쪽.
29) 하르트만, 전원배 역, 『미학』, 을유문화사, 1983, 94쪽 참조. 고향 공간이란 인적공간, 자연공간 일체이며 인적공간은 주거공간과 그 부속공간, 그리고 그에 따르는 친인척과 전통적인 민속이나 문화일체를 포괄한다. 자연공간은 산야와 물과 하늘, 그리고 거기 서식하는 동식물 등이 모두 포함될 수 있다. 그러나 이런 고향 공간이 문학이나 예술작품에 쓰일 때는 그것이 반드시 실제공간이라고 할 수 없는 예술작품에 '현상하는 공간'이 된다.
30) 제해만, 『한국 현대시의 고향의식 연구』, 시세계, 1994, 36쪽 참조.

<표 4-1> 시집 『민들레』

연번	제목	시어	지역	수록면수
01	어머님의 향기	강릉, 입암동, 왜지	강릉	27-29
02	아버님의 강	안목바다, 왜지골	〃	30-31
03	장날	문암정, 안인진, 남대천	〃	32-33
04	대관령 <1>	대관령	〃	64
05	대관령 <2>	대관령, 경포대	〃	65
06	삼화사 가는 길	삼화	동해	66
07	망상해수욕장	망상, 무릉계곡	〃	67
08	촛대바위	촛대바위	〃	77
09	동사무소	사문사	〃	80
10	동해항의 뱃길	전천강, 동해항	〃	96
11	동해의 꿈	두타산, 청옥산, 동해항, 묵호항	〃	113
12	옛친구	청송밭, 쇠준골	강릉	123
13	향수의 강	왜지골	〃	124
14	고목나무	청송	〃	133
15	이별이 숙명처럼	대관령	〃	139
16	염원	송정	〃	140

<표 4-2> 시집 『강물이 하루를 싣고 가네』

연번	제목	시어	지역	수록면수
17	노을	왜지골	〃	20-21
18	도둑고개	월호평	〃	28
19	그 때 그 시절	월호평	〃	29-30
20	천곡동 그 사람	천곡동, 초록봉	동해	34
21	강릉이야기	강릉, 오죽헌, 남대천	강릉	39-41
22	내 고향 소식	왜지골, 성덕초등학교	〃	42-43
23	보릿고개	안목바다	〃	48-49
24	진달래꽃·1	하비령	〃	68-69
25	죽두의 추억	죽두	〃	102-103
26	甘湫寺의 하루	감추사	동해	106
27	지상사 철불	지상사	〃	109
28	무릉계의 봄	무릉계	〃	114
29	대관령	대관령	강릉	128

위의 표에서 살펴볼 수 있듯이, 200편 중 29편(14.5%)에서 강릉·동해지역의 장소성이 드러난다. 그중 강릉지역이 19편(65.5%), 동해지역이 10편(34.5%)이다. 최호길의 고향 "입암동", "왜지골" 지명이 그대로 드러나고 있

으며, "안목바다", "월호평", "대관령", "남대천" 등 강릉의 지명이 그대로 시어로 사용되었다. 이렇게 그의 고향의 지명이 강세를 보이는 것은, 고향은 부모형제 등의 인간적 요소만이 아니라 그들을 에워싸고 있는 고향의 자연, 다시 말해 고향을 구성하는 보다 영속적인 요소가 곧 자연이기 때문이다. 이처럼 최호길의 고향은 집을 중심으로 한 인적공간과 산천을 중심으로 한 자연공간으로 나타난다.

시어 '고향'이 나타나는 작품은 다음과 같다.

<표 4-3> 시어 '고향'이 나타나는 작품

연번	제목	시집	수록면수
01	첫눈	『민들레』	41
02	고향의 가을	"	57
03	옛친구	"	123
04	향수의 강	"	124
05	염원	"	140
06	향수	『강물이 하루를 싣고 가네』	25
07	望鄕歌	"	27
08	도둑고개	"	28
09	그때 그 시절	"	29
10	내 고향 소식	"	42-44

세상에서 가장 아름다운 골
그곳엔 봄이면 할미꽃 진달래 피고
여름엔 봉선화 물들이는 곳
가을엔 찰갈비 끌어 겨울 준비하던 곳

세상 사람들은 그곳을 왜지골
안국집이라 했소

장독 머리에 싸락눈 쌓이면
발방앗간 앵도 울타리 참새 떼 모여 재잘거리고
하얀 메밀꽃 피면 달빛이 와 노니는 곳
집벌들은 제 먹을 양식 찾느라
이름 모를 가을꽃 찾아다니고

밤이면 오죽밭엔 별들이 노래 부르는 곳
… 중략 …
그곳이 내가 태어난 고향이랍니다.
―「향수의 강」31) 부분

오월의 길목
하늘과 바람이 아득한데
모두 어디 갔느냐.

기름진 논밭엔 비닐하우스가 가득하고 실오라기 하나 걸치지 않고
장대로 휘돌던 마굿간 밖 개살구는 불개미 때문에 도망가 없어졌네
까치집 지은 늙은 돌감나무는 뿌리째 썩어 없어지고 할아버지가 옻진
내 손주들 자라 고치던 옻나무는 아버지 어머니 가실 때 가지고 가시고
동리 때때영감 도깨비 영감 가고 왜지골 주름잡던 사람 다 가셨네.
―「내 고향 소식」32) 부분

「향수의 강」에서 시적 자아는 왜지골, "그곳이 내가 태어난 고향이랍니다."라고 자랑이라도 하는 듯한 태도를 보인다. 이 작품은 강릉지역의 장소성을 드러낸 작품으로, '고향'과 '왜지골'이 중첩되어 있다. 그러다 보니 "왜지골"은 보다 구체성을 갖고 있는 장소이다. 시인은 자신의 고향 "왜지골"을 "세상에서 가장 아름다운 골"이라고 단언하고 있다.

이러한 최호길의 고향의식은 "왜지골"이라는 지역명이 과거지향일 때는 긍정적인 이미지로 나타난다. 그는 자신의 고향을 "발방앗간 앵도 울타리 참새 떼 모여 재졸거리"는 곳, "하얀 메밀꽃 피면 달빛이 와 노니는 곳", 벌들이 "이름 모를 가을꽃 찾아다니"는 곳, "밤이면 오죽밭엔 별들이 노래 부르는 곳"이라고 노래한다. 이렇게 최호길은 작품 속에서 자신의 어린 날을 회상함으로써 삶의 근원과 자신의 실체를 확인하고자 한다.33)

---

31) 「향수의 강」, 『민들레』, 124쪽.
32) 「내 고향 소식」, 『강물이 하루를 싣고 가네』, 42쪽.
33) 하이데거 마틴, 소광희 역, 『시와 철학』, 박영사, 1975, 201-203쪽 참조. 하이데거는 "회상이란 근원의 장소를 떠올리는 것이고 귀향이란 근원 가까이로 돌아가는 것"이라고 밝히고 있다.

그런가 하면, 「내 고향 소식」의 시적 자아는 고향의 자연이 훼손되고 있는 실상을 보여주고자 한다. 부정적인 이미지는 현재의 '고향'을 드러낼 때이다. 이는 시간이 흘러 산업사회로 들어오면서 옛것을 잃어가는 현실을 시인이 안타깝게 바라보고 있는 점과도 관련된다. 그의 시각에 비친 현재의 고향은 "기름진 논밭", "장대로 휘돌던 마굿간 밖 개살구", "까치집 지은 늙은 돌감나무", "내 손주들 자라 고치던 옻나무", "동리 때때영감 도깨비영감"마저 사라지고 없는 고향이다. 시인은 잃어가는 고향에 대한 추억과 정서를 노래하면서, 심상 속에 남아있는 고향에 대한 그리움을 내비치고 있다.

하지만 장소성이 동해지역으로 드러날 때는 또 다른 양상을 보여준다.

초록봉 삿갓 쓰고
기다리는
천곡동 사람

천년을 흘러
냉천에 고인 사랑
호수 같은데

내 삶의 번뇌를
모두어
거기 빠뜨리고

해돋이 동해
파도소리에
젖어서 울고 있는데

그 사람
떠나지 못하네.

― 「泉谷洞 그 사람」[34] 전문

넘실대는
석양빛 아래

홀로 서 있는
촛대바위는

세상을 등지고
불도 켜지 않고
수평선만 바라보고 있다

또 한 사람이
앉을 만큼의
빈 공간을 남겨두고서…….

― 「촛대바위」35) 전문

　최호길은 동해시 천곡동에서 살다가 생을 마감했는데, 「泉谷洞 그 사람」에서 시적 화자는 천곡동을 떠나고 싶어도 "떠나지 못하"는 현실을 노래하고 있다. 이것은 시인이 고향에 대한 그리움을 내비친 부분에서 드러난다. 동해바다를 볼 수 있는 곳이 "초록봉"이라면, 그의 고향 강릉시는 동해시와 지척에 있는 지역이다. 그래서 시인은 "초록봉"에서 동해바다를 바라보는 것처럼, 고향을 바라보면서 그리워해야만 하는 현실을 괴로워하는 듯하다.
　"해돋이 동해/ 파도소리에/ 젖어서 울고 있는" 시적 화자의 우울한 정조(情調)는 동해지역명이 드러나는 「촛대바위」에서도 읽어낼 수 있다. "석양빛", "홀로", "세상을 등지고", "불도 켜지 않고", "빈 공간"이라는 시어에서 엿볼 수 있듯이, 「촛대바위」를 바라보는 시적 화자의 정서가 어둠과 연결되고 있다. 한편으로는 동해지역의 장소성이 드러나는 작품에서 관조의 자세를 취하

---

34) 「泉谷洞 그 사람」, 『강물이 하루를 싣고 가네』, 34쪽.
35) 「촛대바위」, 『민들레』, 77쪽.

고 있어, 타 지역 시인이 문학기행에서 빚어낸 작품과 별반 차이가 없다. 예컨대 「삼화사 가는 길」36)에서는 "시리도록 쌍폭 맑은 소리 벽계수따라/ 꾀고리 쌍지어 무릉반석 넘나"든다고 노래한 부분, 「망상해수욕장 소식」37)에서는 "새아침 햇빛 솟으면/ 황금빛 바다는 다시 북새통 해변이/ 설레임으로 시작된다."고 표현한 부분이다.

이렇게 최호길은 동해지역의 장소성을 관조의 차원에서 접근하면서, 부정적인 시어로 노래하고 있다. 동해지역에서의 현실적 삶이 고통스러울수록 근원의 세계에 대한 그리움은 커질 수밖에 없다. 그러기에 자신의 고향인 강릉지역의 장소성이 나타나는 시어에서는 지역적 삶이 육화肉化되어 나타나는데, 이는 최호길의 시적 지향은 회귀의 정신을 바탕으로 하기 때문이다. 이처럼 최호길의 작품 속에서의 '고향'은 문화적 토양 속에서 강릉지역의 지역적 삶의 환경과 역사가 농축되어 문학적 지향을 펴나갔음을 알 수 있다.

5. 나오는 말

최호길은 동해지역문단에서 활동한 시인으로 시집 『민들레』와 『강물이 하루를 싣고 가네』를 남겼다. 본고에서는 시 200편에 나타나는 자전적 요소에 주목하여 그의 시세계를 고찰하였다.

먼저 최호길의 시편에서는 그가 살아온 삶의 궤적이 새겨져 있어 시적 화자가 대체로 시인과 동일시되고 있다. 출생에서부터 유년시절, 그리고 성장하여 자립하기까지의 삶의 행적을 구체적으로 드러내었다. 그러다 보니 시적 주체의 어조는 과거에 대한 회고적이며 고백적 탄식으로 일관되고 있다.

더욱이 최호길의 시에서는 가족에 관련된 시어가 많이 나타나고 있는데, 가족에 관련된 시어는 전체 작품 200편 중에 56편(28%)이다. 그 중 '어머니'가 30편(54%)으로 과반수 이상을 차지한다. 이는 최호길의 생애 중 고향에서의 삶이 가족과 함께했던 시기다 보니 최호길의 작품 속에서의 모성성은 '가족'을 공간으로 한 시에 녹아있음을 알 수 있다.

---

36) 「삼화사 가는 길」, 『민들레』, 66쪽.
37) 「망상해수욕장 소식」, 『민들레』, 67쪽.

최호길의 시에서의 장소성은 강릉·동해지역이다. '강릉시'는 최호길의 출생지로 어려서부터 가족과 함께 삶을 살았던 근거지이고, '동해시'는 그가 성인이 되어 정착한 지역이다. 그의 작품 중 강릉·동해지역을 노래한 시편들은 200편 중 29편(14.5%)이다. 그중 강릉지역이 19편(65.5%), 동해지역이 10편(34.5%)에서 드러나는데, 특히 강릉지역의 장소성은 그리움의 대상으로, 동해지역은 고된 현실을 드러내는 장소로 자리매김하고 있다.

이처럼 늦깎이 시인 최호길은 첫 시집을 낸 후 작고하기까지 짧은 문단 경력에도 불구하고 200편의 작품을 남겼으며, 그 시편들 속에는 그의 삶의 궤적이 고스란히 남아 있다. 물론 최호길의 작품들은 동해지역문학 1세대의 계보를 잇는 전통적 서정시의 세계를 보여주고는 있지만, 강릉지역과 동해지역을 넘나드는 지역적 경계망에서 볼 때, 독특한 시세계를 보여주고 있다고 하겠다. 따라서 이 연구가 최호길 문학세계를 논구하기 위한 일차적인 접근이라면, 이를 바탕으로 심도 있는 연구를 후속 과제로 남기고자 한다.

5부

1. 시의 행로와 식물적 상상력 ·············· 261
   - 최종석의 시세계

2. 느림의 미학, 그리고 시의 행로 ········ 273
   - 홍순선의 시세계

3. 소통의 편린 ··· 285
   - 심상대의 작품세계

4. 진솔한 삶이 육화된 언어의 집 ·········· 297
   - 전경애의 작품세계

강원문학의 현주소와
문학적 상상력

시의 행로와 식물적 상상력

— 최종석의 시세계

1. 시인의 나라에서

　시가 인간의 가슴을 헤집고 자리를 펴는 것은, 그 성향이 따스하고 안온한 정서를 지니고 있기 때문이다. 이는 모든 사람 속에 자리 잡고 있는 시심詩心과 다를 바 없다. 그러기에 시인의 임무는 일상에서 묻어나는 보편적 정서를 찾아내어 보다 높은 곳을 향해 마음의 자락을 펴야 한다. 그것은 곧 인간의 땅에 만드는 시인의 나라이다. 시인의 나라에 사는 최종석. 그가 묶은 두 번째 시집 『그 겨울의 수목원』(월간문학사, 2015)에서는, 그가 문학의 텃밭에서 일구어 갈무리해 두었던 소소한 일상의 정서가 펼쳐져 있다. 그것은 대체로 식물을 소재로, 그의 고향 강릉시 옥계면 남양리와 닿아 있다.
　'옥계玉溪'라는 이름처럼 맑은 물이 흐르는 곳. '남양南陽'이라는 이름처럼 양지바른 곳. 그곳에서 길어 올린 시편들은, 그래서인지 식물적 상상력이 정감어린 자세로서의 울림을 가지고 있다. 이러한 울림은 때론 약동하는 생명으로 넓은 세계를 향해 헤엄치며 오늘날 문학계의 화두인 생태문제로까지 차근차근 번져간다. 천생 시인이기를 소망하는 그의 바람, 그 언어의 한 자락을 먼저 펼쳐보자.

　　　하늘을 떠도는 바람의 시처럼

　　　나뭇잎에 적힌 햇빛의 노래처럼

　　　나의 삶, 투명한 흔적일 수 있다면

빛나는 한 권 시집일 수 있다면

나도 바람 따라 햇빛을 따라

한평생 시를 쓰며 떠돌고 싶어라
―「시처럼」 전문

바람처럼 떠도는 언어의 조각들. 빛살 되어 나뭇잎에 꽂히는 언어의 울림들. 최종석 시인은 그 소중한 언어를 하나하나 맞추어 삶의 풍경을 만들고 싶어 한다. 한평생 시인으로 살고 싶어 한다. 그것은 바로 언어의 집을 짓기 위한 몸부림이다. 「만날 수 없는 길」에서 "한때/ 은행원이었던 나는/ 문학을 좇아/ 무작정 그곳을 뛰쳐나왔다"고 고백한 부분에서도 문학을 향한 그의 열망이 드러난다. 최종석 시인은 자신의 이름 석 자에 빛을 씌우기 위해, 바람의 행렬이나 햇빛의 행렬에 무작정 쫓아가지는 않는다. 도리어 자신의 근원에서 시와의 일체화를 꿈꾼다. 그것은 단순한 노래가 아니라 가슴 깊은 근원에서 들려오는 소리이다. 원초적인 본성의 심연과 마주하는 그의 목소리에 귀를 기울여 보자.

내가 비롯된 곳은
강원도 산골
거기서 어린 시절을 다 보냈다
그 후 직장을 찾아 잠시 서울에 머물기도 했지만
다시 고향으로 내려왔고
군복무와 지방대를 거쳐
지금껏 한곳에서
아이들을 가르치며 살고 있다
세상의 중심은 서울이라지만
사람은 나서 서울로 가야 한다지만
한곳에서 피었다 지는 들꽃처럼
나도 세상의 중심을
내 마음속에 옮겨 놓았다
―「중심에 대하여」 전문

인간은 그가 태어난 고향을 벗어났다가도 다시 다가가려고 한다. 또 거리가 멀어지면 멀어질수록 거리를 좁히기 위해 마음을 태운다. 이런 이치의 원인은 생명의 본질에서 나오는 인자因子와 분리할 수 없는 보편적인 현상이다. 귀소 혹은 귀향의 이름에는 항상 설명할 길 없는 무언가가 잠겨있기 때문이다. 최종석이 세상의 중심을 "고향"과 "내 마음속"으로 옮겨 놓을 수 있었던 것은 그가 시인이었기에 가능했을 것이다. 한편, 인간이 중심을 잡고 일관된 길을 확보하면서 산다는 것은 자기를 곧추세우는 일로 시작된다. 물론 삶의 도정에서 자기를 찾는다는 게 그리 쉬운 일은 아니다. 생의 언저리를 배회하던 최종석 시인이 "세상의 중심"을 찾기까지 오직 시 쓰기와 관계있다는 것은 그의 시「이런 세상에!」에서도 읽어낼 수 있다. 그는 "시를 함부로 끼적이는/ 詩詩한 나와/ 시를 잊어버린/ 無詩無詩한 사람들// 그래도 나는/ 詩詩한 세상에서" 살고 싶다고 고백한다. 그래서 최종석은 자신이 "비롯된 곳", 강원도에 중심을 두고 "한곳에서 피었다 지는 들꽃" 같은 시인으로 살아가기 위해 오늘도 쉼 없이 시를 빚는 것이다.

2. 유년의 풍경화, 그 정서들의 손짓

고향에서의 기억은 가슴 깊은 바닥에서 숨 쉬는 구체적인 이름으로 남아 풍부한 공간을 만들기도 한다. 특히 유년 시절을 기억하는 고향의 정감은 따뜻하고 아늑하고 또 포근한 감수성을 자극하게 된다. 문학의 토양은 시인이 살고 있는 사회를 벗어나는 것이 아니라 오로지 사회 속에서 문학의 시발이 이루어지기 때문이다. 그러다 보니 최종석의 시적 정조情操는 향토적인 자연을 시화하고 있다. 인간은 그가 태어난 고향의 환경을 잊지 못할 뿐만 아니라 수구초심의 마음을 버리지 못하기 때문이다. 더욱이 시는 마음의 풍경화를 그리는 일에서 벗어날 수 없다. 이런 면을 간과하는 표피적인 현상도 예외라 말할 수는 없지만, 최종석의 시에서는 체험에서 얻어진 토로가 머리로의 시가 아니라 가슴으로 느끼는 정서들로 손짓을 한다.

어느 날, 문득

아파트 현관문을 나서면
유년의 태양이 홀연히 걸리고
산과 들과 시냇물이 어깨동무한
그 놀란 표정이 펼쳐질 것만 같다

아무리 맡아도 질리지 않는
밥 냄새 같은 흙냄새 속으로
칡덩굴의 촉수들 무수히 다가와
내 시든 생활을 일으켜 줄 것만 같다

아, 가난마저 건강했던 시절
그 참을 수 없는 그리움이 찾아와
출근길, 도시의 아스팔트는
아직도 전봇대가 들어서지 않은
그 옛날 덜컹거리던 흙길이다

―「도시인」전문

　　최종석 시인의 시적 재료는 그가 살아온 어린 날의 기억과 긴밀성을 암시할 뿐만 아니라 앞으로의 정신 진로를 좌우한다. 체험은 살아 있는 시인의 축적된 정서의 보고寶庫이며 이로부터 상상력은 시작된다. 시인이 집을 나오면서 바로 "유년의 태양"을 만난 것도 유년의 체험과 관련된다. 기실, 범인凡人의 눈에 비친 태양은 예나 지금이나 같을 것이다. 하지만 최종석 시인에게 있어서의 태양은 남다르다. 그는 아침에 만난 태양 한 줌으로 "산과 들과 시냇물이 어깨동무한" 고향의 풍경화를 그린다. 나아가 시인은 "밥 냄새"와 "흙냄새"를 등치시키기도 하는데, 이렇게 햇살 한 줌으로 확장되어가는 그의 상상력이 독자들에게 기대감을 유발시키고 있다. 더욱이 최종석 시인은 「유년」에서 "여름날 아침, 수돗가에서/ 비누거품으로 손 씻고 바라보면/ 쨍그랑! 눈부신 햇살/ 우듬지로부터 쏟아져 내렸지/ 그 설레던 꿈들이/ 푸른 잎으로 키들거리던 그때"를 기억해내고 있다.

코스모스 흔들리는
전천 둔치 거닐다가

문득 차르르르……하는 소리

자전거 바퀴 소리인가
돌아보니 아무도 없고
다만, 쩔렁이는 햇살만 가득

물음표 걸린 귓가에
또다시 차르르르……? 차르르르르……?

아하!
이건 풀벌레 소리!
가을이 달려오는 소리였구나!

—「가을이 달려오는 소리」 전문

「도시인」에서 만났던 햇살은 최종석 시의 「가을이 달려오는 소리」에서도 어김없이 그의 기억에 불을 지핀다. 그것은 바로 청각적인 이미지로 확대되는데, 문득 들려오는 소리에 "돌아보니 아무도 없고/ 다만, 쩔렁이는 햇살만 가득"했다고 고백한다. 하지만 계속되는 소리는 시인을 유년으로 인도하는데, 그 소리가 "아하!/ 이건 풀벌레 소리!"라는 걸 드디어 기억해낸다. 두타산 頭陀山에서 발원한 물줄기가 흐르는 "전천箭川"의 둑길. 최종석이 그린 풍경화가 그 길가에 핀 코스모스의 몸짓뿐이었다면, 가을은 얼마나 단조로울까. 그러나 최종석 시 속에서는 가을이 소리로 달려오고 있다. "차르르르……" 다음에 물음표를 삽입하여, 마치 풀벌레와 시인이 묻고 답하는 양, 자연과 교감하는 태도는 그의 시를 한층 맛깔나게 한다. 그가 풀벌레라는 작은 동물을 끌어들여, 떠들썩함보다는 안온하고 조용한 느낌으로, 사뭇 사색적이라는 것도 최종석 시의 묘미일 것이다.

3. 식물적 상상력, 생명들에 향한 시학

최근에 부각되기 시작한 생태문학은 탈근대적 윤리를 기반으로 한다. 생태에 관한 문제의식은 환경에 대한 단편적인 거론에서부터 출발하여 우리에게 피부로 다가온 각종 매연, 일산화탄소의 증가와 쓰레기, 공기오염이나 오존층의 파괴 등 환경에 대한 위험지수의 증가와 함께 인간 보호를 위한 깨달음까지 고조되어 왔다. 이러한 생태문제를 최종석은 놓치지 않고, 그의 시편들에서 식물적 상상력으로 확대된 세계관을 보여주고 있다. 적어도 독자가 시를 읽는 목적은 시인의 세계관에서 자기의 세계관을 확충하는 동일성의 갈망으로 연결된다. 그러다 보니 최종석 시인은 새로운 세계를 창조하기 위한 노력의 진작으로 식물적인 정서를 확장하고 있다. 그것은 생명으로의 전이를 꾀하기 위해 마련한 절차이다.

> 급해진 볼일로
> 우연히 들어선 폐도로
> 속도가 끊긴 그곳에는
> 온갖 잡풀이 치솟고
> 작은 짐승들 여기저기서
> 불쑥 몸을 드러내었네
> 무질서가 다시
> 질서를 만들어 가는 곳
> 도덕마저 지워진 곳에
> 시원히 나를 비우고 나니
> 아, 버려진 것들이
> 그토록 아름다울 수 있는가
> 심호흡으로 폐를 열고
> 나 한참을 그곳에
> 그렇게 머물러 있었네
>
> ―「폐(廢)도로에서」 전문

오늘날 생태시는 '생태철학(ecosophy)'보다는 '공생생활(symbiosis, mutualism)'의 지향점으로서 활용하고 있다. 공생생활은 원형적 세계관에 뿌리를 두고 있으며, 모든 자연계가 생명의 근원으로서 공생적 관계에 있음을 드러낸다. 즉, 모든 자연계가 여러 면에서 크고 작은 관계를 이루며 상호간에 서로 이익을 나누고 도움을 주면서 살아가는 현상을 말한다. 이렇게 볼 때, 최종석은 폐도로를 소재로, 자연과 인간간의 화해의 도정을 지향한다. 여기서 시인은 죽음으로 얼룩진 폐도로에서 새로운 생명을 부여코자 노력한다. 욕심을 "비우고 나니", "폐를 열고" 숨을 쉴 수 있었다고 고백한다. 나아가 '비움'이야말로 생명을 일깨우는 작용뿐만 아니라 생명변화의 이미지를 제공하는 요소가됨을 토로하고 있다. 한 개체의 생명이란 단절된 것이 아니라 연속적이기 때문에 어떠한 경우에도 계속성을 가지면서 순환해야 한다는 점을 천명하고 싶은 듯하다.

> 철사가 옥죄어 온 시간
> 그 기나긴 고통 앞에 서면
> 비명도 신음도 끊긴 자리에
> 푸른 절망만이 가득하여라
> 전족을 보고 즐거워하던 이들이
> 또다시 네 몸에 감탄할 때
> 고통과 쾌락은 하나로 뒤엉키고
> 이 불경한 장면 앞에서
> 생명은 더 이상 권리가 아닌
> 분노를 잃은 화석이다
>
> ―「분재」 전문

생태학적 실천을 위해서는 인간이 오랜 시간 동안 자신에 종속된 것으로 여겼던 자연을 그 자체로 인정할 수 있어야 한다. 다시 말하자면, 인간 자신의 이익을 자제하면서 타자를 배려할 줄 알아야 하는 것이다. 생태학적 실천은 인간의 바람직한 행동을 이끄는 윤리적 차원의 문제이다. 최종석의 시는 이런 발상에 가장 근접한 생명력이 식물적인 정서로 옷을 입고 있다. 이 과정에서 그는 존재의 모순성을 절감하며 이 문제를 어떻게 뛰어넘을 수 있을 것인가 하는 내적 갈등을 일으킨다. 철사로 묶인 분재를 중국의 옛 풍습 중의 하나인 전족纏足에 빗대어 표현한 것을 보아도 인간 위주의 삶이 얼마나 자연을 옥죄는지, 그 "불경한 장면 앞에서" 분노하는 시인의 모습이 고스란히 드러난다. 여기에서 '철사'나 '화석'은 모순된 인간 존재의 알레고리로 나타나 '분재'와 배치되고 있다. "비명도 신음도 끊긴 자리에/ 푸른 절망만이 가득"한 현실이 "옥죄어"오는 고통으로 표출되고 있는 것이다. 이처럼 최종석의 시편들은 생태문제의 심각성을 고발하는데 그치지 않고, 식물적 상상력 그 너머로까지 나아가고 있다.

4. 식물적 상상력, 그 너머에서

어둠을 지나야 빛을 볼 수 있듯이, 겨울이 지나야 봄을 볼 수 있다. 인간은 햇살을 그리워하면서 살지만 정작 이와 반대로 어둠을 향하여 의식을 잠재우는 특성을 갖고 있다. 여기서도 최종석 시 속의 식물적 상상력은 의식을 신뢰하는 모순 속에서 헤어 나오지 못하면서도 실상은 허상을 쫓아가는 일에 다름이 없다. 산다는 일의 모두는 허상이고 또 실체를 발견하지도 못하면서 미망을 헤매는 의식세계를 꾸려나가는 이치가 성립된다. 그래서 '겨울'은 최종석의 시편들에서 절대의 지배력을 발휘한다. 의식 혹은 빛이란 의미는 어둠을 뒷받침으로 했을 때, 존재의 근거를 생성할 수 있기 때문이다.

> 지금 너에겐
> 무관심이 필요한 때
> 모든 것 잃어버린
> 너의 가난한 마음과 육체를 위하여
> 긴 침묵이 필요한 때
> 스스로 상실 늪을 지나고
> 죽음의 언덕을 넘어
> 다시 생의 뿌리 뜨거워질 때까지
> 아직은 더 기다려야 하리
> 꽃씨를 품은 겨울의 마음처럼
> 따뜻한 무관심이어야 하리
>
> ―「겨울나기」 전문

겨울이 일 년의 주기를 뜻한다면, 하루의 주기는 밤이다. 밤은 곧 "죽음"이다. 이런 비유가 자연의 원리에 합당한 반면 삶의 도정을 나타내는 상징의 옷을 입힐 때, 의식의 위치를 조감하는 단서를 제공한다. 언어의 에스프리를 동원하여 겨울의 고달픔과 아픔을 연상하는 "가난한 마음과 육체" 속에서 최종석 시인은 "꽃씨를 품은 겨울의 마음처럼/ 따뜻한 무관심"이어야 한다고 역설적인 답을 내놓고 있다. 이는 기다리지 않아도 봄은 꼭 온다는 진리를 확보하고 있는 것이다.

> 그대 기억하시나요?
> 우리 함께 갔던
> 그 겨울의 수목원을
> 시절은 일러, 아직 너무나 일러
> 그 무엇도 꽃 피울 수 없단 걸 알면서도
> 간절함을 꿈꾸는
> 그런 간절함 하나로 찾아간
> 그곳
>
> 하지만
> 봄은 오지 않아
> 우리가 떠난 뒤에도
> 영영 봄은 찾아오지 않아
> 언덕은 무너져 내리고
> 시냇물은 길을 잃고 헤매겠죠
>
> 다만 떠나지 못한 추억만이
> 아직도 파랗게 얼어 있을까요?
> 아파서, 너무 아파서 어쩔 줄 모르는
> 우리의 어긋난 시간만이
> 시린 눈물에 젖어 있을까요?
> ―「그 겨울의 수목원」 전문

절망은 비극이 아니라 자연의 순환이고, 인생에서는 희망의 반대편에 있는 존재의 모습일 뿐이다. 겨울을 지나지 않는 생명은 봄을 모르고 꽃의 의미를 모르는 것처럼, 겨울의 수목원은 부정의 이미지가 아닌 잉태의 생명을 위한 어둠으로 작용하면서 따스한 안주처를 형성하는 공간이 되고 있다. "언덕은 무너져 내리고/ 시냇물은 길을 잃고 헤매겠죠"라고 암담한 내면의 내비치기도 한다. 하지만 시인은 이내 "시절은 일러, 아직 너무나 일러/ 그 무엇도 꽃 피울 수 없단 걸 알"기 때문에 "추억"을 반추한다고 토로한다. 이런 심리적 현상은 삶의 도정에서 얻어진 일상의 아픔들이 침몰하지 않고 다시 일어설 수 있다는 최종석 그만의 저력을 보여준 데 있다고 하겠다. 그는 남의 아픔을 보듬을 줄 아는 휴머니스트, 그리고 시인이기 때문이다.

5. 나가는 길에 - 기발한 시 한 편을 보고

수목원에서 사는 다양한 수목들처럼, 『그 겨울의 수목원』도 다양한 시세계와 시형태를 보여주고 있다. 이들 시편들에는 미시적인 감각보다는 사회적 연대와 공동체적 삶의 경험을 통해 타인의 고통과 화응하는 문학세계를 드러내고 있다. 마지막으로 동물적 상상력을 확대해 나간 최종석의 기발한 시 한 편을 끄집어내 본다.

그물에 걸린 물고기 떼

물고기1물고기2물고기3물고기4물고기5물고기6물고기7물고기8물고기9물고기10물고기11물고기12물고기13물고기14물고기15물고기16물고기17물고기18물고기19물고기20물고기21물고기22물고기23물고기24물고기25물고기26물고기27물고기28물고기29물고기30물고기31물고기32물고기33물고기34물고기35물고기36물고기37물고기38물고기39물고기40물고기41물고기42물고기43물고기44물고기45물고기46물고기47물고기48물고기49물고기50물고기51물고기52물고기53물고기54물고기55물고기56물고기57물고기58물고기59물고기60물고기61물고기62물고기63물고기64물고기65물고기66물고기67물고기68물고기69물고기70물고기71물고기72물고기73물고기74물고기75물고기76물고기77물고기78물고기79물고기80물고기81물고기82물고기83물고기84물고기85물고기86물고기87물고기88물고기89물고기90물고기91물고기92물고기93물고기94물고기95물고기96물고기97물고기98물고기99……

나는 어디에 있는가?
그리고 당신은?

―「정체」 전문

"나는 어디에 있는가?" 이것은 자신의 정체성에 대한 진솔한 물음이다. 세상을 향해 던지는 질문이다. 그렇다면 독자들은 입을 모아 최종석 시인, 그는 그물 밖에 있다고 대답해 줄 것이다. 최종석 시인은 인간의 바다에서 정체성(identity)을 잃고 헤매다 그물에 걸린, 범배凡輩에 속하지 않기 때문이다. 우리는 시집 『그 겨울의 수목원』에서 그의 남다른 존재감을 엿보지 않았는가.

이번엔 최종석 시인이 애독자들을 향해 "그리고 당신은?" 하고 질문을 던진다. 그렇다면 우리는 모두 그물 밖에 있다고 대답할 것이다. 독자들이 세류世流에 휩쓸려 그물에 걸린 물고기가 아니기를 바라는 그의 마음이, 시「정체」에 녹아있기 때문이다. 그는 인간과 자연을 따듯하게 보듬을 줄 아는 천생 시인이 아닌가.

느림의 미학, 그리고 시의 행로

— 홍순선의 시세계

1. 시를 위한 프롤로그

　홍순선 시인이 희년稀年에 이르러 내놓은 첫 시집 『연분홍빛 파안破顔』에서는 그가 삶에서 느낀 감수성이 현실적인 근거 위에서 정서의 숲을 펼치고 있다. 끝내 조급해하지 않고 느림의 미학을 추구해 온 그의 천성처럼 『연분홍빛 파안破顔』은 또 하나의 쉼표를 독자들에게 선사한다. 그 자신의 심성이 현재성에 닿아 있기에, 정직한 시적 행보는 현실의 안주를 거부하고 내면의 아름다움을 추구하는 심적 탐색을 지향한다.
　시에는 시적 장치가 내장되어야 하고 거기에 철학적인 사색과 의미의 미감이 어우러져야 한다. 『연분홍빛 파안破顔』에서는 시인이 본 풍경과 대상들이 외부에서 겉돌기보다는 내부로 들어와 그 자신이 사유의 주체가 되고 있다. 이에 시인은 그의 내면의식에 포착된 감성과 사유의 추이를 보다 심층적으로 접근하여 끝없는 질문과 해답을 용해하는 철학의 마당을 열어 보이고 있다.
　깊고 넉넉한 시적詩的 수원지에서 번득이는 투명한 물빛 언어. 그것은 『연분홍빛 파안破顔』에서 좋은 관계를 이루려는 소통의 기표로 활용되어 사람과 사람, 사람과 자연이 더불어 살아가는 화해의 세계를 추구한다. 이런 형상은 생의 참된 의미를 아는 사람만이 빚어낼 수 있는 것일 게다. 그래서 『연분홍빛 파안破顔』에는 순수하고 투명한 생활인이 빚어낸, 진솔하게 살아온 일생이 녹아 있어 그 시적 수원지는 보다 조요照耀하다.

2. 정신의 안주처와 시적 장치

한 권의 작품집에는 시인의 삶이 투영되기 마련이다. 특히 시는 자기 고백이라는 형태를 벗어날 수 없다. 다시 말해 상징과 비유라는 옷을 입혀서 은근히 감춘다 하더라도 시의 내면을 들여다보면 어느새 우리는 시인의 인생도人生圖를 만나게 된다. 이 같은 정신 지리는 결국 시인이 살아온 삶의 궤적이고, 과거와 미래까지도 일별一瞥할 수 있다는 점에서 정신의 흐름을 엿보게 되는 셈이다. 홍순선의 시편들에서는 시적 화자가 사물을 안으로 받아들이려는 숙고의 태도를 보인다. 사물 자체를 확대하기보다는 축소시켜 소중하게 간직하려는 섬세함으로, 시적 정조情調는 요란스럽지 않고 은근함이 묻어나기까지 하다. 이러한 시 정신은 대체로 『연분홍빛 파안破顏』의 제1부 '사람과 사람 사이'에서 엿볼 수 있다. 먼저 그의 데뷔작인 「그림자」와 「아름다운 동행」을 만나본다.

    강렬한 빛이 그대 머리 위에 내리비칠 때는
    나 그대와 한 몸이 됩니다
    그땐 그대의 단아한 모습, 아름다운 마음씨까지도
    고스란히 옮겨 받고 싶습니다
    우리는 서로의 목숨과도 같은 것
    난 그대의 영혼 그 자체가 되고 싶습니다

    먼 훗날
    그대가 나를 영영 버리는 날 올지라도
    한사코 그대 곁을 떠나지 않을 겁니다
                                     —「그림자」부분

    아내는 남편이 집안의 기둥이라서
    남편이 하는 말이라면
    "아! 네!" 하며 두말없이 따르고
    행복이 달아날세라 늘 마음 졸이건만

남편은 가장이라는 영절스러운 핑계로
　　　아내가 하는 말엔
　　　같은 편이 아닌 남의 편인 양
　　　자주 퉁명을 놓아 아내를 힘들게 하였네

　　　얼굴에 파인 주름만큼이나 회한이 깊어도
　　　이제는 돌이킬 수 없지만, 여백餘白에서는
　　　두말없는 "아! 네!"에 대하여
　　　토 달지 않는 같은 편이 되어
　　　오늘, 내일도 머~언 그날까지도
　　　수없는 마음의 빛을 삶의 행간에 새기려네
　　　아름다운 동행을 위하여

　　　　　　　　　　　　　　　ー「아름다운 동행」부분

「그림자」에서는 '그림자=나'이다. 그리고 '그대=아내'이다. "그대의 단아한 모습, 아름다운 마음씨"라는 데에서 "그대"가 바로 '아내'라는 사실이 감지된다. 여기에서 시적 화자는 "그대"의 그림자로서 존재하기를 염원한다. 나아가 영원히 "그대 곁을 떠나지 않을" 그림자로 남기 위해 "강렬한 빛" 속에서 "한 몸"을 이루려는 이미지를 확장하고 있다. 이것은 '아내는 남편의 그림자이자 보조자'란 인식을 깨는 반전이기도 하다.

반면 「아름다운 동행」에서는 오늘날의 통념대로 살아왔던 부부상을 드러내 보인다. 남편은 "집안의 기둥"이라서 아내는 "두말없이" 따르고, 그런 아내에게 남편은 "남의 편인 양/ 자주 퉁명을 놓아 아내를 힘들게" 하였음을 토로하면서 반성의 자세를 취한다. 이어서 "아름다운 동행"을 위해 "같은 편"이 되겠다는 의지를 보여주는데, 이는 시적 화자가 생의 언저리를 배회하지 않고 아내와 하나 되기 위한 작업을 수행하려는 태도라고 할 것이다.

「그림자」와「아름다운 동행」에서 드러나듯『연분홍빛 파안破顔』에서는 부부의 정뿐만 아니라 혈육의 정이 듬뿍 묻어 있다. 정이라는 개념에는 인간관계를 나타내는 범주 속에 있는데, 어떻게 소화하고 유지하는가의 여부에 따라 인간관계의 농도를 가늠하게 된다. 시「어머니」에서는 찔레꽃의 "깔밋한 다섯 갈래 하얀 꽃잎" 속에서 아련한 "어머니의 모습"을 그리는 양상이다. 그리고 시「아버지」에서는 "채 돌이 안 된 아들을 꼭 껴안고 사래 긴 수수밭을 보여주셨다는" 아버지를 그리움으로 드러낸다. 이렇게 회고조의 형태를 나타내는 이유는 시인의 지긋한 나이와 무관하지 않다. 나이의 깊음은 살아온 생의 굴곡을 뒤돌아보는 함량이 더욱 많아질 수밖에 없기 때문이다.

3. 색감으로 드러낸 온화한 정감

색감은 마음의 언어라고 한다. 색감은 마음을 나타낸다는 점에서 심리적이다. 그것은 인간의 마음을 반영하는 심리적인 현상을 드러내기 때문이다. 물론 색채의 영향은 시기에 따라 혹은 감정의 변화에 따라 달라지는 경향을 띤다. 홍순선의 경우는 첫 시집 표제에 "연분홍빛"을 대입함으로써 따스하고 온화한 정감을 갈망하는 심리상태를 나타낸다. 이런 징후는 다음 시로도 확인된다.

청산에 드러누울
온전한 생을 꿈꾸면서
먹성이 까다롭지 않아
몸피를 마냥 불렸더니
그예, 주목을 받고 말았네

찬찬히 살핌을 당한 뒤
섬뜩하여 정신을 잃었는데
부처님 말씀이 들어와
살과 뼈의 마디마디에서
팔만대장경이 탄생하였네

몸은 죽었어도 얼은 천년을 살아서

봄이 오면 청산을 주섬주섬 집어 드는
후예들, 연분홍빛 파안破顔이 화사하네

―「산벚나무」전문

> 혼자 웃어서
> 세상이 달라지겠냐는 의심을 버리자
> 내가 웃고 네가 같이 웃으면
> 웃음은 불꽃처럼 번져
> 끝내 세상은 기쁨으로 가득 차리
>
> ―「꽃등」 부분

「산벚나무」에서는 '산벚나무'에 인격을 부여하고 있다. 1연은 "먹성" 좋고 "몸피" 좋은 산벚나무가 팔만대장경의 경판 목재로 선택되는 과정을 보여준다. 2연에서는 "살과 뼈의 마디마디"에 "부처님 말씀"이 새겨질 때 "정신"마저 혼미할 정도로 고통이 수반됨을 내밀화한다. 3연에서는 팔만대장경이 탄생되기까지 "몸"은 죽었지만, "얼"은 살아 지금까지 "천년"을 이어져오고 있음을 설파하고 있다. 시인은 여기에서 "죽었어도"라는 시어를 통해 '죽음'과 '겨울'을 상징하는 검정 색감을 칠해 놓고는, 이렇게 끝낼 마음은 조금도 없는 듯하다. 그렇다고 유채색의 화려한 장면을 연출하지는 않는다. 그가 마지막 연에서 봄을 불러내고 나서 화사한 연분홍빛 색감을 입혀 놓은 걸 보면.

시인이 추구하는 따스한 정서의 색감은 시 「꽃등」에 와서 더욱 확연해진다. 시적 화자는 "내가 웃고 네가 같이 웃으면/ 웃음은 불꽃처럼 번져"가는 세상이 되리라는 걸 확신한다. 여기에서는 시어 "웃음"에 "불꽃"을 덧대어 따뜻한 이미지를 색칠해 놓았다. "같이" 웃어 주면 "기쁨으로 가득" 찬 세상이 만들어진다는 부분에서 따뜻한 휴머니티(humanity)까지 돋보인다.

이처럼 자기중심적인 자아가 죽고 더 큰 존재로 거듭나지 않으면 '산벚나무'가 "연분홍빛" 꽃으로 다시 피어나 웃음을 터뜨릴 수 없다. 여기에는 팔만대장경 탄생을 위해 뼈대와 틀이 된 '산벚나무'가 있었기에 가능했다. 「꽃등」에서는 "내가" 먼저 웃어야 함께 웃는 세상을 이루어 나갈 수 있다고 강조한다. 이는 『연분홍빛 파안破顔』에 녹아져 있는 시편들이 일관된 온기와 따뜻한 색감을 나타낸다는 점에서 정감의 일치, 즉 아이덴티티(identity)라는 형태를 취하고 있다고 하겠다. 이 같은 양상은 시 「죽은 나무」에서도 드러나는데,

"이 땅 위에, 죽음이 없다면/ 어찌 삶을 이야기할 수 있으랴" 하고 노래한 부분에서 엿볼 수 있다.

4. '물'을 끌어들인 변용의 정서

시에는 일정한 이미지의 전달 수단이 마련되기 마련이다. 그것은 물이거나 바람, 그리고 구름 등의 이미지에서 정서를 이동하는 역할을 수행할 때인데, 홍순선의 시에서는 물이 주요한 기능을 담당하고 있다. 노자老子는 『도덕경道德經』 8장에서 '상선약수上善若水'라는 말로 인간이 살아가는 최선의 길을 천명했다. 물은 자기의 의지를 고집하지 않고 모든 사물과 동화되는 점에서 인간의 지표가 되기 때문이다. 이에 홍순선도 물을 가슴으로 끌어들여 다시 변용하는 절차를 수행한다.

  물은 높은 자리를 싫어합니다
  겸손이 몸에 배어서겠지요
  가만히 있지를 못합니다
  부지런함이 몸에 배어서겠지요

  좁고 얕은 곳에 머물기를 주저합니다
  우금이나 여울을 만나면
  숨결이 가빠지며 탄성灘聲을 지르지만
  기꺼이 서로 의지하며 함께 갑니다
  넉넉한 품을 가졌기 때문이겠지요

  물은 겸손과 부지런함이 천성이어서
  저도 모르는 사이에 점점 부자가 되어 가지만
  훗날, 몸이 무겁고 마음이 어지러워지면
  미련 없이 초심으로 돌아가
  다시금 맹물이 됩니다

              ─「맹물」 전문

환하게 웃는 달이 가슴을 파고들어
잠시 눈을 감아보니
여태껏, 먼 길을
주먹 한번 오금 한번 못 펴고
구름에 갇힌 달처럼 살아왔네

가슴에 들어왔던 달이 빠져나가
제 갈 길 가면서 일러주네
강물을 보라 하네
물 흐르듯 살라 하네

―「구름에 갇힌 달」 부분

「맹물」에서는 시적 상상력이 인간의 보편적 삶의 음영을 확장해간다. "높은 자리를 싫어"하고 "좁고 얕은 곳에 머물기를 주저"하는 삶이란 범인凡人으로서는 어려운 일이다. 그러나 시적 화자는 "물"에서 "겸손"을 배우고 "부지런함"을 배워 "함께"할 줄 아는 "넉넉"함을 덤으로 얻기까지 한다. 훗날 "겸손과 부지런함"의 속성으로 "부자"가 될 수는 있을지라도 "몸이 무겁고 마음이 어지러워지"는 삶은 절대로 용납하지 않겠다는 의지를 보인다. 그것은 "미련 없이 초심으로 돌아가/ 다시금 맹물이" 되겠다는 데에서 드러나는데, 이처럼 홍순선의 의식은 낮추는 데에서 자기를 발견하는 삶의 좌표를 스스로 설정하고 있음이 확인된다.

반면 「구름에 갇힌 달」에서는 "달"이라는 '객관적 상관물'을 통해 시인의 감정이 이입되고 있다. 시적 화자는 지금까지 "주먹 한번 오금 한번" 펴지 못하고 열심히 살아온 생활인이었고, "구름에 갇힌 달처럼" 일터에서 충실한 직장이었음을 토로하고 있다. 그래서인지 시적 화자의 가슴에 들어왔던 "달"은 그리 무심하지 않다. 시적 화자에게 "물 흐르듯 살라"는, 삶의 좌표를 일러주고 빠져나가는 것을 보면.

이처럼 홍순선에게 "물"은 무위자연의 모습으로, 낮은 곳에서 남과 다투지 않고 더불어 살아가는 삶을 추구하고 있다. 그래서 그는 「강물이 되고 싶어」에서도 밝혔듯이 "오롯하고 한결같은 낮춤의 순리로/ 마침표 없는 종점"을 준비하고 있는지 모를 일이다. 물은 단절되지 않고 연속적이기 때문에 어떠한 경우에도 계속성을 가지면서 순환하게 된다. 물은 용해를 근간으로 하여 변용되어가는 창조의 또 다른 의미라는 점에서 정신 영역을 확대한 시적 소산으로 남을 수 있을 것이다. 그만큼 물은 상상력을 촉발하는 이유를 더하여 무한한 창조를 낳을 수 있기 때문이다.

5. 따뜻한 시선, 그리고 물활적物活的 생명력

홍순선 시인이 세월의 켜를 조망하는 시선은 다양하다. 그는 사물의 모습을 물활적物活的인 형태로써 생명력을 획득하는 영감靈感의 소유자이다. 시적 대상을 새롭게 해석하는 안목을 가졌기에 그는 우주의 미세한 숨소리를 내면으로 재해석한다. 구조물 앞에서도 미묘한 인간의 대화를 복원하고 거대한 자연의 소리까지 듣는다. 시인의 촉수는 항상 열려 있고 또 귀를 열어 놓아 생명의 호흡소리를 감지한다. 이런 조건은 시인의 삶이 반영되는 체험의 요소와 상상력으로 빚게 되는 요소의 결합에서 새로운 세계를 창조하기 때문이다. 이는 살아온 생애의 호흡과 사물과의 결합이 시인의 주관으로 옮겨진 결과로써 시의 이미지와 연결된다. 시인이 선택하는 이미지는 항상 자의적이고 주관적인 의도에 좌우되기 마련이다. 시인이 어떤 정서를 선택하는가는 전적으로 시인의 경험과 삶의 이력이 복합적으로 작용하면서 시의 품격을 이루게 되는 것이다.

이 바보야
어찌하여 그곳에서 꿈적도 안 하냐
덥거나 추울 때는 자리라도 옮겨보고
눈보라 모진 바람엔 웅크릴 줄도 알아야지

이 얼간아
표정이 왜 그리도 무덤덤하냐
누군가 알림 쪽지로 도배질하면 언짢은 내색도 하고
주정뱅이 오줌 세례엔 얼굴 붉히며 성깔도 부려야지

이 미련곰탱아
제 몸 하나 추스르기도 힘든 세상에
거미줄처럼 얽힌 끈을 줄줄이 부여잡고
식솔 많은 가장인 양 홀로 힘겨워하냐

너의 희생이 불야성을 이루고
모두 그 속에서 낙락하지만
남을 위해 나를 버리는 아름다운 쇠고집
그 우직한 미더움을 태산과 바꿀까

앞으로도 주~욱 그렇게 살 거냐?
'……'
역시 가타부타 말이 없구나

—「전봇대」전문

자정 무렵 밤손님 행색이 다가와
주먹만 한 앙심을 움켜쥐고
한참을 망설이는데 가로등이 등을 떠민다
내가 가슴을 쓸어내리는 것도 모르고
… 중략 …
사그랑이 옷섶에 이는 보풀 같은 나날
참을 수 없는 단조로움이 녹록지 만은 않으나
당백의 보람에 목울대 가파르다
화수분에 더하여 정년도 없는 이 일을
일자리 찾아 헤매는 젊은이들에게
뭉텅 떼어주고 싶다

—「나는 CCTV」부분

「전봇대」에서는 "바보", "얼간이", "미련곰탱이" 등 약삭빠르지 못한 현대인의 군상群像들이 나열되고 있다. 인류문화에 혁명을 가져다 준 전봇대는 언제부터인가 천덕꾸러기로 전락한 감도 없지 않다. 그러다 보니 도시경관 조성을 위해 전선지중화 사업이 이루어지고는 있지만, 아직도 도로변이나 집 앞에 묵묵히 서서 자기들의 소임을 다하고 있는 전봇대가 시인의 시선에 포착된 양상이다. 시인은 전봇대를 "덥거나 추울 때"도 제자리를 지키는 "바보", "주정뱅이 오줌 세례"에도 "무덤덤"한 "얼간이", 그리고 "거미줄처럼 얽힌 끈"처럼 많은 "식솔"까지도 "줄줄이 부여잡고"사는 "미련곰탱이"로 형상화하였다. 여기에는 전봇대가 바로 시인이라는 등식이 가능해진다. 그는 전봇대처럼 "남을 위해 나를 버리는 아름다운 쇠고집"을 지닌 사람으로 살아가려고 한다. 그래야 앞으로도 "그 우직한 미더움을 태산"과도 바꾸지 않을 테니까.

구조물의 명칭을 제목으로 내세운 시편 중, 「전봇대」와는 반대로 「나는 CCTV」는 시인 스스로 주체가 된다. 여기에서 사회 문제를 다루는 것은 그의 시 정신이 번뜩이고 있기 때문이다. "자정 무렵"의 밤도둑이 도둑질을 포기하고 돌아가는 모습을 보고 "가슴을 쓸어내리는", "CCTV"의 모습에서 시인의 따뜻한 심성이 엿보인다. 무엇보다도 오늘날 사회문제로 대두되고 있는 '청년 일자리' 문제를 시인은 놓치지 않고 있다. "일자리 찾아 헤매는 젊은이들에게" 자리를 내어주고 싶은 마음이 녹아져, 구조물인 CCTV에 따뜻한 이미지를 부여한 것은 기발한 착상이라고 할 수 있다.

시인이 사물을 바라보는 눈은 예리하고 섬세하다. 생명이 없는 사물에서 생명이 있는 형태로 움직임을 만드는 창조에 이르기 위해 시인의 눈은 항상 열려 있다. 차가운 구조물이 따뜻한 이미지로 변신되는 것은 시인 자신이 따뜻한 사람임을 반증하는 예라고 할 수 있다. 이처럼 구조물까지도 가슴으로 끌어들여 자기화를 이루려는 시인의 노력은 시 「피뢰침」에서도 엿볼 수 있는데, 피뢰침이 "외모와는 다르게 너른 품을 가져/ 혼자의 힘으로 주변을 감싼다"고 노래한 부분이다. 사회문제를 함께 풀어가려는 정신은 곧 현실에서 살고 또 살아가는 사람들이 지녀야 할 발성이다. 시는 곧 정신이기에 홍순선의 시편들 속에는 생명을 부여받은 구조물들이 따뜻한 체현의 몸짓을 내비치고 있는 것이다.

6. 시를 위한 에필로그

홍순선의 시심詩心은 느긋하다. 느린 것에는 미학이 있다. 『연분홍빛 파안

『破顔』에는 천천히 자신을 돌아보는 삶 속에서 빚어낸 철학적인 명상이 현재에 닿아 있다. 홍 시인에게 시詩는 오늘날 살아가는 정신의 줄기이면서 과거와 현실이 분리되는 게 아니라 하나로 연결된 줄과 같은 기능을 수행한다. 그래서 단순한 회상구조의 작용이 아니라 현실을 생동감으로 채울 수 있는 역할을 담당한다. 그는 인간에서부터 자연, 그리고 하찮은 구조물에 이르기까지 광범한 영역에서 그 존재를 조망하여 어떻게 살아가는 것이 인간의 참된 길인가를 깨우치는 방편으로 활용한다. 그래서 육화肉化된 사물들은 인간의 다감한 호흡이 머물 수 있는 친근미를 주고 있다. 그것은 독자들이 『연분홍빛 파안破顔』과 따뜻한 체온을 나눌 수 있는 이유이기도 하다.

 문학으로 삶의 텃밭을 가꾸어나가는 홍순선 시인의 문학적 도정이 더 넓은 세계에 가닿길 바라면서, 마지막으로 그의 시편들 속에서 역사의식이 담긴 「獨島」를 소개한다.

> 솟는 태양을
> 가장 먼저 반기는
> 울릉도의 아우 우리 막내야!
> 풍진 세상을 만난 시름이
> 검푸른 바다 속만큼이나 깊어
> 파도에라도 떠밀려서 뭍으로 다가오고 싶겠지
>
> 東島, 西島
> 괭이갈매기야!
> 하늘로 바다고 뚫린 만리경으로
> 불순한 무리 넘보지 못하게
> 촘촘히 지켜 내야지
> 너는 삼천리강토의 첨병이 아니더냐
>
> 대나무 그림자도 살지 않는 섬에
> 얼토당토아니한 竹島라니
> 침략근성 못 버려 竹刀로 착각했나
>
> 팔천만 형형한 눈빛으로 동해를 밝히고

육지와 울릉도와 너를 잇는
마음의 연륙교를 놓아야겠다
불마不磨의 명품으로!

― 「獨島」 전문

소통의 편린

---- 심상대의 작품세계

1. 작가 심상대에 대한 단상

심상대 만큼 문학을 위해 치열하게 살아온 작가도 드물 것이다. 그는 1976년 고등학교 2학년 때부터 15년간 신춘문예에 40여 회 응모와 낙선이라는 과정을 거쳤다. 1990년 심상대는 그동안 문학 수련의 장場이었던 신춘문예에 종지부를 찍고, 『세계의 문학』 봄호에 「묘사총」, 「묵호를 아는가」, 「수채화 감상」 등 세 편의 작품을 발표하면서 정식으로 문단에 얼굴을 내밀었다.

그리고 같은 해에 11편의 중·단편을 모아 첫 창작집 『묵호를 아는가』를 출간했다. 여기에서 그는 '묵호'라는 지명을 그대로 드러내었는가 하면, '아는가'하고 짐짓 도도한 어조로 독자들에게 다가갔다. 이와 같이 봇물 터지듯 쏟아내 놓은 작품 뒤엔 피가 맺히도록 소설을 고치고 고친 그의 문학 이력이 있었음을 우린 간과할 수 없다.

심상대는 『묵호를 아는가』(민음사, 1990.) 이후, 『사랑과 인생에 관한 여덟 편의 소설』(명경, 1998.), 『늑대와의 인터뷰』(솔, 1999.), 『떨림』(문학동네, 2000.), 『심미주의자』(생각의 나무, 2001.), 『명옥헌』(문학동네, 2001.), 『망월』(생각의 나무, 2005.)을 발표했다. 그리고 2006년엔 산문집 『갈등하는 신』(생각의 나무, 2006.), 『탁족도 앞에서』(북인, 2006.)를 낸 후, 침잠하고 있다. 그의 침묵은 문학적 정체停滯현상이 아니다. 또한 소설가로서의 임무 방기는 더더욱 아니라고 본다. 지금도 그가 문학을 위해 고련苦鍊하고 있음을 그의 약력에서 찾아볼 수 있기 때문이다. 심상대는 서울예전 1년 수료라는 학력에 이어, 2002년 마흔이 넘은 나이로 상지영서대 문예창작과 2학년에 편입을 했다. 그리고 다시 고려대 고고미술사학과에서 수학을 한 후, 지금은 고려대 대학원 문예창작과에 재학 중이다. 심상대의 이러한 행보로 알 수 있는 것은, 그 스스로가 퇴보를 용납지 않는 문학정신의 소유자라는 사실이다. 그럼으로 그의 끊임없는 탐구와 수련은 결코 독자들의 기대를 저버리지 않으리라는 믿음을 주는 것이다.

심상대의 탐구정신은 산문집 『갈등하는 신』의 '작가의 말' 중에서도 드러난다. 그는, "하고많은 직업 가운데 구태여 소설가를 목적으로 한 까닭은 운명이 아니라면 모험심 탓"일 거라고 밝혔다. 모험도 마다 않는 탐구정신은 그로 하여금 다양한 화제의 샘을 창출하는 소유자로 만들었고, 이문열이 『망월』의 발문에서 밝힌 바대로, "다양한 주제를 다양한 방식으로 이야기하는 재능"의 소유자로 끌어내었다고 볼 수 있다.

다양한 주제를 담으려면 공간 또한 다양해질 수밖에 없다. 공간은 시간과 맞물려 돌아가는 사건의 장이며, 또한 표면적인 작품의 주제 분석에서 볼 수 없었던 작품의 문학성을 보여주기도 한다. 이에 따라 이 글은, 먼저 『묵호를 아는가』, 『망월』, 『사랑과 인생에 관한 여섯 편의 소설』이 차지하는 문학적 공간에 초점을 맞추어 보았다. 『묵호를 아는가』의 문학적 공간은 그의 '고향'으로 나타나고 있으며, 이것은 바로 자연으로 이어지고 있다. 그리고 『망월』은 '부악문원' 시절에 창작한 작품집으로 소설가로서의 삶이 녹아져 있고, 『사랑과 인생에 관한 여섯 편의 소설』은 기존 '에로티시즘 소설'의 기법에서 벗어난 작품집이라는 데서 차별화 된다. 그러므로 이 세 작품은 저마다 다른 공간에서 다양한 주제를 갖고 독자들을 만났으리라 생각된다.

2. 자연공간 속에서 일구어 낸 토착의 세계

심상대 문학의 소통 공간 중에서 단연 돋보이는 공간은 그가 첫 작품집의 제명에서 드러낸 '묵호'이다. 묵호는 심상대의 성장지로서, 그는 바다가 바라다보이는 곳에서 어린 시절과 소년시절을 보냈다. 그런 만큼 묵호는 그의 고향과 진배없는 공간이다. 그의 문학이 토착세계에 대한 깊은 애정을 기반으로 하고 있는 것도 이런 연유에서 살펴볼 수 있다.

심상대는 『묵호를 아는가』의 후기에서 자신의 글쓰기를 농부에 비유하였다. 농부인 "할아버지의 그 시퍼런 성실함을 배우려는, 그런 마음에서 비롯"

된 글쓰기가 "문학다운 문학, 나아진 문학을 일구어" 사랑과 인간을 거두어 들일 것이라고 천명하고 있다. 따라서 그의 문학의 텃밭이 바로 고향에 있다 보니, 그의 작품 속에서 차지하는 공간은 자연친화적일 수밖에 없다. 이런 까닭으로「묵호를 아는가」에 수록된 11편의 작품에서는 거개가 자연 공간이 배경을 이루며 반도회적인 입장을 드러내고 있다.

> 산과 산이 사방팔방을 겹겹이 에워싸고 있다. 보이는 것은 숲과 바위 투성이 산이 전부다. 묏부리에 걸린 맷방석만한 하늘은 저 멀리 까마득하다. 그 밖에는 어디를 둘러봐도 트인 곳이 없다. 깊고 깊은 골짜기와 깎아지른 벼랑이 있을 뿐이다.
> (「묘사총」, 11쪽.)

> "나물이 실히 나겠어. 한바탕 비가 훑고 지나가면 곧 고사리가 나겠지. 그 왜 자네도 생각나지? 그 찔레골 너덜겅에 고사리밭을"
> (「나무꾼의 뜻」, 272쪽.)

> 마을이 끝나고 산문에 이르자 느개가 흐르기 시작했다. 미세한 물방울 알갱이로 촘촘하고 탄탄하게 짜인 장막이 산기슭을 휩쌌고, 푸릉푸릉 달아나는 작은 산새 소리가 장막 뒤 솔숲에서 들려왔다.
> (「강」, 27쪽.)

> 바다. 한 잔의 소주와 같은 바다였다.
> 눈두덩에서 짓까부는 햇살 때문에 잠에서 깨어났다. 커튼을 걷어내자 차창 밖으로 바다가 보였다. 바람에 출렁이는 파르스름한 겨울 바다였다. 아아, 묵호로구나. 기지개를 켰다. 으으으음. 하품.
> (「묵호를 아는가」, 96쪽.)

> 하지만 변화가 거리에 나설 때면 병돌씨는 언제나 바짝 긴장하지 않을 수 없었다. 서울에는 아직도 병돌씨를 당황케 하는 것이 부지기수였다.
> (「병돌씨의 어느 날」, 57쪽.)

> 회복씨는, 발 아래 펼쳐진 불빛 휘황찬란한 수도 서울을 향해 오줌

줄기를 철철 내휘두르며 이렇게 외쳤다.
"이놈들아! 에라이 이놈들아! 내 오줌이나 받아라!"
(「회복씨의 부동산」, 184쪽.)

『묵호를 아는가』에서 토착세계를 향한 심상대의 작가적 자세로는 먼저 도시적인 생활 풍경과는 인연이 없는 철저히 폐쇄적인 공간에 상황을 설정한 「묵호를 아는가」, 「강」, 「양풍전」 등에서는 항구나 강 등이 이런 인물들의 주된 활동 무대가 된다. 도시적인 삶의 양식에서 완전히 소외된 이런 폐쇄적인 공간에 사는 토착적 인간들은 참담한 절망과 혼란이 뒤범벅된 비참한 상황에 처할지라도, 그들은 하나 같이 그 공간에서 탈출하려는 뜻을 전혀 나타내지 않는다.

예컨대, 「묘사총」에서는 '사내'의 이웃에 살고 있는 절뚝발이 늙은이의 어린 딸이 뱀에게, 아내는 산코양이에게 목숨을 잃고 마는 처참한 환경까지 설정해 놓았다. 이런 상황 속에서 '계집'의 배를 더듬던 '사내'가 한 생명의 첫 발길질을 감지하고 환희의 소리를 지르는 장면이 연출되면서, 작가는 결미에서 이를 "사람의 소리였다."(26쪽)고 고백하고 있다. 그리고 「나무꾼의 뜻」 또한 "오래오래 그 산골짜기 오막살이집에서"(286쪽)사는 것으로 대단원의 막을 내리는데, 여기에서는 토착세계를 지키려는 작가의 의중이 뚜렷이 나타난 부분이라고 할 것이다.

그리고 또 하나는 도회지가 배경이 되거나 반도회적 인물이 설정되는 경우이다. 여기에는 토착세계를 지향하는 인물들을 그려내고 있는데, 「병돌씨의 어느 날」과 같은 작품은 도회지가 배경이 되면서도 그 속에 토착적 인간상이 등장하는 경우이다. 서울 생활이지만, '재래식 변소가 편한' 병돌씨는 전동차가 정거할 때 쇠바퀴와 레일이 마찰하며 풍기는 냄새마저도 고향에서 맡던 가재 굽는 냄새로 인식한다. 이럴 때마다 병돌씨는, "잠시나마 서울을 떠나"(p.58.) 고향 생각에 젖을 정도로 반도회적 입장에 선다. 또한 「회복씨의 부동산」 등과 같이 도시의 소용돌이에 지치고 시달린 사람들을 그려낸 작품도 있는데, 여기에서는 토착의 세계가 꿈으로 형상화 된다. 회복씨는 "고향집에서 오이 따는 꿈도 꾸고, 형님이랑 누님이랑 터밭에서 옥수수 따는 꿈도 꾸고, 바닷물이 안 보일 정도로 시뻘겋게 몰려든 오징어 떼에 허둥대기도"(p.182.)하는 꿈을 자주 꾸는 것이다. 이렇게 작가는 토착의 세계를 지향하면서, 인간 본래의 선의가 살아 숨쉬는 자연을 문학적 공간으로 소통하고 있다.

『묵호를 아는가』의 중심적 관심사가 토착세계 쪽에 있다 보니, 이 작품집 속에서 소통되는 편린들 속에는 반도회적인 인물이 다반사로 등장한다. 토착의 세계를 지향하는 그들의 지향점은 자연이다. 자연공간은 바로 인간의 근원인 '고향'과 연결되는데, 이는 작가가 『묵호를 아는가』를 발표하면서 밝힌 문학정신에서 비롯되었다고 본다. 작가가 고향을 문학의 버팀목으로서 소중하게 여기고 있음을 우린 그의 문학세계를 통해서 인지할 수 있기 때문이다. 뿐만 아니라『묵호를 아는가』에 일관되게 흐르는 토착의 세계에는 소외된 사람에 대한 관심과 자연 속에서 때 묻지 않은 삶을 살아가는 사람들에 대한 애정이 함께 녹아져 있다.

3. 생활공간 속에서 일치되는 문학

작가가 문학 작품에서 현실을 다루는 방식은 직접적이든 간접적이든 다양하다. 비중의 크고 작음의 문제는 있을지 몰라도 현실에 대한 인식이 없는 작품이란 없는 것인지도 모른다. 어떤 식으로든지 작품 속엔 현실이 투영되기 마련이고, 작가 나름의 시대정신 또한 작품 이면에 담기게 마련이다. 그래서 한 작가나 작품을 평가할 때, 그 작품에 현실이 담겨 있느냐 없느냐의 문제를 따지는 것보다는, 그 작품이 어떤 방식으로 현실을 다루고 있느냐를 따지는 것이 올바른 일일 것이다.

심상대 또한 소설가로서 현실에 부대끼고 현실을 극복하려고 안간힘을 쓴 전업 작가임엔 틀림없다. 소설가로서의 애환이 그의 작품집『망월』에 다분히 묻어 있기 때문이다. 이 소설집은 모두 1999년 1년 동안 부악문원負岳文院 숙생塾生시절에 쓴 작품으로 11편의 단편이 수록되어 있다.

> 방문객의 말이 길어진 것도 그 이유의 하나였겠지만, 손질하고 있던 단편소설만이 아니라 하룻밤 동안에 써내야 할 일주일치 연재소설에

대한 태산 같은 걱정이 내 무의식에서 작용하고 있었던 모양이었다.

(「방문객」, 49쪽.)

계획대로 돈가방을 들고 이 가난한 소설가의 방으로 돌아온다면 당분간은 열악한 재무구조로부터 벗어나 소설창작에 전념할 수 있을 것이다. … 중략 … 이렇게 허덕대며 사느니 차라리 은행을 털다 요절한 천재 소설가로 기억되고 싶다는 게 결론이다.

(「문학을 향해 쏴라」, 114-115쪽.)

"선생님, 글쓰는 것도 타고나는 것 같애요. 왜냐면 그런 걸 그냥 문학적으로 구체화시킨다고해서 그게 글이 되는 건 아닌 것 같애요. 글이나 연기나 인간이 느껴져야 하는 문제 같은 거 있잖아요. 정서 같은 거 ……."

(「늑대와의 인터뷰」, 163쪽.)

내가 오늘날 소설 비슷한 걸 쓰고, 또 그 소설 창작이라는 행위를 귀하고 아름답게 여겨 문학도로서의 자존심을 지켜 나가는 저간의 힘은 아마 그분들의 애정과 그분들로부터 물려받은 낭만적 품성 때문이리라 여겨진다.

(「할머니께 올리는 감사」, 232쪽.)

곧 새소리도 그치고 천지간엔 소설과 나만이 남게 될 것이다. 어쩔 수 없는 일이다. 발가사 그 짓이 아무리 힘들고 서럽더라도 죽기보다 더할 리야 없었다. 소설을 쓴다는 일을 삶의 유희든가. 아니면 일신우일신을 목적으로 한 수행의 일종이라 여기던 지난 시절의 각오로 그 앞에 앉아 밤새 흐느껴야 할 일이었다.

(「소설쓰기의 괴로움」, 286쪽.)

작가는 『망월』에서 소설가들의 생활을 면면히 보여주고 있다. 먼저 「방문객」에서는 소설가가 하는 일이, 이미 써놓은 단편소설을 손질하는 일뿐만 아니라 일주일치 연재소설을 밤새 써내야 하는 힘든 작업임을 드러내 보이고 있다. 이러한 작업에도 불구하고 소설가의 생활은 기본적인 의식주마저 해결할 수 없음을 토로하는데, 「문학을 향해 쏴라」에서는 "이렇게 허덕대며 사느니 차라리 은행을 털다 요절한 천재 소설가"로 남기를 마다하지 않는다. 심지어 "소설가라는 놈들만큼 독한 놈은 없다. 내가 바로 그 소설가"(「문학을 향해 쏴라」, 107쪽.)라고 말하기에 이르는데, 이것은 자신에게 밀어닥치는 어떠한 현실도 이겨내리라는 단호한 의지를 보여준 부분이라고 할 것이다.

그리고 「늑대와의 인터뷰」에서는 소설가인 '나'가 하은영이라는 배우와의 인터뷰를 통해서 소설가는 타고난 재능의 소유자임을 천명하고 있다. 이렇게 타고난 재능은 조상으로부터 물려받은 문학적인 정서임을 「할머니께 올리는 감사」에서 다시 강조하는데, 여기에서 작가는 소설 창작이 귀하고 아름다운 행위라는 결론을 얻어낸다.

심상대는 소설 창작을 위해 부악문원에 들어오기까지의 행로를 「소설쓰기의 괴로움」에서 풀어 놓는다. 갓 소설가가 된 '나'가 1991년 10월부터 1993년 3월까지 전라도 광주 땅에서 살아야만 했던 이유를 "무등산을 바라보기만 하면 비장한 심정으로 소설을 쓸 수 있으리라 믿었"(「소설쓰기의 괴로움」, 276쪽.)기 때문이라고 한다. '나'는 유적자流謫者로서의 나날 속에 소설가로서의 책무를 다하지 못한 채로 1993년 3월에 광주를 떠나 고향인 강원도 묵호로 이사를 하고 만다. 그 뒤 4년 동안 '나'는 고향에서 자학과 자폐에 시달리면서 산다.

고향에서의 4년이 지난 1997년 3월, '나'는 6년 만에 서울로 올라와 1년 뒤 부악문원에 들어 가 독한 마음을 먹고 글을 쓰기 시작한 것이다. 「소설쓰기의 괴로움」에서 드러나듯이 작가는 아무리 소설쓰기가 힘들고 서럽더라도, 죽음을 무릎쓰고도 소설가로 남기로 하겠다는 각오를 보여주고 있다. 그러하기에 한때 '마르시아스'라는 필명을 애용했던 심상대는 자신의 소설 「마르시아스」에서 신과의 싸움도 불사 않는다. "네가 신이라면 나는 예술가다!"(「마르시아스」, 355쪽.)라고 대적하는데, 여기에서도 소설가로서의 당당한 그의 면모를 엿볼 수 있다.

이와 같이, 심상대의 작품집 『망월』 속에는 등장인물로 나오는 소설가가 대부분 '나'로 투영되고 있다. 그러나 아무리 노력해도 자신의 삶을 그대로 드러낼 수 없는 것이 문자의 한계일지도 모른다. 그러나 심상대가 생활의 공간에서 그러한 한계를 극복하려고 노력했다는 점을 부인할 수 없다. 『망월』

속에서는 그가 추구하는 정신이나 그의 삶을 읽는데 그다지 큰 어려움이 따르지 않기 때문이다. 소설의 형식이 아무리 허구의 속성을 가지고 있다고 하더라도 그 속에는 작가의 의도나 진실이 담길 수 있는 법이다. 『망월』을 통해 문학과 소통하는 심상대의 삶의 편린들을 보면서, 그가 문학을 위해 성실히 살아가고 있는 사실만으로도 이 작품집은 우리에게 어떤 희망의 메시지를 전해 준다고 할 것이다.

4. 설정된 공간 속에서 풀어낸 '사랑과 인생' 이야기

소설가로서의 진정성은 '사랑과 인생'을 주제로 한 소설 속에서도 찾아진다. 심상대는 『사랑과 인생에 관한 여섯 편의 소설』이 몇몇 독자들의 "주문 생산품"임을 서문에서 밝혔는데, 아마 어느 독자가 '에로티시즘 소설'과는 다른 사랑 이야기를 주문한 듯하다. 이처럼 사랑과 인생은 그에게 있어서, "스스로 생명처럼 아낀다고 여기는 문학만큼이나 궁구하고 또 궁구하는 탐구의 대상"이 된다.

그래서 그는 이 여섯 편의 단편소설에서 우화소설의 기법에서부터 전근대적인 소설의 기법을 설정하였는데, 도입부부터가 의미심장하다. '사랑과 인생' 이야기가 과거에서부터 시작되고 있어서 옛날이야기처럼 아득하게 들려오는 듯하다. 이는 작가가 전근대적인 설화기법으로 작품을 풀어가고 있기 때문이다.

> 어떤 바닷가 마을에 가난하고 늙은 어부가 어린 아내와 함께 살고 있었다.
> (「한 남자에겐 몇 명의 여자가 필요한가」, 11쪽.)

> 티끌눈이 어쩌다 한 점 두 점 땅으로 내리던 어느 겨울날 새벽녘이었다.
> (「여자는 언제까지 사랑을 원할까」, 37쪽.)

> 내가 이 이야기를 전해들은 건 그러니까 지금으로부터 십여 년 전의

일이다.

(「첫눈 조심」, 69쪽.)

뉴욕시 맨하탄 서부 65번가에 위치한 한 고급 아파트에 한국인 노인 한 사람이 살고 있었다.

(「글라디올러스를 안고 롱아일랜드로 오세요」, 171쪽.)

「한 남자에겐 몇 명의 여자가 필요한가」는 한 남자의 일생을 통한 사랑과 인생의 이야기가 담겨 있다. 남자는 여러 명의 여자를 만나고, 또 떠나보낸다. 어머니를 건어물 장수에게 빼앗기고, 첫사랑 소녀를 사팔뜨기 농부에게 시집보낸다. 그리고 나서 두부 공장 셋째 딸을 아내로 맞는다. 그러나, 남자가 일에만 미쳐 있다는 이유로 아내와 딸이 집을 나가 버린 후, 여가수에 이어 경리 아가씨와도 관계를 맺는다. 하지만, 남자는 자기가 혼신을 바쳐 사랑했던 여자 가운데 그 어느 누구도 지켜보지 않은 채, 임종을 맞게 된다. 이 작품의 결말 부분에서 작가는 한 남자의 사랑 놀음을 "남자는 재가 되어서도 뜨거움만이 여인의 손길을 움켜잡을 수 있으며, 뜨거움만이 여인의 사랑을 차지할 수 있으리라는 헛되디헛된 욕망을 기어이 버리지 못하고 있었다."(35쪽.)라고 진술하고 있다. 결국 남자의 속성은 죽는 순간까지 여자를 원하기 때문에 몇 명이라는 계수가 필요치 않음을 이 작품 속에서 읽어낼 수 있다.

「여자는 언제까지 사랑을 원할까」에서는 여든 해의 세월을 겪어낸 한 여자가 양로원에서 회상하는 기법을 도입하였다. 여든 살의 그녀는 손자에게서 남자를 느끼면서 기억의 강으로 거슬러 올라간다. 여덟 살에 삼촌의 친구에게서 첫사랑을 느끼고, 열여덟 살에 젊은 음악교사를 연모한 여자는 스물세 살에 수련의와 결혼을 한다. 진갑을 맞던 해 남편이 쓰러지자, 앞집 새댁의 친정 동생과의 동침도 서슴지 않는다. 이렇게 나이와 관계없이 사랑을 갈구하는 주인공을 내세워, 작가는 「여자는 언제까지 사랑을 원할까」라는 질문에 대해서 "재가 될 때까지!"(p.64)라고 답한다. 이는 여자들에게 있어서 사랑은 죽는 순간까지도 지속됨을 의미한다.

작가는 「한 남자에겐 몇 명의 여자가 필요한가」와 「여자는 언제까지 사랑을 원할까」에서와는 또 다른 사랑을 「첫눈 조심」에서 보여준다. 여기에는 지고지순한 사랑이 깔려 있는데, 첫눈 내리는 날 산골주점에 육군 대위가 나타나면서 밝혀지는 사랑 이야기다. 대위의 부모는 배냇병신 거렁뱅이 지열이와 술집 여자로 드러나는데, 여기에서는 그들 사이에 태어난 생명이 연결고리가 되어 사랑의 영원성을 보여주고 있다.

또한 「글라디올러스를 안고 롱아일랜드로 오세요」는 뉴욕에 사는 한국인 노인이 늙은 흑인 경비원 앞에서 자신의 젊은 시절을 회상하는 형식이다. 노인은 일생동안 글라디올러스를 사 나르는데, 그 이유는 대학 3학년 때 사랑한 여자의 어머니에게서 쫓겨나는 길에, 그녀 집 화단에 핀 글라디올러스가 각인되었기 때문이다. 노인의 사랑이 식지 않고 영원하다는 사실은 그가 죽는 순간까지도 글라디올러스를 각별히 사랑한 데에서 인지된다. 글라디올러스는 노인에게 있어서는 바로 사랑하는 여인이었던 것이다. 노인이 죽고 난 일 주일 후, 글라디올러스를 한 아름 안고 초로의 여인이 뉴욕으로 찾아오는데, 여기에는 죽음으로도 끝나지 않는 참사랑의 의미가 숨어 있는 듯하다.

이렇게 작가는 『사랑과 인생에 관한 여섯 편의 소설』에서 전근대적인 소설기법으로 이야기를 풀어 놓았다. 이는 한 사람의 '사랑과 인생'을 보여주는 데는 일생이 걸려있기에, 먼 과거의 이야기를 끌어내기 위한 장치로 설정된 듯하다. 또한 사랑의 풍속도를 비판·풍자하기 위해서는 우화기법을 활용하였다. 우화 특유의 표현방식, 즉 반어와 비유에 의한 우회적인 표현을 통하여 타락한 기성사회의 윤리·이념을 「한 남자에겐 몇 명의 여자가 필요한가」와 「여자는 언제까지 사랑을 원할까」에서 신랄하게 꼬집고 있다. 한편, 지고지순한 사랑의 새로운 가치와 윤리의식을 「첫눈 조심」과 「글라디올러스를 안고 롱아일랜드로 오세요」 등의 작품을 통하여 제시하였는데, 결국 『사랑과 인생에 관한 여섯 편의 소설』은 사랑이 죽음을 통해 완성되고 있음을 보여주었다. 이는 우리네 인생에 있어서 삶과 죽음은 필연적이기에 사랑의 편린들을 그 의도된 방식 속에다 설정한 듯하다.

5. 남겨진 편린들과 그에 따른 전망

심상대가 자연의 공간을 통해 보여주고 있는 토착의 세계는 그의 남다른 고향 사랑과도 연결된다. 그는 동해시에서 발간되는 문예지인 『동해문학』에 빠짐없이 작품을 발표하면서, 지역문단에 활력을 심어주는 작가로 인정받고 있다. 이는 동해시에 있는 단체에서 수여하는 문학상과 문화상을 수상한 경력으로도 짐작할 수 있다. 그는 2002년에 '최인희문학상' 수상으로 받은 상금 일백오십만 원 전액을 자신의 모교인 묵호중학교에 장학기금으로 기탁했으며, 2003년에 '광희문화상' 수상으로 받은 상금 일천만 원을 불우이웃 돕기 성금으로 기탁하여 모교 사랑과 지역 사랑을 실천하였다. 앞선 2001년에는 제46회 '현대문학상' 수상으로 받은 상금 일천만 원 전액을 '해외 입양인 연대'에 기부하기도 했다. 이것은 그가 「야곱의 탈출」을 쓰기 위해 외국으로 입양되는 아이들을 취재하러 갔던 자리에서 약속했던 사항으로, 그것을 지켰을 뿐이라고 술회한 적이 있다.

이렇게 약속을 중히 여길 줄 아는 심상대는 성실한 소설가가 되겠다는 자신과의 약속을 지키기 위해 늦깎이 학생이 되었을지도 모른다. 그러고 보면, 그가 사회적인 문제에 관심을 갖고 2년여의 광주 생활을 하면서 「감방일기」, 「압록강 풍경」, 「무릉도원」을 발표한 것도, 그리고 부악문원에서 『망월』을 집필한 것도 이런 맥락에서 짚어볼 수 있을 것이다. 또한 몇몇의 독자와의 약속을 지키기 위해 연작소설 『떨림』이나 「나팔꽃」과 같은 에로티시즘 소설과 다른 기법의 『사랑과 인생에 관한 여섯 편의 소설』을 발표한 것도 소설가로서의 그의 성실성을 돋보이게 하는 일면이다.

이와 같이 심상대 소설에서 드러나는 소통의 편린들은 그의 작품에서 자연스럽게 드러나고 있는 자연의 공간과 생활의 공간, 때로는 의도로 설정한 공간에서 이루어지고 있음을 볼 수 있다. 다만 이 글이 심상대의 문학 일반론적인 시론試論에 그쳤기 때문에, '빛나는 문체'로 빚어낸 그의 문학에 대한 구체적인 평가와 조명은 앞으로도 계속 이어지리라 전망해 본다.

진솔한 삶이 육화된 언어의 집
---- 전경애의 작품세계

1. 프롤로그

 수필은 자기의 모습을 스스로 비춰보는 거울과 같다. 이는 수필이 다른 장르에 비해, 보다 개성적이며 자기 고백적인 성격이 강한 장르임을 강조하는 말이다. 비록 개인사적인 문제를 가지고 글이 출발하였다 해도, 그것을 통해 인간의 보편적 속성을 발견하고 새로운 가치 발견의 견인차가 된다면, 결코 흠이 될 수는 없다.
 수필은 학식이나 식견을 갖추었어도 인간적인 면모를 지니고 있지 않으면 쉽게 쓸 수 없는 글이다. 전경애의 수필집『가나다 한글교실』이 많은 사람들의 긍정적 호응 속에서 주목받을 만한 이유는, 누구보다도 열심히 살아가는 심성의 소유자라는 인상이 작품에서 드러나기 때문이다. 그뿐만 아니라 작품 속에 번뜩이는 시성詩性과 간결한 문장이 가독성을 높이고 있음도 간과할 수 없다.

2. '만남'과 '느림'의 미학

 먼저 수필집에서 전경애의 정신세계가 지향하는 '만남'의 세계를 들여다보기로 한다. 그녀는 작가, 시낭송가, 문해교사로서 다양한 사람들과의 만남을 가졌다. 그녀가 살아온 삶의 궤적을 따라가 보면, 이제야 비로소 첫 수필집을 상재할 정도로 절대 서두르지 않는 성품임을 짐작할 수 있다. 사람은 누구나 만남과 헤어짐을 거듭하며 살아간다. 만남 뒤에 따르는 기쁨과 슬픔으로 가슴앓이할 때도 있다. 만남을 통해서 살아가야 할 이유를 찾는가 하면, 만남으로 인해 죽음을 맛보는 사람들도 있다. 만남 뒤에 오는 이별, 이별 뒤에 오는 만남, 그 처연凄然 속에서도 만남의 궁극적인 목적은 '사랑'이다.

> 나는 고향을 잠시 떠나 있을 때 같은 뜻을 가진 청년들과 '해우촌'이라는 문학동아리를 만들어 한 달에 한 번 만나곤 했다. 타지에서 생활하던 후배 영균, 태석이도 학기가 끝난 방학이면 합류했고, 지금 나와 35년을 살고 있는 남편도 함께했다. 또 몇몇 젊은이들이 모였는데 그때 키가 훤칠하고 약간 이국적으로 생긴 눈이 맑은 동민이가 끼어 있었다.
> ―「해우촌 동민이」 부분

전경애에게 만남의 징검다리는 풋풋한 20대에 활동한 '해우촌'이라는 문학동아리이다. 문학의 시발점에서 배우자를 만나 "20대 젊음은 밤을 새워 빈곤했던 우리의 문학 양식을 쌓아갔"다고, 그녀는 「해우촌 동민이」에서 고백한다. 그리고 보면, 20대에 출발한 전경애의 문학은 60대에 이르러 40년 동안 켜켜이 쌓아 숙성시켜 놓았던 작품들을 이제야 한 권의 수필집으로 세상에 내놓은 셈이다.

세상에 존재하는 것은 모두 끈으로 엮이듯 부모와 자식 간의 사랑 역시 가족이라는 끈으로 엮여 있다. 작가 전경애는 타인과 연을 맺어 그 사랑을 이어가는 과정뿐만 아니라, 부모 형제와의 사랑도 여실히 보여준다. 이는 「아버지를 추억하다」에서 드러난다.

> 바다는 아버지의 그림자였다. 그림자와 함께 쏟아지는 태양을 이고 먹이를 기다리는 갈매기와 몇 날을 시름하며 바다 위에 던져졌다. 던져 놓은 그물을 건져 올리며 분노하는 바다와 실랑이를 하다가도 제풀에 지치면 그림자는 어느새 아버지의 곁에 돌아와 누웠다.
> … 중략 …
> '좁은 곳에 있지 말고 멀리 나가거라.' 그날 아버지는 자고 있는 식구들을 깨워 마지막 결연의 시위처럼 쏟아내고 뿌연 해무를 헤치고 걸어 나가셨다. 그래서일까, 우리는 이를 악물고 화려한 도시를 꿈꾸었기에 아무도 아버지의 뜻을 저버리지 않았고 바다를 두고 아버지를 두고 멀리 떠났다.
> ―「아버지를 추억하다」 부분

아버지에 대한 그리움으로 가득한 그 마그마는 전경애의 정신세계를 온전히 지배했으므로, 태풍이 불어오듯 글을 쓴 게 아닐까. 그래서 그녀의 삶은 깊은 곳으로 침잠되며 정관靜觀의 세계로 인도되어 가는 양상이다. 전경애는 묵호의 등대마을에서 태어나고 자랐다. 이는 「유년의 바다」에서 화자가 "우리 집은 늘 아버지가 잡아 올린 오징어 비린내가 떠나지 않았다."고 토로한 부분에서 명확히 드러난다. 바다에 던져놓은 "그물을 건져 올리며" 파도와 싸우는 어부이면서도 자식만은 대처大處로 나가기를 바랐던 "아버지". 전경애가 수필가로서 든든히 뿌리 내리려고 한 이유도 그 뜻에 부합하려는 데 있진 않았을까.

3. 삶의 실체, 가나다 교실

전경애는 삶과 부딪치며 또 하나의 실체와 마주 서게 된다. 그것은 바로 교육자의 길이다. 문해교육 현장에 뛰어들 채비였을까, 그녀는 강릉원주대 대학원 국어국문학과에서 수학受學할 정도로 학구적이었다. 문해력은 단지 글자를 보고 읽는 능력에 그치는 게 아니라 문장을 실제로 이해하는 능력을 말한다. 하지만, 작가는 『가나다 한글교실』에서 늦깎이 학습자들의 문해 능력을 키우는 선행先行으로 이들의 사정을 먼저 이해하고 도우려는 마음을 드러내고 있다.

> "새댁, 이거 좀 써 주게, 글씨가 작아서 안 보이네." 은행에 통장을 만들러 갔다가 만난 분이다. 돈을 찾는 것 같아서 계좌 번호와 금액을 써 드렸더니 연신 고맙다고 했다. 나도 깨알 글씨는 눈이 침침하여 안경을 써야 할 형편이니 많이 답답하겠다는 생각이 들었다.
> … 중략 …
> 그 어머니를 다시 만난 것은 여름이 슬슬 꽁무니를 빼고 달아날 때쯤이다. 방학을 끝내고 2학기를 개학하면서 교실에 갔더니 그 어머니가 수줍은 듯 웃고 있었다.
> —「가나다 한글교실·1」 부분

학습자로 다시 만난 사람은 작중 화자가 "배우고 싶으면 여기로 오세요." 하고 적어 준 전화번호를 건네받았던 장본인이다. 살아내기 위한 사회생활에서 은행 업무마저 제대로 볼 수 없었던 학습자는 학습 참여를 통해 자신의 새로운 능력을 발견하고 자기 변화를 꾀하려고 시도한다. 이는 학습자에게 자신이 살아온 삶에 대한 긍정적 인정을 통해 미래의 성장 가능성을 찾아주려는 작가의 배려인 셈이다.

> 60대에서 80대에 이르는 어머니들은 매일 한두 시간씩 먼 거리를 걸어서 학습관에 오는 늦깎이 학생들이다.
> 몇 년 전 처음 만났을 때 일이 아직도 머릿속에서 맴돈다. 학교에 다니지 못한 사연이 모래알만큼이나 많았다. 동생을 돌봐야 하고, 전쟁이 터지고, 가난해서 학교는 엄두도 못 냈다는 어머니들. 자신의 속내를 이야기하면서도 그 시절로 다시 돌아가고 싶지 않아서 기억 하고 싶지 않다고 했다.
> 그런데 아직도 기억 저편에 남아 있는 한마디가 부메랑이 되어 꽂힌다고 한다. "책이 밥 먹여 주냐, 너는 말이여. 집안 건사를 해야지." 하늘 같은 부모 말에 순종하느라 그래서 학교에 못 갔고 그래서 배우지 못했던 그분들이 이제 행복한 세상이 무엇인지 알고 싶어 두터운 문을 열고 세상 밖으로 나왔다. 지금 소원이 있다면 책을 줄줄 읽고 이야기도 재미나게 써보는 것이라고 하신다.
> ―「가나다 한글교실·2」 부분

60~80대의 늦깎이 학습자들은 아들딸 차별이 심했던 시대에 태어난 여성들이다. 이 작품 속에서는 그들의 하소연에 일일이 귀 기울이는 작가의 고운 심성이 다분히 묻어난다. 나이 들어 공부는 왜 하냐고들 하지만, 학습자들은 공부하면서 그동안 모르던 것들을 해낼 수 있게 되었고, 할 수 있다는 자신감도 생겼으리라. 사회생활을 하면서 학력으로 인해 겪었던 창피함과 불편함을 해소하고 더 당당해지기를, 더 좋은 일을 하며 살아가기를 바라는 작가의 마음을 『가나다 한글교실』에서 엿볼 수 있다.

4. '자연'을 통한 자아 확인

　그리스어로 자연은 '피시스(Physis)'이며, '태어나다'라는 동사에서 유래되어 '생성'을 의미한다. 이는 인간도 역시 생명을 지닌 자연으로 존재함을 말하는 듯하다. 물론 자연은 우리 인간에게 희망과 용기와 재생의 의미를 주는 우호적인 관계에 놓이기도 하고, 위협과 파괴의 적대관계를 형성하기도 한다. 하지만, 전경애 작품 속에서의 자연은 대체로 인간과 대립 관계가 아니라, 공존 관계에 놓여 있다. 자연은 인간을 포괄하면서 살아 있는 그대로의 자연으로 존재하는 양상이다.

>　맨몸으로 하늘을 이고 섰던 서서나무들 속에서도 물이 오르며 막 태어난 새순이 하늘을 향해 꽃불처럼 피어나고 있다.
>　봄은 쩍 갈라지는 얼음장에서도 서서히 가슴 미어지게 오기도 하고, 설렁설렁 개 짖는 소리에 저만큼 돌아보면 어느새 눈앞에 와락 다가오기도 한다. 전에도 만난 적 없는 바이러스로 세상은 뒤엉켜있지만 봄은 기다려도 기다리지 않아도 생명의 신호를 보내며 다시 피어난다.
> ―「봄을 만지다」 부분

>　쑥국을 끓인다.
>　그 옛날 어머니가 그랬듯이, 생선과 쑥을 넣어 푹 끓인 국그릇을 앞에 놓고 인생의 전부를 자식에게 바친 고단했던 어머니를 위로하며 새로운 생명의 봄을 만나본다.
> ―「쑥국」 부분

　「봄을 만지다」에서 화자는 자연을 통해 하나가 되고, 또한 그 너머에 존재하는 우주의 본질과 하나가 되는 방법을 영상 수필처럼 보여주고 있다. 이는 "새순이 하늘 향해 꽃불처럼 피어"나고 있는 형상에서 작가는 이미 언어를 통해 물아일체의 본질 세계와 접선할 수 있음을 예증하고 있다. 또한 「쑥국」에서는 생명을 준 어머니, 일생을 자식에게 바쳤던 어머니의 노고가 자연을 객관적 상관물로서 위로를 전하고 있는 양상이다. 사람은 누구든지 자연의 고귀함에 고개 숙인다. 전경애도 역시 자연과 소중한 사람과의 만남을 화두로 삼고 있는 것이다.

> 오랜만에 경쟁과 욕심을 밀어내고 민낯으로 자연 앞에 서본다. 자연도 수고로움에 대한 값으로 추수라는 선물을 안겨주었다.
> "오늘 품삯으로 들깨를 드립니다. 어때요?"
> 남편의 그을린 얼굴 위로 풍성한 가을 햇살이 웃고 있다.
> ―「들깨를 털다」부분

> 자연은 내가 조르지 않아도 이렇듯 작은 감동을 안겨준다. 먹거리로, 향기로 빛깔로 인간으로선 만들어 낼 수 없는 오묘함으로 다가온다. 세상은 믿는 자의 마음만큼 열려 있다는 것을 믿고 싶은 것이다. 나는 지금 그 빛깔과 향기를 잃지 않으려고 은근한 불 위에서 오디를 끓이고 또 끓이고 있다. 비록 형체는 없어져도 향기는 오래도록 기억하기 위해서다.
> ―「오디 따러 갑니다」부분

작가 부부는 홀로 사는 시모媤母를 모시기 위해 '동해시 심곡동' 시골집에 임시 둥지를 틀었다. 주말이면 텃밭 가꾸기를 하는데, 「들깨를 털다」에서는 화자가 "추수"와 "선물"을 등가에 놓고 있다. 그들에게 선물은 곧 자연이다. "풍성한 가을 햇살"을 받으며 웃고 있는 부부의 모습이 밀레의 '만종'만큼이나 겸손하고 평화로운 정조情操를 불러일으키고 있다. 그리고 「오디 따러 갑니다」에서 화자는 자연의 순리를 따르며 자연의 오묘함에 감탄한다. 자연처럼 "빛깔과 향기를 잃지" 않으려 하는 것은 인간이 자연에 대립하지 않고, 자연과 오래도록 함께 살아가기를 염원하는 태도라고 할 수 있다.

5. 문장으로 읽는 절제된 세련미

작품집 『가나다 한글교실』의 백미는 역시 문장에서 발견된다. 수필은 비유와 유추의 문학이다. 모든 문학이 그러하듯, 수필도 함축의 묘미가 있어야 하기에 줄일 수 있을 때까지 줄여야 한다. 전경애의 수필은 한결같이 간결하면서도 힘 있는 주장으로 흐르고 있다. '나'에 대한 지나친 사변思辨과 변명으로 일관하지 않고, 숨 가쁘게 이어져가는 만연체 문장도 아니다. 맛깔나지만 난삽하지 않은 언어를 선택하여 독자의 시선을 끌고 있다. 자연스러운 문맥의 흐름은 작품을 다 읽고 나서도 손에서 놓지 않은 듯한 여운을 남기고 있다.

파도가 살랑살랑 넘나들고 해안을 끼고 나란히 붙어있는 집들은 정겹기만 하다. 지붕이 낮은 마을에 햇살이 가득 내려앉는다. 포구에는 긴 동면에 두텁게 묶어 두었던 배들이 바닷길을 내고, 해진 그물을 기우느라 아내들의 손놀림이 바쁘다. 왠지 그의 얼굴에서도 다시 새봄을 만날 준비에 들떠있고 갈매기도 덩달아 기웃거리며 가슴을 연다.
―「봄 마중」 부분

「봄 마중」은 글의 품격을 떨어뜨리는 화려한 수사修辭를 늘어놓지 않았다. 그것에 맞는 묘사로 뜻을 정확하게 전달하고 있다. 비유와 시적 수사를 원용하면서, 허세로 보일 수 있는 형용사와 부사가 넘치지도 않았다. 부사 "살랑살랑", "나란히"뿐만 아니라, 형용사 "정겹다", "가득하다", "두텁다", "낮다"가 잘 어우러져 있다. 결코 현학적인 수사와 자신도 이해하지 못하는 관념들을 쏟아놓지 않는 것은 일련의 과정을 끊임없이 훈련해 온 작가의 노력으로 보인다.

나는 지금 한 편의 시를 소리 내어 읊어본다. 처음 시를 마주 대하면 눈으로 읽고, 머리로 풍경을 그리며 읽는다. 다음은 눈을 감고 가슴으로 읽는다. 어느새 생시에 만난 적 없던 시인의 모습이 시인의 마음이 내게로 전해온다. 때로는 전율을 느끼기도 하고 때로는 시인이 그랬듯이 펑펑 울어보기도 한다. 시인의 집을 넘나들기도 하고 수십 번 읽고 담금질하며 시인의 고뇌를 따라가 보기도 한다.
"낭송을 듣는 내내 참 행복했습니다. 그 시를 저도 참 좋아합니다." 인사를 건네고 가는 날은 어느덧 낭송은 나의 상처도 하나씩 아물어 가는 치유의 시간이며 위로의 시간이 된다.
―「시를 낭송하며」 부분

「시를 낭송하며」는 작가가 30년 전, 『재능교육』과 『한국일보』에서 공동으로 주관한 "전국 시낭송대회"에 참가했던 체험을 소재로 한 수필이다. 화자는 이 대회에서 "은상"을 수상했으며, 심사위원이었던 "시인 조병화" 선생님의 격려에 "찔끔 눈물을 흘린 것 같다"라고 고백하고 있다. 산문이면서도 수다스럽거나 장황하지 않고 시적 리듬을 살린 함축적인 문장은 작가 자신이 시낭송가이기에 가능하지 않았을까. 글은 자신의 생각을 담아내어 남과 공유하는 것이므로, 자기성찰이 있다면, 좋은 글은 저절로 다가오게 된다. 이처럼 편안하면서도 절제된 세련미를 내뿜고 있는 문장은, 시낭송을 하며 "치유의 시간"을 즐기는 작가의 심성과 관련된 것으로 여겨진다.

6. 에필로그

수필은 자아와 끊임없이 부딪히는 대상에 대한 감상을 진솔하게 묘사하는 문학이다. 이에 따라 작품집 『가나다 한글교실』에서도 작가는 자신을 꾸밈없이 솔직하게 드러내고 있는데, 이는 작가가 수필에서 가장 중시되는 '덕성德性'을 지녔기 때문이다.

물론, 삶에 대한 이야기가 녹아있는 수필은 다른 장르보다 작품과 저자에 대한 관심이 높은 것이 사실이다. 다른 장르에서의 '나'는 단순한 '화자話者'로 보는 경향이 있지만, 수필의 경우에는 '작가'로 보는 경향이 우세하기 때문이다. 이에 작가는 자신과 자신의 생각을 제3자의 입장에서 바라보고, 그를 통해 스스로 겸허해지기 위한 수단으로서의 글쓰기를 계속해 왔음을 작품을 통해 보여주고 있다. 그러고 보면, 전경애의 글쓰기는 창작 그 자체가 아니라 어쩌면 자신이 추구하는 세계와의 연결고리일지도 모르겠다.

이 책에 수록된 글들은 아래에 근거하여 수정·보완되었다.

- 「강원권 아동문학의 공간과 장소」, 『강원문학의 장소와 심상지리』, 심지, 2024.
- 「강원여성문단 형성과 문학적 정체성」, 『강원문학의 정체성과 모빌리티』, 심지, 2023.
- 「강원영동남부지역의 문학적 정체성—시문학을 중심으로」, 『2015 인문정신 권역별 포럼』, 인문정신문화 특별위원회, 2010. 02. 16.
- 「김지하 시에 나타난 '두타산'의 생명의식—『검은 산 하얀 방』을 중심으로」, 『한국언어문학』 85, 한국언어문학회, 2013.
- 「김영준 시에 나타난 삼척지역의 공간성」, 『인문과학연구』 40, 강원대학교 인문과학연구소, 2014.
- 「느림의 미학, 그리고 시의 행로—홍순선의 시세계」, 『연분홍빛 파안』, 월간문학출판부, 2018.
- 「동해지역문학의 '바다시' 연구—『동해문학』을 중심으로」, 『어문연구』 56, 어문연구학회, 2008.
- 「동해·삼척지역문학과 정치적 상상력」, 『비평문학』 47, 한국비평문학회, 2013.
- 「두타산의 공간화 전략-동해·삼척 지역시를 중심으로」, 『비평문학』 32, 비평문학회, 2009.
- 「문학작품에 나타난 '묵호항'의 현주소」, 『江原文化硏究』, 강원대학교 강원문화연구소, 2021.
- 「삶, 그 의미를 향한 다양한 변주—김진광의 시문학을 중심으로」, 『관동문학』 37, 관동문학회, 2024.
- 「소통의 편린—심상대론」, 『작가마당』, 대전작가회의, 2010.
- 「시의 행로와 식물적 상상력—최종석의 시세계」, 『그 겨울의 수목원』, 월간문학출판부, 2015.
- 「자전적 사유를 통한 시의식의 공간성—최호길 시의 모성성과 지역성을 중심으로」, 『청소년과 함께하는 2014 강원도 작고문인 재조명 세미나』, 관동문학회·강원도민일보, 2014. 07. 24.

- 「진솔한 삶이 육화된 언어의 집―전경애의 작품세계」, 『가나다 한글 교실』, 에세이수필문학 출판사, 2024.
- 「'최생우진기'의 신선체험 고찰―두타산무릉계곡의 명소를 중심으로」, 『영주어문』 41, 영주어문학회, 2019.
- 「최호길과 최명길 시에 나타난 로컬리티」, 『문학과 환경』 16, 문학과 환경학회, 2017.